财政部规划教材
全国财经类应用型本科院校通用教材

Excel在财务中的应用

主　编　鲍金良　蒋昌军　孙佳宁
副主编　张占军　张　静

中国财经出版传媒集团
中国财政经济出版社

图书在版编目（CIP）数据

Excel在财务中的应用 / 鲍金良，蒋昌军，孙佳宁主编. --北京：中国财政经济出版社，2020.8

财政部规划教材. 全国财经类应用型本科院校通用教材

ISBN 978-7-5095-9927-3

Ⅰ.①E… Ⅱ.①鲍… ②蒋… ③孙… Ⅲ.①表处理软件-应用-财务管理-高等学校-教材 Ⅳ.①F275-39

中国版本图书馆CIP数据核字（2020）第132730号

责任编辑：葛 新　　　　责任校对：徐艳丽

封面设计：陈宇琰

中国财政经济出版社出版

URL：http：//www.cfeph.cn

E-mail：cfeph@cfeph.cn

社址：北京市海淀区阜成路甲28号 邮政编码：100142

营销中心电话：010-88191537 编辑部门电话：010-88190666

北京中兴印刷有限公司印刷 各地新华书店经销

787×1092毫米 16开 15.5印张 375 000字

2020年8月第1版 2020年8月北京第1次印刷

定价：48.00元

ISBN 978-7-5095-9927-3

（图书出现印装问题，本社负责调换）

本社质量投诉电话：010-88190744

打击盗版举报热线：010-88191661 QQ：2242791300

前　言

在当今"互联网+"大数据时代，数据的收集和信息的处理显得愈发重要。Excel是目前在应用领域使用最广的办公软件之一，其强大的数学、财务、统计等函数，丰富而又专业的数据表、规划求解、单变量求解与分析工具库，为财务人员进行数据统计分析提供了方便。

本书以最新会计准则为依据，在借鉴相关教材和文献的基础上编写而成。本书强调实务操作，在内容编排上由相对独立而又相互联系的十章内容构成。第一章至第三章主要介绍Excel基础知识、基本技巧和基本函数，为后续财务实训内容奠定基础。第四章至第十章为Excel在出纳岗位、会计岗位、成本会计岗位、主管岗位、薪资岗位、固定资产岗位、财务管理岗位的应用。在每一岗位的内容编排上力求简单易懂、深入浅出，以理论联系实际的原则从岗位职责、岗位能力、岗位典型工作、工作任务、工作实践等几个方面进行详细介绍，并结合实例和丰富的插图进行说明，使学生能够迅速上手，轻松掌握Excel的各大功能，并能够在财务与会计工作实践中应用自如。

本书既可作为高等院校会计学、财务管理、审计学等专业的教学用书，也可作为从事会计、财务、审计等专业领域实务工作者的自学参考书。

本书由内蒙古财经大学会计学院鲍金良、广西财经学院会计与审计学院蒋昌军和内蒙古鸿德文理学院孙佳宁担任主编；内蒙古财经大学会计学院张占军和呼和浩特职业学院计划财务处张静担任副主编。具体编写分工如下：第一章由鲍金良编写；第二章和第十章由张占军编写；第三章由广西财经学院会计与审计学院邓原编写；第四章、第五章和第六章由孙佳宁编写；第七章由广西财经学院会计与审计学院何昊编写；第八章由张静编写；第九章由蒋昌军编写；最后由鲍金良对全书进行了修改和总纂。

本书在编写过程中，参考了大量的相关教材和文献，在此表示衷心的感谢。由于编者水平有限，加之时间仓促，书中难免有疏漏与不妥之处，敬请读者批评指正。

鲍金良

2020年6月

目　　录

第一章 Excel 基础知识

Microsoft Excel 是 Office 家族的一套功能全面、操作简便的电子表格处理软件，该软件为用户提供了功能强大的函数及样式丰富的图表、报表功能，使用户能非常轻松高效地完成资料建立与管理工作。Excel 软件适合各个领域不同层次的用户使用，尽管不是专门为财务管理人员设计的软件，但在实际工作中，由于 Excel 独有的对财务数据强大的统计分析功能及对图表简单灵活的编辑功能，其一直是财务人员在日常工作中的首选。Excel 2010 作为企业常用的财务信息处理和财务分析决策的管理平台，客观上要求每一位财务人员应熟练掌握 Excel 的应用技巧和数据统计分析技巧，从而实现财务工作的无纸化和信息化。

一、Excel 界面介绍

Excel 2010 工作界面包括 8 个功能选项卡，从左至右分别是文件、开始、插入、页面布局、公式、数据、审阅和视图。每个功能选项卡中又包含相应子功能群组，用户可根据需要方便快捷地切换、选用。例如，最常用的开始功能选项卡包含了字体、对齐方式、数字、样式、单元格、编辑等操作子功能。Excel 视窗最上面的面板称为功能区，编辑工作表时常用的工具按钮都呈现在上面。

新建或打开一个 Excel 工作簿时，默认显示"开始"功能选项卡下的工具按钮，当用户单击其他功能选项卡时，功能区的工具按钮也会随着功能选项卡的改变而发生相应的改变。例如，我们要编辑工作表中的数据，选定数据后单击"数据"功能选项卡，对数据的相关操作按钮就嵌入功能区中。同时，为了避免整个界面凌乱，有些功能选项卡只有在需要使用时才显示出来。例如，用户想在工作表中插入一个图表，则单击图表，界面上才会显示图表的相关工具。除了使用鼠标单击选择功能选项卡和功能区内的工具按钮外，也可通过按下键盘上的"Alt"键来实现，按下"Alt"键后会在每个功能选项卡旁显示该功能选项卡的快速键字母等提示信息。用户按下快速键字母后，各个功能区中子功能按钮的快速键也会显示，用户也可以通过键盘完成操作。

在功能区中单击 按钮，还可以开启专属的【工作窗格】来进行更详细的设定。例如，选定要操作的单元格后，就可以切换到"开始"功能选项卡，单击"字体"区右下角 按钮，开启单元格格式对话框进行设定。有关界面的说明如图 1－1 所示。

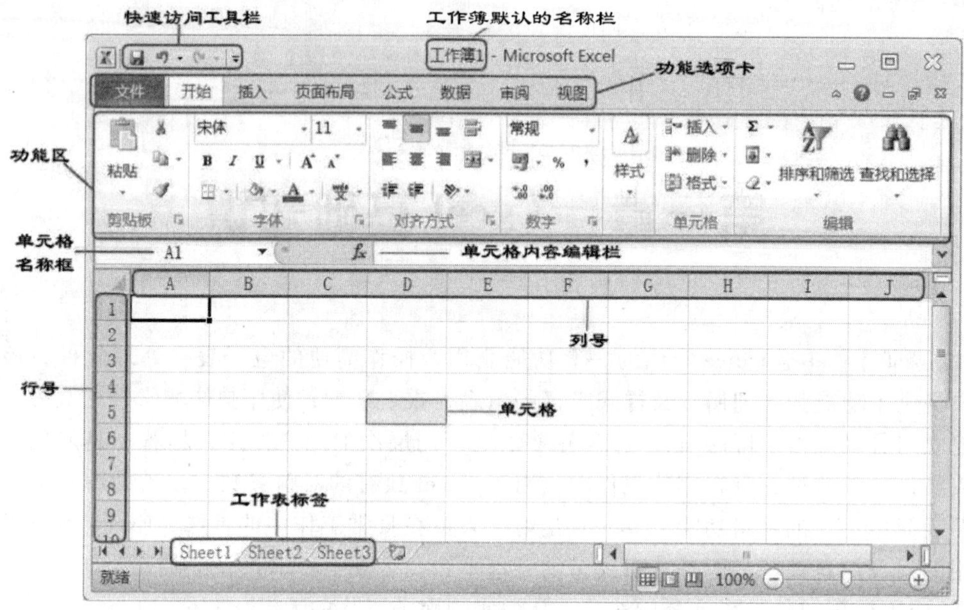

图1-1　Excel界面功能示意图

视窗右下角是“显示比例”区，单击⊕按钮可放大工作表的显示比例，每单击一次放大10%，如90%、100%、110%……反之单击⊖按钮会缩小显示比例，单击一次则会缩小10%。或者也可以直接拖拽中间的滑动杆，往⊕按钮方向拖拽可放大显示比例；往⊖按钮方向拖拽可缩小显示比例。放大或缩小文件的显示比例，并不会放大或缩小字型，也不会影响文件的打印效果，只是方便我们在荧幕上检视而已。如果鼠标附有滚轮，只要按住键盘上的“Ctrl”键，在滚动滚轮，即可快速放大、缩小工作表的显示比例。

此外，也可以单击工具列左侧的“缩放比例”按钮，由显示比例对话框来设定显示比例，或自行输入要显示的比例。当输入的值小于100%，表示要缩小显示比例；大于100%，则表示要放大比例。若选择恰好容纳选定区域项目，则Excel会根据你在工作表上选定的范围来计算缩放比例，使这个范围刚好填满整个工作簿视窗。显示比例如图1-2所示。

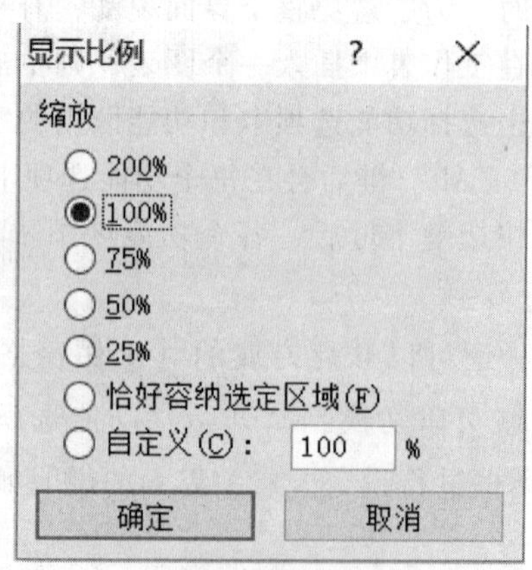

图1-2　显示比例示意图

二、工作簿与工作簿相关知识

要完成财务信息数据录入工作，首先需要建立一个新的工作簿文件，并在其中的一个工作表的单元格中依次录入数据。Excel 中包含文本型、数值型、日期型、时间型等多种数据类型，不同的数据类型有不同的默认对齐方式。对于一些有顺序的数据，Excel 还支持多种快速输入的方式。

（一）工作簿

要完成财务信息处理任务，首先要使用 Excel 创建工作簿。工作簿是 Excel 用来计算和存储数据的文件，其中可以含有一个或多个工作表。所有通过 Excel 创建和处理的数据都是以工作簿的形式存放在电脑磁盘中。

（二）工作表

在 Excel 中，工作表是工作簿的基本单位，又称为电子表格。一个新的工作簿默认包含三个工作表，每个工作簿就像一个大的活页夹，工作表就像其中一张张活页纸。用户可以在一个工作簿文件中通过不同的工作表管理各种类型的相关信息，可以根据需要对工作表进行增加、删除以及更名。

（三）单元格

单元格是工作表的基本单位，由工作表中的行列交叉形成。在工作表的上面有每一栏的“列标题”——A、B、C……左边则有各行的“行标题”——1、2、3……将列标题和行标题组合起来，就是单元格的“地址”。例如，工作表最左上角的单元格位于第 A 列第 1 行，其地址便是 A1，同理，第 E 列第 3 行单元格，其地址是 E3。

（四）卷轴

在 Excel 中，一张工作表有多大呢？一张工作表有 16 384 列、1 048 576 行，共 17 179 869 184 个单元格。这么大的一张工作表，显示器屏幕容纳不下。不过没关系，我们可以利用工作簿视窗的卷轴将工作表的各个部分分批卷到屏幕上。卷轴的效果如图 1－3 所示。

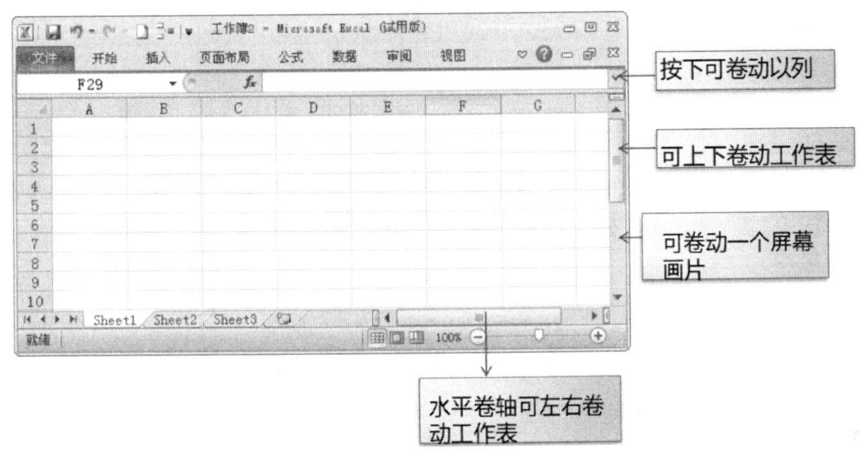

图 1－3　卷轴的示意图

(五) 数据类型

在 Excel 的单元格中，用户可以输入包括文本型、数值型、日期型、时间型、货币型等不同类型的数据。如“企业编号”、12 000、2017－10－18 等分别代表文本型、数值型和日期型数据。其中，文本型数据的默认对齐方式为左对齐，数值型数据的默认对齐方式为右对齐。

按照数据是否能够参与计算，把单元格的数据大致分成两类：一种是可计算的数字数据(包括日期、时间)，另一种则是不可计算的文字数据。

可计算的数字资料由数字 0－9 及＋、－、$、% 等符号组成，如 33.36、－19、$9,950、15% 等都是数字数据。日期与时间也属于数字数据，只不过会含有少数的文字或符号，如 2017/07/10、09:36PM、8 月 13 日等表示日期时间的数据。

不可计算的文字资料包括汉字、英文字母、文本格式的数字（如身份证号码）。特殊格式的数字资料也视同文字处理，如电话号码、邮递区号等。

第二章　Excel 基本技巧

一、新建与保存技巧

使用 Excel 2010，不但能够创建普通的工作簿，而且还提供了很多在线的 Office. com 模板，用户可以根据自己的需要选取相应的模板，快速建立样式美观的特殊工作簿，下面选取两个简单实例对比说明。

（一）建立普通工作簿

［**例 2－1**］新建“北京宇科电器有限公司员工信息表”工作簿。

（1）在“开始”菜单中，单击 Microsoft Office 组件中的 Excel 启动软件。

（2）软件启动后，会自动新建一个空白的工作簿，默认名称为“工作簿 1”。单击快速访问工具栏上的保存按钮，在弹出的“另存为”对话框中更改文件名为“北京宇科电器有限公司员工信息表”，并将文件保存到相应的文件夹中，一个普通的工作簿建立并保存成功。

（二）建立特殊工作簿

［**例 2－2**］新建“北京宇科电器有限公司企业费用表”工作簿。

（1）在打开的空白工作簿页面单击“文件”下拉框中的“新建”，在 Office. com 模板中选择“业务”，单击“小型企业费用表”工作簿，在页面右侧会出现相应的样图，在样图下面单击“下载”。效果如图 2－1 所示。

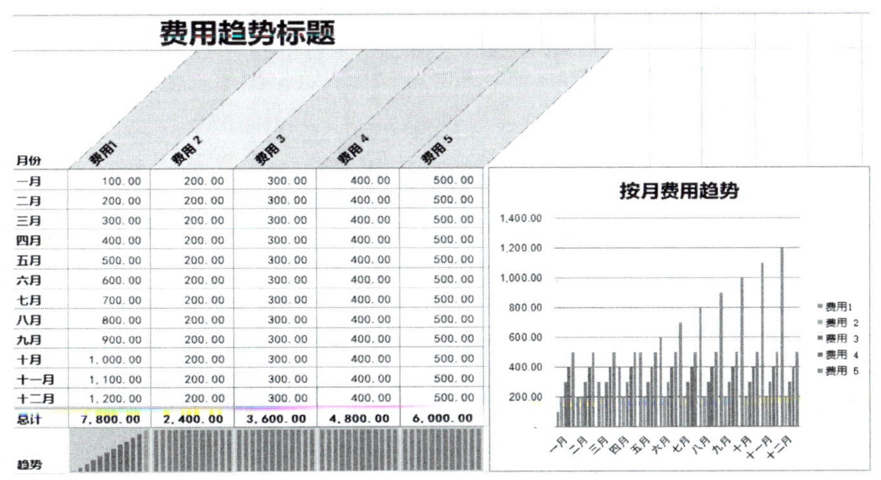

费用趋势标题

月份	费用1	费用 2	费用 3	费用 4	费用 5
一月	100.00	200.00	300.00	400.00	500.00
二月	200.00	200.00	300.00	400.00	500.00
三月	300.00	200.00	300.00	400.00	500.00
四月	400.00	200.00	300.00	400.00	500.00
五月	500.00	200.00	300.00	400.00	500.00
六月	600.00	200.00	300.00	400.00	500.00
七月	700.00	200.00	300.00	400.00	500.00
八月	800.00	200.00	300.00	400.00	500.00
九月	900.00	200.00	300.00	400.00	500.00
十月	1,000.00	200.00	300.00	400.00	500.00
十一月	1,100.00	200.00	300.00	400.00	500.00
十二月	1,200.00	200.00	300.00	400.00	500.00
总计	7,800.00	2,400.00	3,600.00	4,800.00	6,000.00
趋势					

图 2－1　利用模板建立的费用表

(2) 用户可以根据自己的需要，进行相应的修改、删除等编辑操作，制作出符合自己需要的公司费用表。

(3) 按"Ctrl+S"快捷键或者单击快捷菜单栏上的保存按钮保存文件。

(三) 自动保存的时间设置

当用户在制作Excel电子表格时，通常会因为断电、误操作、突然离开等原因没有及时保存文档，造成文档部分数据丢失，给工作带来很大损失。Excel的设计者也考虑到了用户的这种情况，设计了自动保存文档间隔时间是10分钟，如果用户经常处理大量财务数据，建议重设保存自动恢复信息时间间隔为5分钟。

[例2-3] 设置文档保存自动恢复信息时间间隔为5分钟，并修改文档默认保存位置"D：\财务数据"。

(1) 单击"文件"菜单，选择"选项"菜单，弹出"Excel选项"对话框。

(2) 在"Excel选项"对话框左侧的选项卡中选择"保存"。

(3) 修改保存自动恢复信息时间间隔为5分钟。

(4) 修改文档默认保存位置"D：\财务数据"，修改后的效果如图2-2所示。

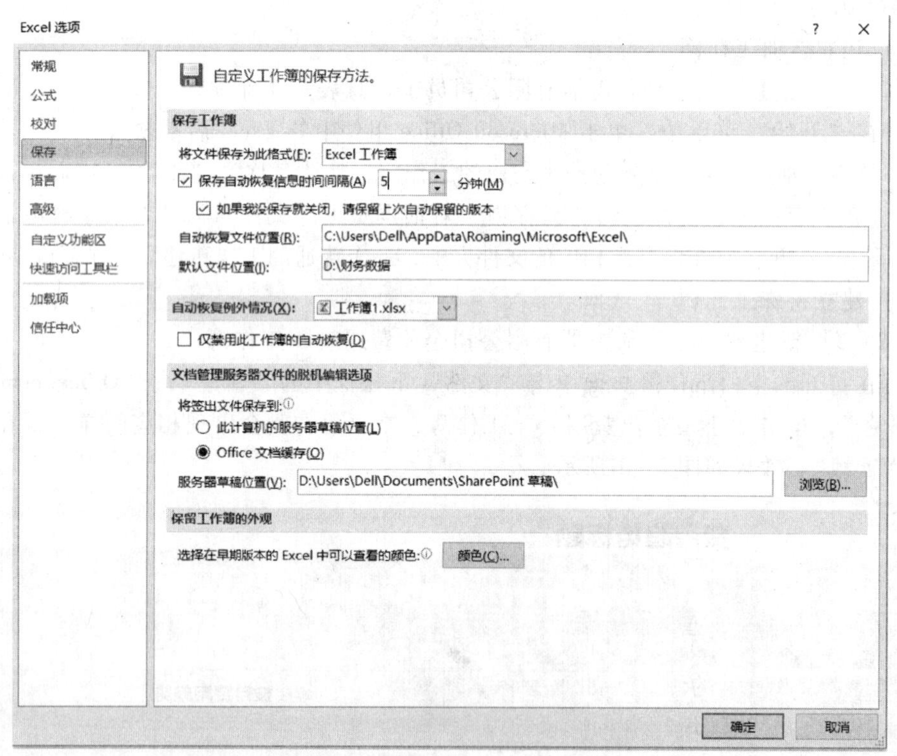

图2-2　文档自动保存时间、默认文件位置设置

二、数据录入技巧

建立工作簿文件后，用户就可以录入数据文档的内容，在Excel的单元格中可以输入多种类型的数据，包括文本型、数值型、货币型、日期型、时间型等。最常用的数据类型有文本型、数值型和日期型。其中，文本型数据的默认对齐方式为左对齐，数值型数据的默认对齐方式为右对齐。不同类型的数据有不同的显示形式，也有不同的录入技巧和方法。

（一）数值录入技巧

1. 以“0”开头的数字录入技巧

当输入的信息是以“0”开头的数字时，Excel 会默认该信息是数值，会自动去掉前面的“0”并以右对齐的方式显示在单元格中。处理方法一：先输入半角单引号“'”，然后再输入数字。处理方法二：先把单元格格式设置为文本，再输入数字。

2. 超过 11 位长数据录入技巧

当输入如身份证号码等类型的长数据时，Excel 默认情况下只完全显示 11 位数值型数字，超过 11 位会自动用科学计数法表示，并且当数字超过 15 位，15 位之后的数字会被自动转换为 0。处理方式把该数据以文本形式录入。

3. 百分数录入技巧

当输入如“85%、90%、95%”等百分数数据时，可以直接输入 85、90、95，再输入“%”，也可以先输入小数 0.85、0.90、0.95，然后选择要转换成百分数的单元格，单击快捷工具%，或者按“Ctrl + Shift + %”快捷键，也可设置单元格格式为百分数，即可全部转换成百分数。

4. 分数录入技巧

当输入“1/3、1/4、1/5”等分数时，如果直接输入“1/3”会显示为“1 月 3 日”。正确的输入方式是输入“0 1/3”（0 后面加一个空格）。会右对齐显示为“1/3”。也可以先录入小数 0.85、0.90、0.95，然后把要转换成分数的单元格格式设置为分数进行转换。

5. 会计数据录入技巧

当输入“16753、23000、3445678”等会计数据时，把要转换成会计专用的单元格格式设置为会计专用，即可全部转换成会计数据。

6. 货币录入技巧

当输入“$16753、$23000、$34456”等货币数据时，把要转换成美元的单元格格式设置为货币，选择货币符号“$”，即可全部转换成相应的美元货币数据。

（二）连续数据、重复数据录入技巧

（1）连续相同数据的录入，如部门列中有连续 20 个“生产部”，第一个单元格的值设为“生产部”，然后拖动填充柄，将部门列中其他 19 个都填充为“生产部”。

（2）以“0”开头连续数值的录入，如“01001、01002、01003”等，先在第一个单元格输入“01001”并选中这个单元格，将鼠标移至这个单元格右下角，鼠标显示为黑十字填充柄，按住鼠标向下拖动填充柄，数值即被自动填充。对于不是以“0”开头连续数值的快速输入，如 1001，1002，1003 等，使“1001”所在的单元格处于选中状态，将鼠标移至单元格右下角，鼠标显示为黑十字填充柄，按住“Ctrl”键的同时向下拖动填充柄，数值即被自动填充。

（3）当输入性别类的大量重复数据时，可以先将所有值都设置为某一个值，再进行少

量修改。处理方式是首先在第一个单元格中输入“男”，然后拖动填充柄，将性别列所有值都填充为“男”；其次按住“Ctrl”键的同时，单击需要更改为“女”的单元格，直到选择到最后一个要更改的单元格，然后在最后一个单元格内直接输入“女”，最后按住“Ctrl + Enter”键，所有被选择的单元格的内容被更改为“女”。

（三）日期数据录入技巧

（1）当输入日期型数据时，要按照正确的日期格式录入，年月日之间的分隔符可以是“-”，也可以是“/”。如输入“2019-01-13”、“2018/12/25”系统都会转换正确的日期型数据，如果想显示“2019年1月13日”等日期形式，可以通过设置单元格格式，选择日期的不同表现形式来实现。

（2）输入当前的日期和时间，用户在做报表时经常要输入系统当前的时间和日期。按“Ctrl + ;”组合键，即可输入当前日期；按“Ctrl + Shift + ;”组合键，即可输入当前时间。利用这种方法输入的是具体数据，当再次打开工作表时，不会随着日期的更改而改变。

（四）其他录入技巧

（1）录入数据过程时经常会用到中文和英文的转换，最便捷的方法是按“Ctrl + 空格”组合键，还会用到中文符号和英文符号的转换，最便捷的方法是按“Ctrl + .”组合键，不同输入法的转换，最便捷的方法是按“Ctrl + Shift”组合键。

（2）录入数据时，数据经常会以记录单的形式横向输入，而当我们输入回车时，鼠标会定位到纵向的下一行，而不会横向定位到下一列。处理方法一：单击“文件”菜单，选择“选项”菜单，弹出“Excel选项”对话框，在左侧选择“高级”选项，在右侧“按Enter键后移动所选内容”，在“方向”下拉框中选择“向右”。如图2-3所示。处理方法二：输入第一个数据后，按“Tab”键，鼠标会自动跳到下一列，第二个数据录入后，再按“Tab”键，直到一行数据录入完成后，按“Enter”键，这时鼠标会跳到下一行数据录入的起始位置。

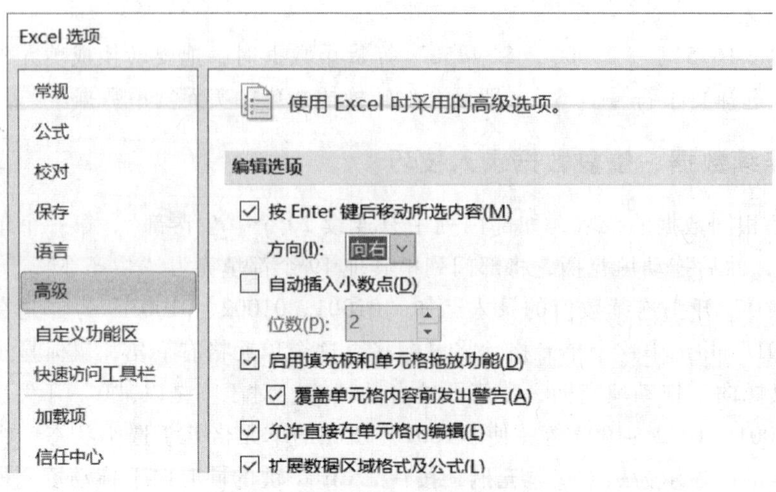

图2-3 鼠标横向定位设置

（3）清除单元格内容，在录入数据时对于输入错误的数据，如果要清除单元格的内容，先选取欲清除的单元格，然后按“Delete”键或者按鼠标右键，在弹出的对话框中选择清除内容。

（4）要复制数据时，选定复制内容后鼠标右键单击“复制”，或者按“Ctrl + C”快捷键进行复制后，可以直接按“Ctrl + V”进行粘贴，也可以选择“选择性粘贴”，根据需要选择数值进行粘贴，也可以选择复制公式或复制格式。

下面以制作“北京宇科电器有限公司员工信息表”加以说明。

［例 2－4］制作“北京宇科电器有限公司员工信息表”（如表 2－1 所示），并录入数据。

表 2－1　北京宇科电器有限公司员工信息表

编号	姓名	身份证号	性别	部门	员工类别	联系电话	银行账号	入职日期	基本工资
01001	孙高林	210322196602141931	男	办公室	管理人员	15752126254	6225882422324705	2005/9/1	6 300
01002	刘英杰	210324197309262052	男	办公室	管理人员	15752127188	6225882422325181	2005/9/1	5 800
01003	王伟国	210322198001242636	男	办公室	管理人员	15752128556	6225882422325456	2010/1/1	5 400
01004	张玲颖	210114198212182001	女	办公室	管理人员	15752121221	6225882422325580	2010/1/1	5 800
02001	赵光	211522198012110316	男	设计部	管理人员	15752132455	6225882422326482	2010/1/1	5 800
02002	张海波	210125198104147101	女	设计部	设计人员	15752133342	6225882422326633	2010/1/1	5 600
02003	孔南	210424197903112011	男	设计部	设计人员	15752134234	6225882422327384	2010/1/1	5 600
03001	金士鹏	210324198505022531	男	生产部	管理人员	15752135605	6225882422327411	2010/1/1	5 800
03002	王同宝	210125198910150077	男	生产部	管理人员	15752157254	6225882422327934	2015/3/1	4 200
03003	邓力春	210526197809092813	男	生产部	生产人员	15752137178	6225882422328162	2005/9/1	5 600
3004	钱生生	612422199404041033	男	生产部	生产人员	15711111581	6225882422328286	2015/3/1	4 200
03005	李芳	210124196311290628	女	生产部	生产人员	15752126254	6225882422328437	2005/9/1	6 300
03006	郑建杰	210423198309200915	男	生产部	生产人员	15752127192	6225882422328561	2010/1/1	5 400
03007	赵军	21052519901203523X	男	生产部	生产人员	15752129006	6225882422328712	2015/3/1	4 200
03013	田丽丽	210429198602264180	女	生产部	生产人员	15752157254	6225882422330205	2010/1/1	5 400
03014	万小宁	210521198811072732	男	生产部	生产人员	15752133742	6225882422330329	2010/1/1	5 400
03015	赵茜哲	210324197702120515	男	生产部	生产人员	15752132567	6225882422330577	2005/9/1	6 300
03016	张毅凯	210403198102101516	男	生产部	生产人员	15752137192	6225882422330604	2010/1/1	5 400
03017	林少强	210125198711114716	男	生产部	生产人员	15752135307	6225882422330728	2015/1/1	4 200
03018	吴鑫源	210424199106094618	男	生产部	生产人员	15752157787	6225882422330976	2015/3/1	4 200
03019	卢晓曼	210525198912262520	女	生产部	生产人员	15752137163	6225882426065674	2015/3/1	4 200
03020	张晓斌	210502198305040011	男	生产部	生产人员	15752135308	6225882422331231	2010/1/1	5 400
04001	赵一林	210124197811260033	男	销售部	管理人员	15752133742	6225882422333159	2005/9/1	6 300
04002	李晓小	210125197012093945	女	销售部	销售人员	15752135303	6225882422333283	2005/9/1	6 300
04003	孙一栋	210602198604252416	男	销售部	销售人员	15752153454	6225882422333310	2010/1/1	5 400

（1）录入数据表标题。将鼠标定位在 A1 单元格，选择 A1 到 J1 后，单击“开始”功能区的“合并后居中”，合并单元格后，输入文字“北京宇科电器有限公司员工信息表”，输完后按“Enter”键。

(2) 录入编号列的数据。选择 A3 单元格，输入编号“01001”，单元格中显示的数据为“1001”。处理方法一：先输入半角单引号“'”，然后再输入数字“01001”，完成后，在单元格的左上角会显示一个绿色的小三角，代表输入数据是文本。处理方法二：先把单元格格式设置为文本再输入数字。选择编号所在的列，单击鼠标右键弹出“设置单元格格式”对话框，选择“文本”后，直接输入数据即可。效果如图 2-4 所示。

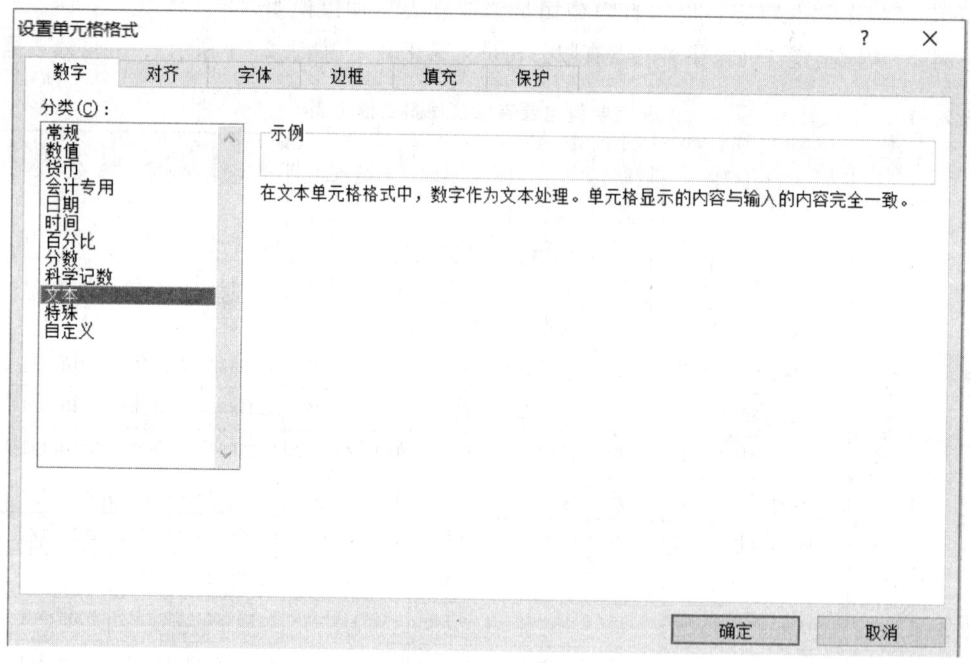

图 2-4　设置信息格式为文本

(3) 输入身份证号列的数据。当在单元格中输入“210322196602141931”时，单元格和地址栏中会出现如图 2-5 所示的数据信息，无法达到信息正确录入的要求。处理方式是以文本形式录入，同“编号”列输入的两种方法。除了身份证号外，“联系电话”和“银行账号”列的数据也要使用这样的处理方法完成信息输入。

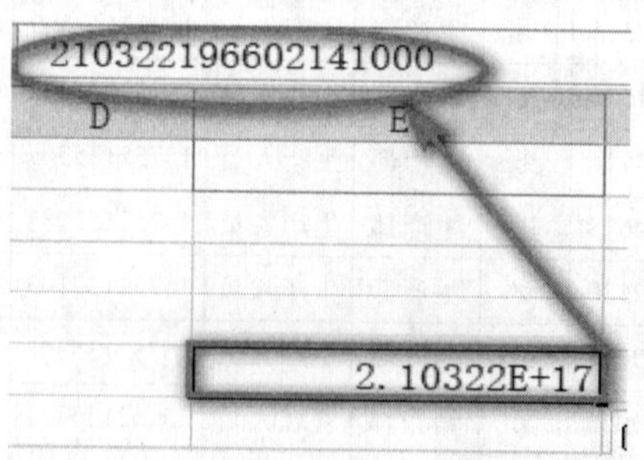

图 2-5　直接输入身份证号时信息显示

(4) 输入姓名列的数据。选择 B3 单元格，输入内容“孙高林”；直接按方向键“↓”，再输入“刘英杰”，按此方法依次完成后续姓名的输入。

(5) 输入性别列的数据。可以按照输入姓名的方法，依次录入各行的性别值。针对性别值非“男”即“女”的情况，除了前述操作方法外，还有一个更简便的方法。这里可以先将所有值都设置为某一个值，再进行少量修改。假设整个数据中“男”居多，首先将性别列第一个单元格的值设为男，然后拖动填充柄，将性别列所有值都填充为“男”；其次在第一个要更改为“女”的单元格中输入“女”，按“Ctrl + C”复制，随即按住“Ctrl”键，同时单击需要更改为“女”的单元格，最后按住“Ctrl + V”键粘贴，所有被选择的单元格的内容随即被更改为“女”。这种方法同样适用于本例中“部门数据”列的输入。

（6）输入入职日期列的数据。在制作 Excel 数据表格时，我们经常会涉及日期和时间的输入，在 Excel 中输入日期和时间数据的方法和输入其他数据的方法不同，我们可以根据下面的方法来操作：选择要输入日期所在列，单击鼠标右键弹出“设置单元格格式”对话框，切换到“数字”选项卡，在“分类”列表中选择“日期”选项，在“类型”列表框中选择需要的日期类型，单击“确定”按钮。如图 2-6 所示。

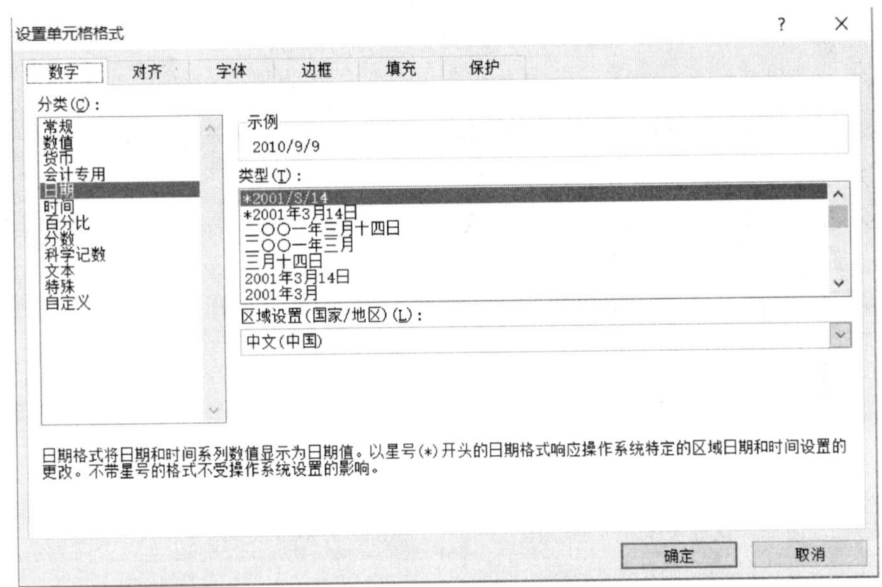

图 2-6　日期型数据输入

（7）输入工资列的数据。工资列的数据比较简单，但数据较多，最快的方法是开启“数字”小键盘录入。

三、编辑与排版技巧

（一）编辑工作表

1. 编辑工作表

工作表的编辑包括：增加新的工作表、修改工作表名称、复制工作表或移动工作表、重命名、保护工作表、删除工作表、设置工作表标签颜色、隐藏等。编辑工作表设置如图 2-7 所示。下面以实例说明。

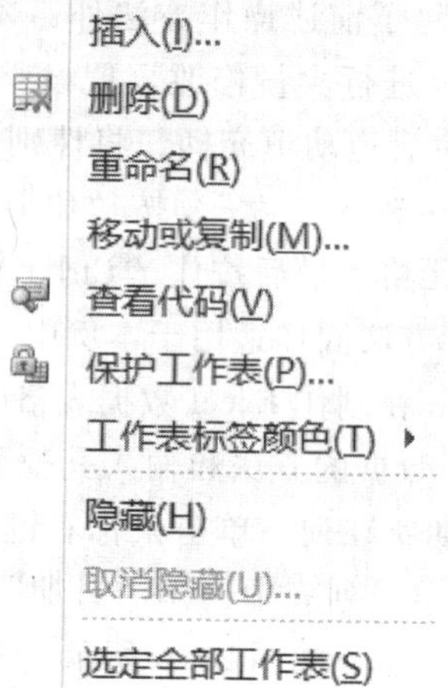

图 2-7　编辑工作表

[例 2-5] 重命名［例 2-4］中 Sheet1 工作表名称为“员工信息表”，并设置红色标签。制作“员工信息表”副本，命名为“员工表备份”，设置“员工表备份”，保护密码“1234”，并勾选所有选项。删除 Sheet3 工作表。

（1）双击 Sheet1 表，出现反黑显示，或者鼠标右键单击 Sheet1，在弹出的菜单中选择“重命名”，修改工作表名称为“员工信息表”。

（2）鼠标右键单击“员工信息表”，在弹出的菜单中选择工作表标签颜色为“红色”。

（3）鼠标右键单击“员工信息表”，在弹出的菜单中选择“移动或复制工作表”，勾选“建立副本”复选框，并命名为“员工表备份”。如图 2-8 所示。

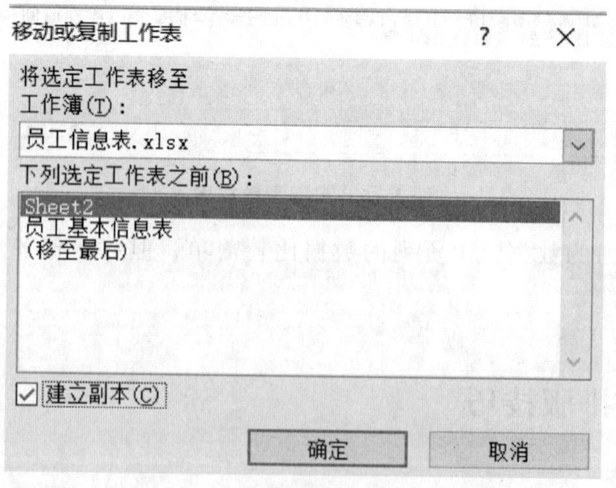

图 2-8　建立工作表副本

（4）鼠标右键单击“员工信息表”，在弹出的菜单中选择“保护工作表”，设置撤销保护密码“1234”，并勾选全部选项，确定后，再次输入确认密码“1234”，这样该工作表只能浏览，不能做任何操作，相关设置如图 2-9 所示。

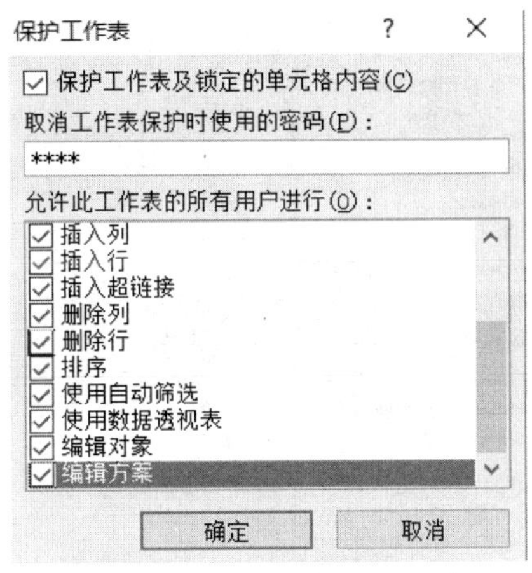

图 2－9　保护工作表

（5）鼠标右键单击"Sheet3"，在弹出的菜单中单击"删除"，这样"Sheet3"就被删除了。相关结果如图 2－10 所示。

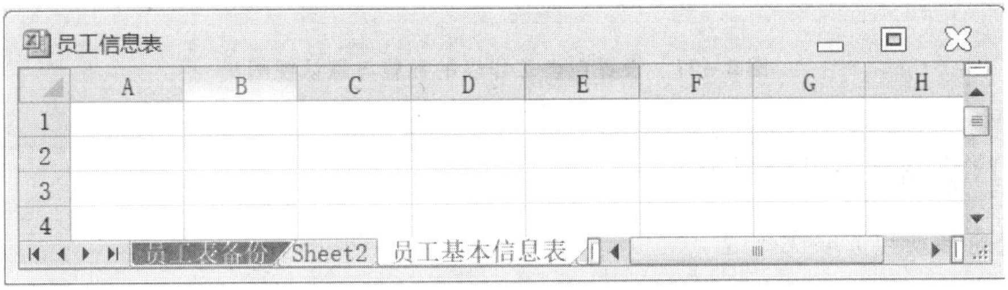

图 2－10　重命名等编辑工作表效果

2. 设置工作表的数量与视图样式

在 Excel 中，工作表是工作簿的基本单位，又称为电子表格。一个新的工作簿默认包含 3 个工作表，新工作表默认视图为"普通视图"。如果希望每次新建工作簿，都自动包含 5 个工作表，并且新工作表默认视图为"页面视图"。可以通过重新设置文件中的选项完成。具体操作如下：

（1）单击"文件"菜单，选择"选项"菜单，弹出"Excel 选项"对话框。

（2）在"Excel 选项"对话框左侧的选项卡中选择"常规"。

（3）修改新工作表默认视图为"页面视图"。

（4）修改包含工作表的数量为"5"。

设置完成后，下次新建工作簿时，会自动包含 5 个工作表 Sheet1 至 Sheet5，并且以带页眉、页脚的"页面视图"显示。设置的样式如图 2－11 所示。

图 2－11　设置包含工作表的数量与默认视图

（二）快速定位选择技巧

1. 快速移动与选取快捷键

在对单元格进行编辑时，尤其是信息数据量比较大的工作表，如何快速选择和定位是提高工作效率的关键所在，使用快速定位和查找快捷键是最有效的方法。快速定位和选取区域快捷键如表 2－2 所示。

表 2－2　快速定位和选取区域快捷键汇总表

快捷键	功能
↑、↓、←、→	向上、下、左或右移动一个单元格箭头键
PageUp	向上移动一屏
PageDown	向下移动一屏
Alt + PageDown	向右移动一屏
Alt + PageUp	向左移动一屏
Ctrl + 箭头	移动到当前数据区域的边缘
Ctrl + Home	移动到工作表的开头
Ctrl + End	移动到工作表的最后一个单元格，位于数据中的最右列的最下行
Home	移动到行首
Tab	在受保护的工作表上的非锁定单元格之间移动
Shift + F6	切换到被拆分的工作表中的上一个窗格
Ctrl + F6	切换到被拆分的工作表中的下一个窗格
Scroll Lock + Shift + Home	将选定区域扩展到窗口左上角的单元格
End + Shift + Enter	将选定区域扩展到当前行中的最后一个单元格

续表

快捷键	功能
Ctrl + Shift + Home	将选定区域扩展到工作表的开始处
End + Shift + Home	将选定区域扩展到工作表的最后一个使用的单元格（左上角）
Ctrl + Shift + End	将选定区域扩展到工作表上最后一个使用的单元格（右下角）
Shift + Home	将选定区域扩展到行首
Ctrl + Shift + 箭头	将选定区域扩展到与活动单元格在同一列或同一行的最后一个非空单元格
Shift + 箭头	将选定区域扩展一个单元格
Shift + PageUp	将选定区域向上扩展一屏
Shift + PageDown	将选定区域向下扩展一屏
Shift + 空格	选定整行
Ctrl + 空格	选定整列
Ctrl + A	选定整张工作表
Shift + Backspace	在选定了多个单元格的情况下，只选定活动单元格
Ctrl + Shift + 空格	在选定了一个对象的情况下，选定工作表上的所有对象
Ctrl + 6	在隐藏对象、显示对象和显示对象占位符之间切换
Ctrl + 句号	按顺时针方向移动到选定区域的下一个角
Ctrl + Alt + 向左	向左切换到下一个不相邻的选定区域
Ctrl + Alt + 向右	在不相邻的选定区域中，向右切换到下一个选定区域

2. 定位技巧

在 Excel 表中，表格中有很多数据是根据公式填列的，当进行数据的复制与移动时，通常因为单元格地址的改变而发生错误，有时需要一次找到这些公式填列的数据，并将公式结果定位。我们可以通过定位公式的方法一次性选中、复制，然后进行选择性粘贴，把公式转换成数值。

（1）定位公式。

［**例 2－6**］打开员工信息表，选中有公式的“性别”单元格，并将公式结果固定如图 2－12所示。

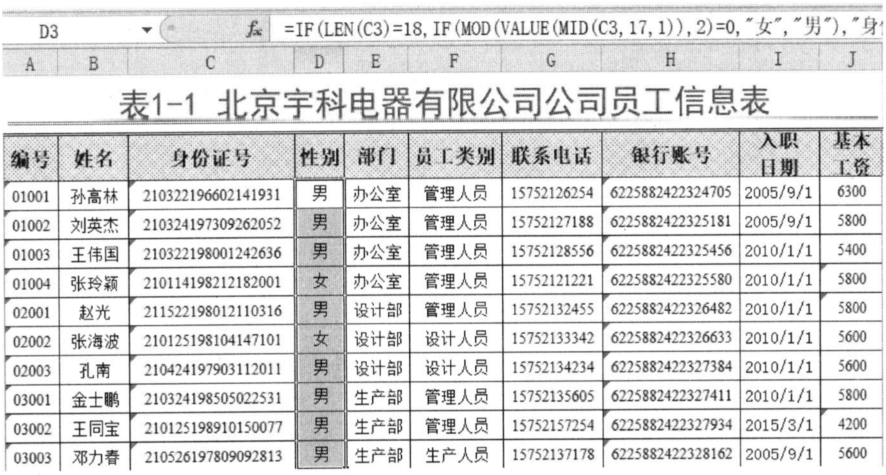

D3 =IF(LEN(C3)=18, IF(MOD(VALUE(MID(C3, 17, 1)), 2)=0, "女", "男"), "身

表1-1 北京宇科电器有限公司公司员工信息表

编号	姓名	身份证号	性别	部门	员工类别	联系电话	银行账号	入职日期	基本工资
01001	孙高林	210322196602141931	男	办公室	管理人员	15752126254	6225882422324705	2005/9/1	6300
01002	刘英杰	210324197309262052	男	办公室	管理人员	15752127188	6225882422325181	2005/9/1	5800
01003	王伟国	210322198001242636	男	办公室	管理人员	15752128556	6225882422325456	2010/1/1	5400
01004	张玲颖	210114198212182001	女	办公室	管理人员	15752121221	6225882422325580	2010/1/1	5800
02001	赵光	211522198012110316	男	设计部	管理人员	15752132455	6225882422326482	2010/1/1	5800
02002	张海波	210125198104147101	女	设计部	设计人员	15752133342	6225882422326633	2010/1/1	5600
02003	孔南	210424197903112011	男	设计部	设计人员	15752134234	6225882422327384	2010/1/1	5600
03001	金士鹏	210324198505022531	男	生产部	管理人员	15752135605	6225882422327411	2010/1/1	5800
03002	王同宝	210125198910150077	男	生产部	管理人员	15752157254	6225882422327934	2015/3/1	4200
03003	邓力春	210526197809092813	男	生产部	生产人员	15752137178	6225882422328162	2005/9/1	5600

图 2－12 带公式的员工信息表

①按“Ctrl + A”选中整个表格区域。

②按定位快捷键“Ctrl + G”，弹出如图 2 – 13 所示的“定位”对话框，单击“定位条件”。

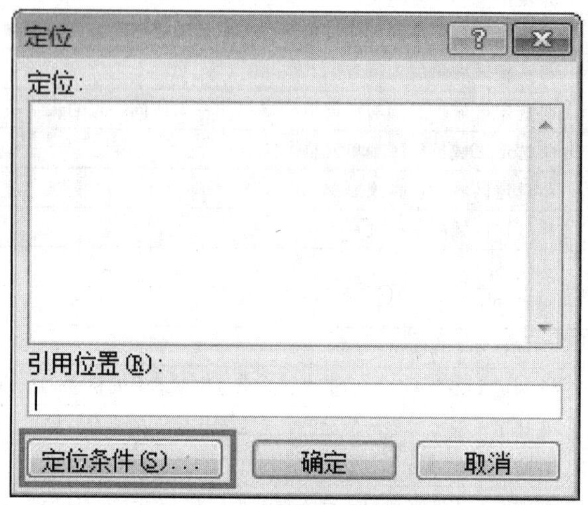

图 2 – 13　定位对话框

③在弹出的“定位条件”对话框中单击“公式”，公式下面的选项表示的是只含数字的公式、只含文本的公式等，默认全选即可，设置好后单击“确定”按钮，如图 2 – 14 所示。

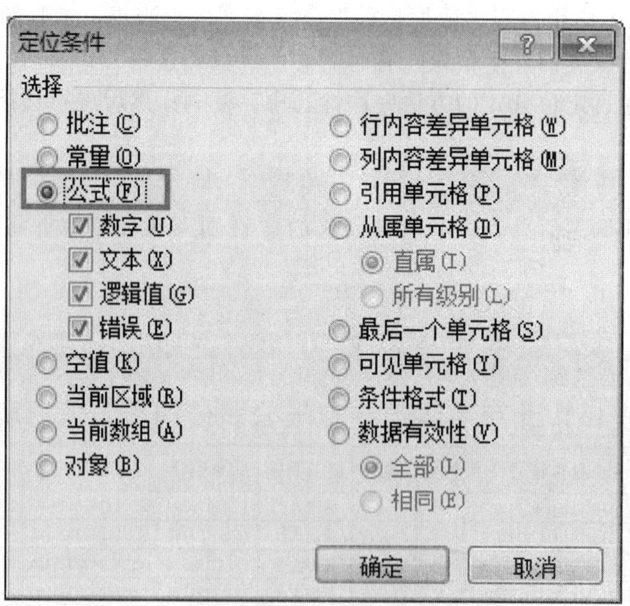

图 2 – 14　定位条件

④此时可以看到，表格中有公式的单元格都被选中了。

⑤然后按复制快捷键“Ctrl + C”，再单击“开始”选项卡下的“粘贴”下拉菜单，选中“值”。如图 2 – 15 所示。

图 2－15　选择性粘贴

⑥此时可以看到，有公式的单元格被固定了。单击任意单元格，在编辑栏只能看到数字，没有公式。如图 2－16 所示。

D3　　f_x　男

A	B	C	D	E	F	G	H	I	J
编号	姓名	身份证号	性别	部门	员工类别	联系电话	银行账号	入职日期	基本工资
01001	孙高林	210322196602141931	男	办公室	管理人员	15752126254	6225882422324705	2005/9/1	6300
01002	刘英杰	210324197309262052	男	办公室	管理人员	15752127188	6225882422325181	2005/9/1	5800
01003	王伟国	210322198001242636	男	办公室	管理人员	15752128556	6225882422325456	2010/1/1	5400
01004	张玲颖	210114198212182001	女	办公室	管理人员	15752121221	6225882422325580	2010/1/1	5800
02001	赵光	211522198012110316	男	设计部	管理人员	15752132455	6225882422326482	2010/1/1	5800
02002	张海波	210125198104147101	女	设计部	设计人员	15752133342	6225882422326633	2010/1/1	5600
02003	孔南	210424197903112011	男	设计部	设计人员	15752134234	6225882422327384	2010/1/1	5600

图 2－16　公式结果定位后员工信息表

同理，我们还可以全选 Excel 中所有的对象（形状、文本框、图表等），只需要在定位对话框中勾选“对象”即可。

（2）定位空行。在 Excel 表中，有时表格中有好几行空行，当数据比较庞大时，一个一个删除非常浪费时间。我们可以通过定位空格的方法一次性选中，一次删除，以提高效率。

［例 2－7］把“员工信息表”中不同部门的分隔空行定位选中，并删除。如图 2－17 所示。

编号	姓名	身份证号	性别	部门	员工类别	联系电话	银行账号	入职日期	基本工资
01001	孙高林	210322196602141931	男	办公室	管理人员	15752126254	6225882422324705	2005/9/1	6300
01002	刘英杰	210324197309262052	男	办公室	管理人员	15752127188	6225882422325181	2005/9/1	5800
01003	王伟国	210322198001242636	男	办公室	管理人员	15752128556	6225882422325456	2010/1/1	5400
01004	张玲颖	210114198212182001	女	办公室	管理人员	15752121221	6225882422325580	2010/1/1	5800
02001	赵光	211522198012110316	男	设计部	管理人员	15752132455	6225882422326482	2010/1/1	5800
02002	张海波	210125198104147101	女	设计部	设计人员	15752133342	6225882422326633	2010/1/1	5600
02003	孔南	210424197903112011	男	设计部	设计人员	15752134234	6225882422327384	2010/1/1	5600
03001	金士鹏	210324198505022531	男	生产部	管理人员	15752135605	6225882422327411	2010/1/1	5800
03002	王同宝	210125198910150077	男	生产部	管理人员	15752157254	6225882422327934	2015/3/1	4200

图 2－17　带空格员工信息表

①选中整个表格区域。

②按定位快捷键“Ctrl + G”，和前面一样，在弹出的对话框中单击“定位条件”，在“定位条件”对话框中选择“空值”。如图 2 – 18 所示。

③此时可以看到所有的空格都被选中，呈现高亮的蓝色。

④在被选中的空单元格上单击鼠标右键，在下拉列表中选择“删除”。

⑤在弹出的对话框中单击“整行”，单击“确定”，此时会发现空行都被删除了。

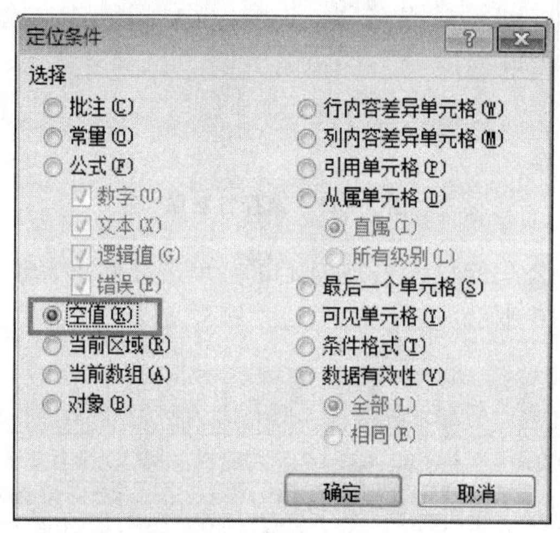

图 2 – 18　定位条件

（3）定位可见单元格。使用 Excel 2007 版本时，如果我们按照某一条件对数据进行了筛选，此时若直接复制粘贴筛选后的表格区域，会发现被隐藏的单元格在复制粘贴后，又显示出来了（这个是 Excel 2007 版本的 Bug）。若只想复制可见单元格，我们需要先进行定位。

［**例 2 – 8**］对表格按性别筛选，只保留女员工，并定位可见单元格，进行复制，粘贴到 Sheet2 表中。如图 2 – 19 所示。

编号	姓名	身份证号	性别	部门	员工类	联系电话	银行账号	入职日	基本工
01004	张玲颖	210114198212182001	女	[illegible]	管理人员	15752121221	6225882422325580	2010/1/1	5800
02002	张海波	210125198104147101	女	[illegible]	设计人员	15752133342	6225882422326633	2010/1/1	5600
03005	李芳	210124196311290628	女	生产部	生产人员	15752126254	6225882422328437	2005/9/1	6300
03013	田丽丽	210429198602264180	女	生产部	生产人员	15752157254	6225882422330205	2010/1/1	5400
03019	卢晓曼	210525198912262520	女	生产部	生产人员	15752137163	6225882426065674	2015/3/1	4200
04002	李晓小	210125197012093945	女	销售部	销售人员	15752135303	6225882422333283	2005/9/1	6300

性别:
等于“女”

图 2 – 19　按性别“女”筛选后的员工信息表

①选中表格区域。

②按定位快捷键“Ctrl + G”，在对话框中单击“定位条件”，在“定位条件”对话框中单击“可见单元格”，设置好后单击“确定”。如图 2 – 20 所示。

③这时可以看到可见单元格都被选中了。

④直接按复制快捷键“Ctrl + C”，再单击 Sheet2 表单元格 A1，按“Ctrl + V”，可以看到只有可见单元格被复制了。

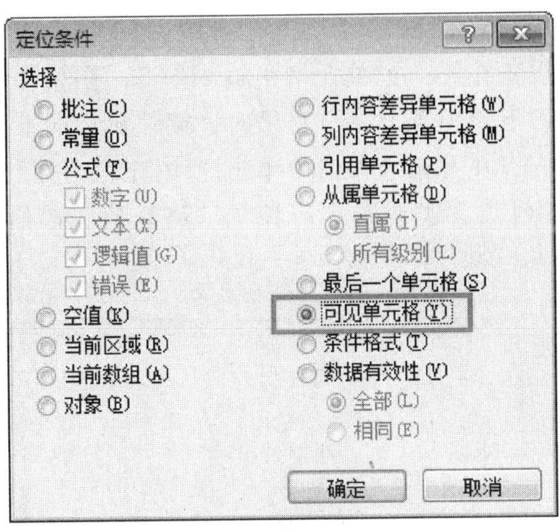

图 2－20　定位条件

（三）快速填充

1. 带有连续数字文本的自动填充及相同数据的填充

连续数字文本自动填充的方法非常简单，先在单元格输入如“1 月”在单元格右下角出现“＋”符号时，按住鼠标向下拖动。

对于相同数据比如 10，先在单元格中输入 10 后，选择要填充的区域后，按“Ctrl＋D”进行向下填充、按“Ctrl＋U”进行向上填充、按“Ctrl＋R”进行向右填充、按“Ctrl＋L”进行向左填充。也可在先选定要填充重复数据的区域直接输入“10”，再按“Ctrl＋Enter”键一次填充完成。

［例 2－9］在 B1 到 F1 输入“星期一、星期二……星期五”，在 A2 到 A9 输入“1 月、2 月、3 月……8 月”，在 B2 到 F9 区域内输入数据“打卡”。

（1）在 B1 输入“星期一”，在单元格右下角出现“＋”符号时，按住鼠标向右拖动，完成数据填充。

（2）在 A2 输入“1 月”，在单元格右下角出现“＋”符号时，按住鼠标向下拖动，完成数据填充。

（3）选择 B2 到 F9 区域后，输入“打卡”，在按“Ctrl＋Enter”键一次填充完成。填充结果如图 2－21 所示。

	星期一	星期二	星期三	星期四	星期五
1月	打卡	打卡	打卡	打卡	打卡
2月	打卡	打卡	打卡	打卡	打卡
3月	打卡	打卡	打卡	打卡	打卡
4月	打卡	打卡	打卡	打卡	打卡
5月	打卡	打卡	打卡	打卡	打卡
6月	打卡	打卡	打卡	打卡	打卡
7月	打卡	打卡	打卡	打卡	打卡
8月	打卡	打卡	打卡	打卡	打卡

图 2－21　填充结果

2. 等差、等比序列填充

等差序列填充，如可以先在第一个单元格中输入数 3，在相邻单元格中输入数 6，选中这两个单元格，在单元格右下角出现“ + ”符号时，按住鼠标向下拖动，完成数据填充。等差、等比、日期等序列填充，在开始选项卡中单击“ 填充”，选择“序列”，在弹出的对话框中选择序列产生在“行/列”、“类型”、“步长”、“终止值”等信息完成填充，如图 2 - 22 所示。

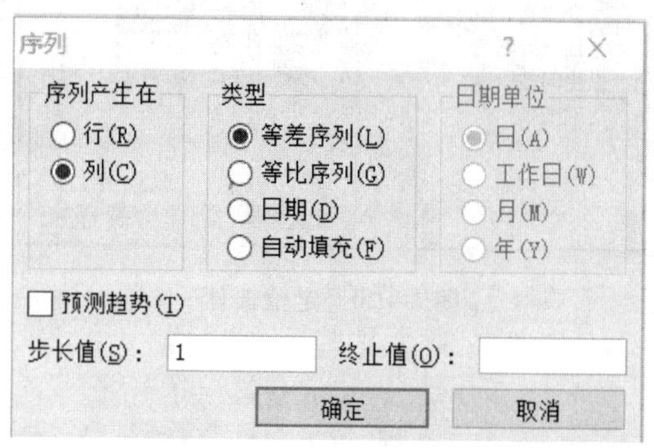

图 2 - 22　序列对话框

［**例 2 - 10**］ 完成如图 2 - 23 所示的“1、3、5……21”等差序列填充，“2、4、8……2048”等比序列填充；完成“投资回报估算”结算日期填充。

等差序列填充		等比序列填充		日期序列填充		
				投资回报估算		
1		2		序号	资金总额	结算日期
3		4		1	10000	2018/1/31
5		8		2	10500	2018/2/28
7		16		3	11025	2018/3/31
9		32		4	11576	2018/4/30
11		64		5	12155	2018/5/31
13		128		6	12763	2018/6/30
15		256		7	13401	2018/7/31
17		512		8	14071	2018/8/31
19		1024		9	14775	2018/9/30
21		2048		10	15513	2018/10/31

图 2 - 23　序列填充结果

（1）在 A3 单元格输入 1，在 A4 单元格输入 3，选中这两个单元格后，在单元格右下角出现“ + ”符号时，按住鼠标向下拖动，完成数据填充。

（2）在 C3 单元格输入 2，在“开始”选项卡中单击“填充”，选择“序列”，在弹出的对话框中选择序列产生在“列”、“类型—等比”、“步长—2”、“终止值—2048”等信息完成填充。

（3）在 G4 单元格输入“2018/1/31”，选择 G4 到 G13 区域后在“开始”选项卡中单击“填充”，选择“序列”，在弹出的对话框选择序列产生在“列”、“类型—日期”、“日期单位—月”等信息完成填充。

（四）美化工作表

Excel会自动判断使用者输入的资料形态，从而来决定资料的预设显示方式，如数字资料将会靠右对齐；文字资料则会靠左对齐。若输入的资料超过单元格宽度时，Excel将会改变资料的显示方式。

要完成数据表的美化任务，需要掌握Excel中格式化的相关操作，主要包括如下内容：更改数据类型，设置对齐方式，更改内容的字体、字号，更改单元格边框和底纹效果，设置数据表的行高和列宽等。

1. “单元格格式”对话框

选择单元格后，单击菜单栏中“格式”菜单下的“单元格”菜单或者单击鼠标右键菜单中的“设置单元格格式”，即可打开“单元格格式”对话框。该对话框中包含了数字、对齐、字体、边框、填充等选项卡。

（1）“数字”选项卡。该选项卡用于设置被选择的单元格中内容的数据类型及数据格式。

（2）“对齐”选项卡。该选项卡可以设置单元格中内容的水平对齐方式、垂直对齐方式、单元格中文字方向以及单元格内容在列宽较小的情况下自动换行等效果。

（3）“字体”选项卡。该选项卡可以设置单元格中内容的字体、字形、字号、下划线类型、文字颜色、特殊效果。

（4）“边框”选项卡。该选项卡可以设置单元格的边框效果，包括显示哪些部分的边框，以及各部分边框的颜色和样式。

（5）“填充”选项卡。该选项卡可以设置单元格的图案效果。

2. 行高、列宽

可以通过调整数据表的行高和列宽来美化数据表。可以直接拖动调整，也可以通过打开行高或列宽对话框输入数值进行调整，还可以使用Excel提供的自动调整命令进行调整。调整时，可以只调整某一行或某一列，也可以同时调整多行或多列。

3. 功能区“开始”选项卡

功能区“开始”选项卡上包含了一部分最常用的功能命令。其中字体区域、对齐区域、数字区域对应了“单元格格式”对话框的大部分功能。可以通过单击这些区域右下角的“ ”按钮打开“单元格格式”对话框。在设置格式时，可以灵活运用功能面板和鼠标右键菜单。

[例2-11] 完成“员工信息表”格式美化设置。

（1）设置标题跨列居中，黑体18号、加粗、会计专用双线、行高为32。

①选择A1：J1区域“对齐方式”区域中的“合并后居中”按钮，将该区域合并，同时将内容居中。

②选择标题字，单击“开始”选项卡的“字体”选项卡，设置字号“18”、字形“加粗”、字体“黑体”、下划线“会计专用双线”，如图2-24所示。

③单击行号1，选中数据表第一行，单击鼠标右键菜单中的“行高”，打开“行高”对话框，设置标题行的行高为32。

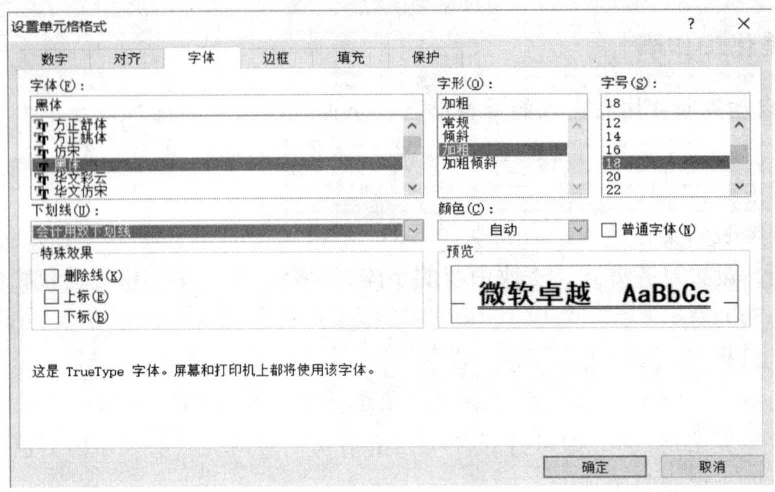

图 2 - 24　字体选项卡

(2) 为数据区域 A2：J27 添加"红色、双线"外框线和"黑色、单实线"内框线。

①选择区域 A2：J27 后，单击鼠标右键菜单中的"设置单元格格式"，打开"设置单元格格式"对话框，选择"边框"选项卡。

②设定区域外框线。先选定边框线"颜色"为"红色"，再选择"样式"为"双线"，最后单击"预置"区的"外框线"按钮，即可在边框预览中看到外框线的效果。

③设定内框线。选择边框线"颜色"为"黑色"，"样式"为"单线"，再点击"预置"区的"内部"按钮，即可在边框预览中看到内框线的效果。

(3) 为数据区域 A2：J2 添加"黄色背景、12.5% 灰度的红色图案"。

选择数据区域 A2：J2，单击鼠标右键菜单中的"设置单元格格式"，打开"设置单元格格式"对话框，单击"填充"选项卡，选择"背景色"为"黄色"（最后一行标准色的第四个），"图案颜色"为标准色"红色"（标准色第二个），图案样式为"12.5% 灰色"，如图2 - 25所示。

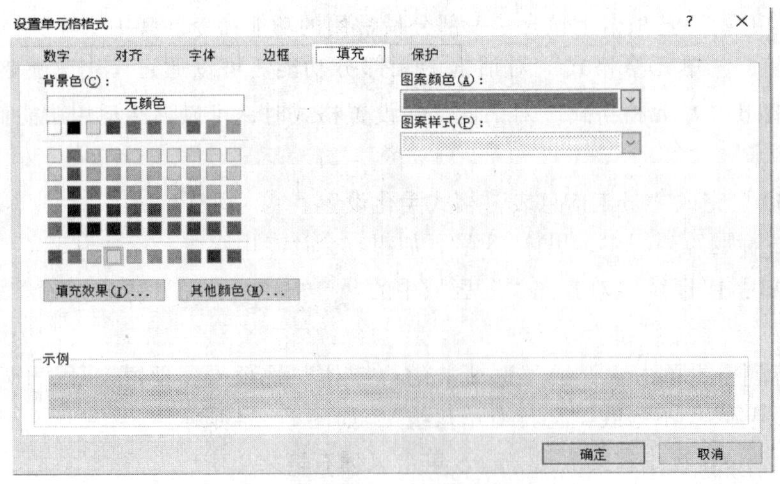

图 2 - 25　填充效果

（4）设置数据区域 A2：J27 内容水平居中、垂直居中，A2：J2 自动换行。

①选择区域 A2：J27 后，单击“开始”选项卡，选择“对齐方式”区域中的“垂直居中”按钮和“水平居中”按钮。

②选择区域 A2：J2 后，单击“开始”选项卡，选择“对齐方式”区域中“自动换行”。最终效果如图 2－26 所示。

表1-1 北京宇科电器有限公司公司员工信息表

编号	姓名	身份证号	性别	部门	员工类别	联系电话	银行账号	入职日期	基本工资
01001	孙高林	210322196602141931	男	办公室	管理人员	15752126254	6225882422324705	2005/9/1	6300
01002	刘英杰	210324197309262052	男	办公室	管理人员	15752127188	6225882422325181	2005/9/1	5800
01003	王伟国	210322198001242636	男	办公室	管理人员	15752128556	6225882422325456	2010/1/1	5400
01004	张玲颖	210114198212182001	女	办公室	管理人员	15752121221	6225882422325580	2010/1/1	5800
02001	赵光	211522198012110316	男	设计部	管理人员	15752132455	6225882422326482	2010/1/1	5800
02002	张海波	210125198104147101	女	设计部	设计人员	15752133342	6225882422326633	2010/1/1	5600
02003	孔南	210424197903112011	男	设计部	设计人员	15752134234	6225882422327384	2010/1/1	5600
03001	金士鹏	210324198505022531	男	生产部	管理人员	15752135605	6225882422327411	2010/1/1	5800
03002	王同宝	210125198910150077	男	生产部	管理人员	15752157254	6225882422327934	2015/3/1	4200
03003	邓力春	210526197809092813	男	生产部	生产人员	15752137178	6225882422328162	2005/9/1	5600
3004	钱生生	612422199404041033	男	生产部	生产人员	15711111581	6225882422328286	2015/3/1	4200
03005	李芳	210124196311290628	女	生产部	生产人员	15752126254	6225882422328437	2005/9/1	6300
03006	郑建杰	210423198309200915	男	生产部	生产人员	15752127192	6225882422328561	2010/1/1	5400
03007	赵军	21052519901203523X	男	生产部	生产人员	15752129006	6225882422328712	2015/3/1	4200
03013	田丽丽	210429198602264180	女	生产部	生产人员	15752157254	6225882422330205	2010/1/1	5400
03014	万小宁	210521198811072732	男	生产部	生产人员	15752133742	6225882422330329	2010/1/1	5400
03015	赵茜哲	210324197702120515	男	生产部	生产人员	15752132567	6225882422330577	2005/9/1	6300
03016	张毅凯	210403198102101516	男	生产部	生产人员	15752137192	6225882422330604	2010/1/1	5400
03017	林少强	210125198711114716	男	生产部	生产人员	15752135307	6225882422330728	2015/1/1	4200

图 2－26　美化最终效果图

（五）页面设置与打印

要完成对工作表数据文件的打印工作，需要设置打印份数、打印的目标范围、打印排序、纸张的方向、纸张的类型、页边距、缩放比例、页眉、页脚设置等。

1. 打印份数

打印份数说明被打印的目标将被打印多少份。

2. 打印的目标范围

打印的目标范围可以是下列任何一种：工作簿中的全部工作表、处于活动状态的工作表、选定数据区域、选定的图表。

3. 打印排序

排序方式包括调整、取消排序两种方式。

（1）取消排序方式“1，1，1；2，2，2；3，3，3”指明打印时先打印出文档的所有第 1 页，接着再打印文档的所有第 2 页，依此类推，直至打印完全部页。

（2）排序方式“1，2，3，1，2，3，1，2，3”指明打印时先打印出一份文档的全部，接着再打印出第二份文档的全部，依此类推，直至打印完指定的份数。如图 2－27 所示。

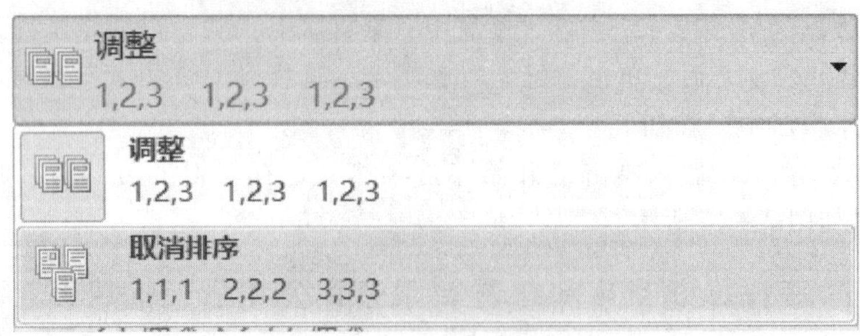

图 2－27　打印排序设置图

4. 纸张的方向

纸张方向可以选择横向或纵向，在实际打印的时候，可以根据打印内容的宽度和高度，通过打印预览观察效果。

5. 纸张的类型

纸张类型列表中提供了若干种标准纸张类型，打印时可根据实际要求选择。

6. 页边距

页边距用于调整页面内容和纸张边缘的距离。可以选择系统提供的几种默认页边距方式，也可以自定义设置。

7. 缩放比例

缩放比例用于对被打印内容进行缩放，比例可以任意设置。

8. 页眉、页脚的设置

页眉和页脚一般用于添加额外的信息。可以设置信息内容以及出现的位置。

［**例 2－12**］“员工信息表”打印设置。使用 A4 纸打印 3 份“员工信息表”。

（1）打开“员工信息表”工作表，选择功能区“文件”选项卡后，选择“打印”菜单，此时窗口视图如图 2－28、图 2－29 所示。

档案室归档，报送人力资源部

表1-1 北京宇科电器有限公司公司员工信息表

编号	姓名	身份证号	性别	部门	员工类别	联系电话	银行账号	入职日期	基本工资
01001	孙高林	210322196602141931	男	办公室	管理人员	15752126254	6225882422324705	2005/9/1	6300
01002	刘英杰	210324197309262052	男	办公室	管理人员	15752127188	6225882422325181	2005/9/1	5800
01003	王伟国	210322198001242636	男	办公室	管理人员	15752128556	6225882422325456	2010/1/1	5400
01004	张玲颖	210114198212182001	女	办公室	管理人员	15752121221	6225882422325580	2010/1/1	5800
02001	赵光	211522198012110316	男	设计部	管理人员	15752132455	6225882422326482	2010/1/1	5800
02002	张海波	210125198104147101	女	设计部	设计人员	15752133342	6225882422326633	2010/1/1	5600
02003	孔南	210424197903112011	男	设计部	设计人员	15752134234	6225882422327384	2010/1/1	5600
03001	金士鹏	210324198505022531	男	生产部	管理人员	15752135605	6225882422327411	2010/1/1	5800
03002	王同全	210125198910150077	男	生产部	管理人员	15752157254	6225882422327934	2015/3/1	4200
03003	邓力攀	210526197809092813	男	生产部	生产人员	15752137178	6225882422328162	2005/9/1	5600
3004	钱生生	612422199404041033	男	生产部	生产人员	15711111581	6225882422328286	2015/3/1	4200
03005	李芳	210124196311290628	女	生产部	生产人员	15752126254	6225882422328437	2005/9/1	6300
03006	郑建杰	210423198309200915	男	生产部	生产人员	15752127192	6225882422328561	2010/1/1	5400

图 2－28　打印设置图

图 2-29　打印设置图

单击窗口右侧“显示打印预览”按钮，可以看到图 2-30 所示页面效果。这是按照默认的纸张类型以及纸张方向显示出的打印预览效果。从窗口下方的页码处可以看到，目前工作表被分成了两页显示。这不是我们想要的效果。我们可以通过调整页面设置中“调整为 1 页宽、1 页高”来设置，也可以通过适当减少页边距来进行微调。

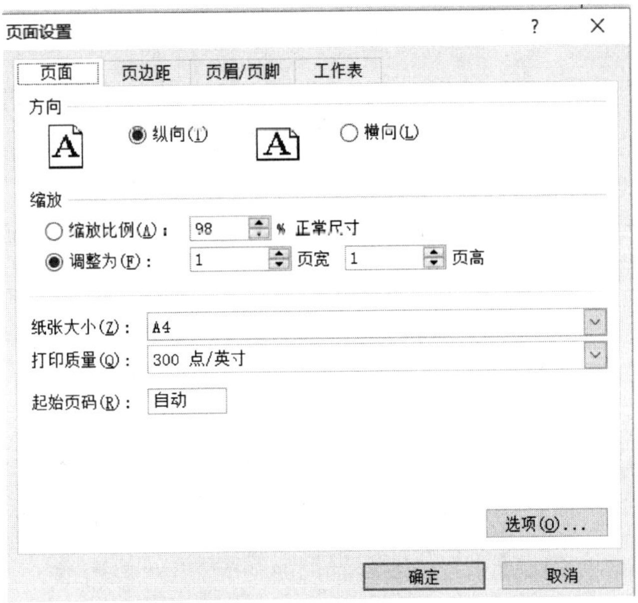

图 2-30　页面设置

（2）在打印选项的“打印”区域，设置打印份数为 2。

（3）在打印选项的“设置”区域，设置“打印的目标范围”为默认的“打印活动工作表”。如果需要更改，可以打开选项的下拉列表进行选择。

（4）在“纸张类型”的下拉列表中选择“A4”。

（5）在“纸张方向”的下拉列表中选择“纵向”。

（6）调整内容的位置。在“设置”区域的右下角，单击“页面设置”命令。打开“页面设置”对话框。选择“页边距”选项卡，勾选“居中方式”中的“水平、垂直居中”复选框。

（7）添加页眉和页脚信息。单击“自定义页眉”按钮，打开“页眉”对话框，输入信息“档案室存档，并报送人力资源部”，再在“页脚”处的下拉列表中选择“第 1 页，共?页”选项，最后单击“确定”按钮。如图 2－31 所示。

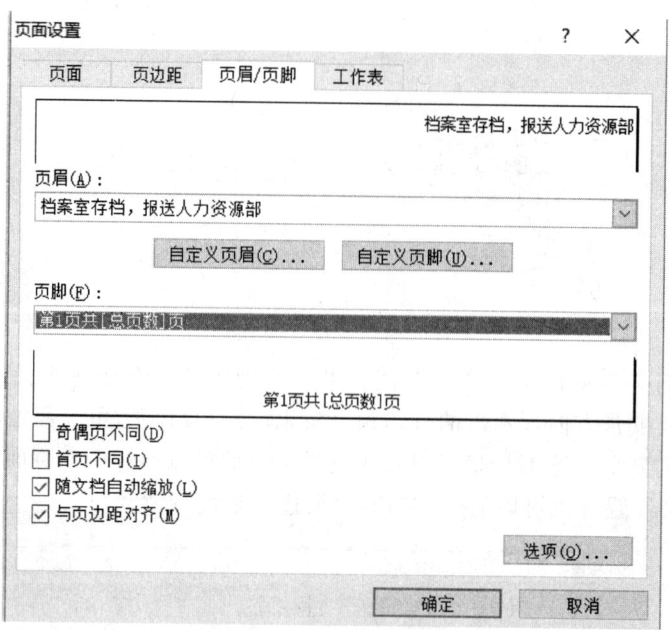

图 2－31　页眉页脚设置

［**例 2－13**］打印多页时每页均显示表头，打印选定区域设置。

（1）将鼠标移动到第 15 行，选择“页面布局”选项卡中“分隔符”，单击“插入分页符”，插入一个分页符，如图 2－32 所示。

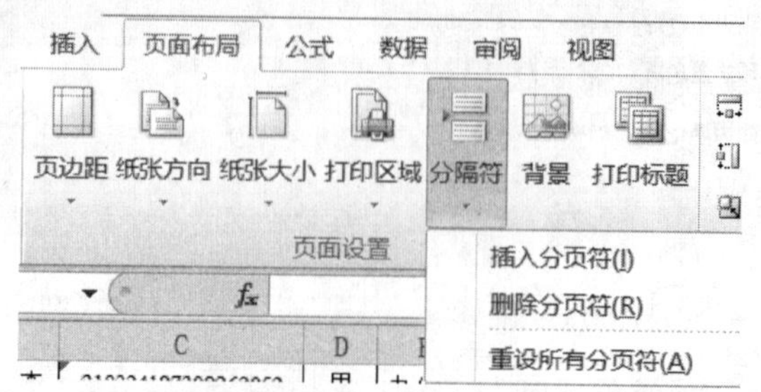

图 2－32　插入分页符

(2) 选择“页面布局－页面设置”，选择“工作表－打印标题－顶端标题行”，确定所要设置的标题行（可用鼠标去拖选标题行）；同样的方法还可设置左端标题列，如图 2－33 所示。

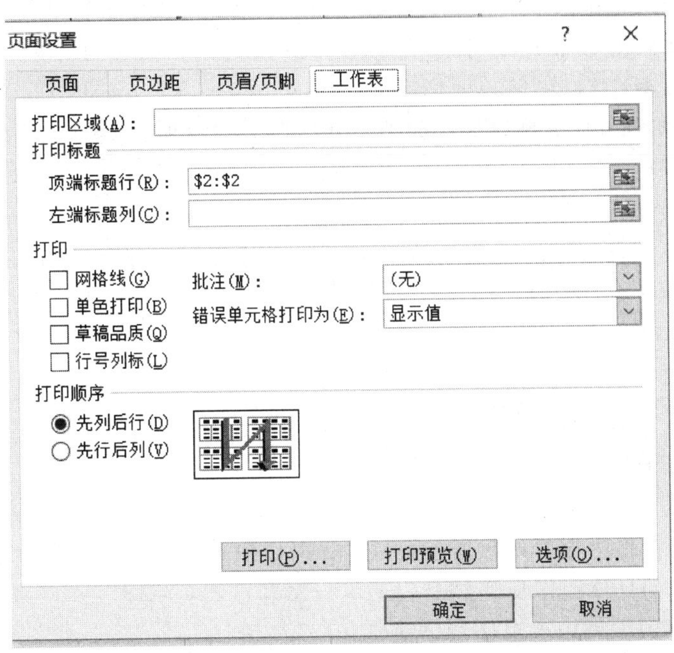

图 2－33 设置顶端标题

(3) 选择工作表中 A1：J7 区域，选择打印设置中“仅打印当前选定区域”。打印效果如图 2－34 所示。

档案室归档，报送人力资源部

编号	姓名	身份证号	性别	部门	员工类别	联系电话	银行账号	入职日期	基本工资
01001	孙高林	210322196602141931	男	办公室	管理人员	15752126254	6225882422324705	2005/9/1	6300
01002	刘英杰	210324197309262052	男	办公室	管理人员	15752127188	6225882422325181	2005/9/1	5800
01003	王伟国	210322198001242636	男	办公室	管理人员	15752128556	6225882422325456	2010/1/1	5400
01004	张玲媛	210114198212182001	女	办公室	管理人员	15752121221	6225882422325580	2010/1/1	5800
02001	赵光	211522198012110316	男	设计部	管理人员	15752132455	6225882422326482	2010/1/1	5800
02002	张海波	210125198104147101	女	设计部	设计人员	15752133342	6225882422326633	2010/1/1	5600

图 2－34 打印选定区域

四、数据分析与处理

(一) 数据排序

在工作表或者数据清单中输入数据以后，经常要进行排序操作，以便更加直观地比较数据。

1. 默认的排序顺序

在进行排序之前，先来介绍 Excel 中数据的排序是按照怎样的规则进行的。在对数据清单中的数据进行排序时，Excel 有默认的排序顺序。Excel 使用特定的排序顺序，根据单元格中的数值而不是格式来排列数据。在排序文本项时，Excel 逐个字符从左到右进行排序。例如，如果一个单元格中的文本为“A100”，该单元格将排在内容为文本“A1”的单元格的后面，而在内容文本“A11”的单元格的前面。

按升序排序时，Excel 的排序规则如下（在按降序排序时，除了空格总是在最后外。其他的排序次序反转）：

（1）数字从最小的负数到最大的正数排序。

（2）文本以及包含数学的文本，按下列顺进行排序：先是数字 0 ~ 9，然后是字符’、-、（空格）、!、#、$、%、&、（）、*、,、.、/、;、:、?、@、|、^、{ }、~、+、<、>、=、最后是字母 A ~ Z。

（3）在逻辑值中，FALSE 排在 TRUE 之前。

（4）所有错误值的优先级等效。

（5）空格排在最后。

2. 列数据排序

如果要对数据清单中的单列数据进行排序，可以根据需要使用排序方法。根据某一列的内容对行数据排序的具体操作步骤如下：

（1）在待排序数据列中单击任意单元格。

（2）单击“数据”|“排序”按钮。

［例 2-14］ 对“基本工资”列进行升序排序，结果如图 2-35 所示。

北京宇科电器有限公司工资明细单						
姓名	基本工资	绩效工资	奖金	应发合计	扣款合计	实发工资
王伟国	16400	5668	2000	24068	3332	3735
张海波	16600	5671	1800	24071	3452	3726
童孔南	16600	5672	1800	24072	3492	3723
刘英杰	16800	5667	2000	24467	3292	4138
张玲	16800	5669	2000	24469	3372	4132
赵光	16800	5670	2000	24470	3412	4129
孙高林	17300	5665	2000	24966	3252	4641

图 2-35　按升序排序的结果

3. 多列排序

在根据单列数据对工作表中的数据进行排序时，如果该列的某些数据完全相同，则这些行的内容就按原来的顺序进行排列，这就给数据排序带来一定的麻烦。选择多列排序可以解决这个问题，而且在实际操作中也经常会遇到按照多行的结果进行排序的情况。

［例 2-15］ 工资表中按基本工资排列顺序，往往有一些员工的基本工资相同，这时就要通过绩效分出名次。根据多列数据的内容对数据行进行排序的具体操作步骤如下：

（1）在需要排序的数据清单中，单击任意一个单元格。

（2）选择“数据”|“排序”命令，打开“排序”对话框，如图 2-36 所示。

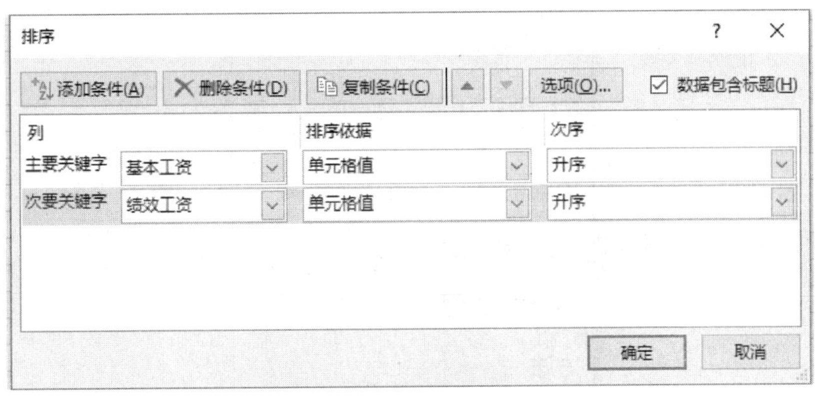

图 2－36 “排序对话框”

（3）在“排序”对话框中，分别单击“主要关键字”和“次要关键字”下拉列表框右边的下拉箭头，在下拉列表中选择需要排序的列，并设置这些列的排序顺序。

（4）单击“确定”按钮。

例如，如图 2－37 所示的工资单，部分人员的基本工资相同，如果仅仅根据基本工资来进行数据排列，则不能得出在基本工资相同时，哪位员工的绩效工资更为突出。这时可加入其他列的数据再次进行排序。如果是按图 2－35 所示的“排序”对话框进行排序，则结果如图 2－38 所示。“排序”对话框中有一个“选项”按钮，单击该按钮将打开“排序选项”对话框，如图 2－39 所示。

北京宇科电器有限公司工资明细单

姓名	基本工资	绩效工资	奖金	应发合计	扣款合计	实发工资
王伟国	16400	5668	2000	24068	3332	3735
张海波	16600	5671	1800	24071	3452	3726
童孔南	16600	5672	1800	24072	3492	3723
张玲	16800	5669	2000	24469	3372	4132
刘英杰	16800	5667	2000	24467	3292	4138
赵光	16800	5670	2000	24470	3412	4129
孙高林	17300	5665	2000	24966	3252	4641

图 2－37 工资单

北京宇科电器有限公司工资明细单

姓名	基本工资	绩效工资	奖金	应发合计	扣款合计	实发工资
王伟国	16400	5668	2000	24068	3332	3735
张海波	16600	5671	1800	24071	3452	3726
童孔南	16600	5672	1800	24072	3492	3723
刘英杰	16800	5667	2000	24467	3292	4138
张玲	16800	5669	2000	24469	3372	4132
赵光	16800	5670	2000	24470	3412	4129
孙高林	17300	5665	2000	24966	3252	4641

图 2－38 排序的结果

可以在“排序选项”对话框中设置各个选项，然后单击“确定”按钮返回“排序”对话框再进行排序。

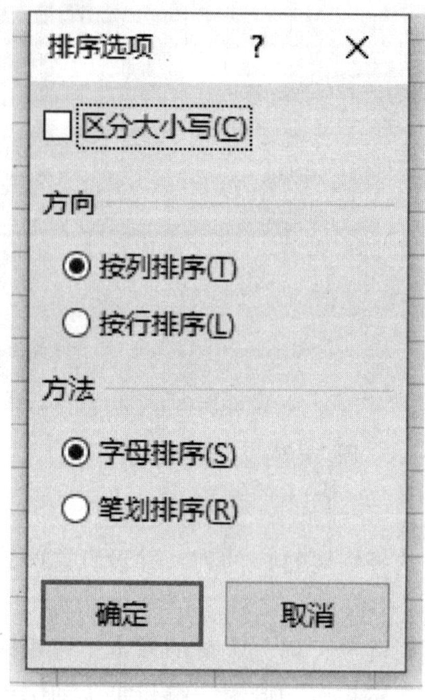

图 2－39　“排序选项”对话框

（二）数据筛选

所谓筛选，指的是从数据中找出符合指定条件的数据，这也是用户经常会遇到的问题。下面介绍各种筛选的方法。

1. 使用自动筛选

使用自动筛选可以方便地实现筛选功能，需要注意的是，一次只能对工作表中的一份数据清单使用筛选命令。自动筛选又分为一般自动筛选、自定义自动筛选和自动筛选前 10 个等。

（1）一般自动筛选。

[**例 2－16**] 筛选出奖金为 2 000 元的人数。

进行自动筛选的具体操作步骤如下：

①单击需要筛选的数据清单中的任意一个单元格。

②选择“数据”｜“筛选”命令，如图 2－40 所示。显示数据的数据列上方出现下拉箭头，如图 2－41 所示。

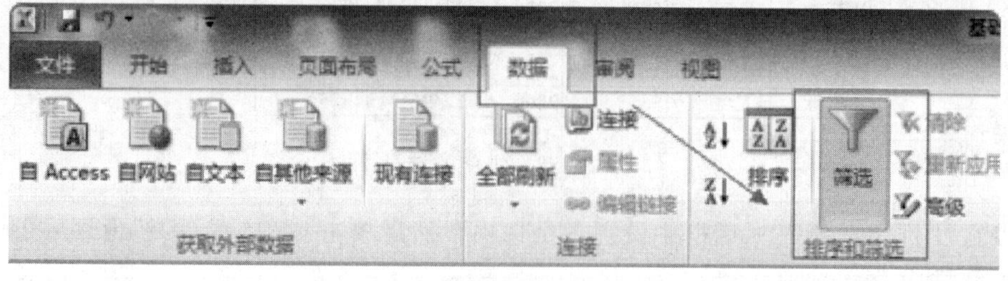

图 2－40　筛选

北京宇科电器有限公司工资明细单						
姓名	基本工	绩效工	奖金	应发合	扣款合	实发工
王伟国	16400	5668	2000	24068	3332	3735
张海波	16600	5671	1800	24071	3452	3726
童孔南	16600	5672	1800	24072	3492	3723
刘英杰	16800	5667	2000	24467	3292	4138
张玲	16800	5669	2000	24469	3372	4132
赵光	16800	5670	2000	24470	3412	4129
孙高林	17300	5665	2000	24966	3252	4641

图 2-41 筛选结果

③如果要显示只含有特定值的数据，单击含有待显示数据的数据列上方的下拉箭头。单击需要显示的数值，如图 2-42 所示。

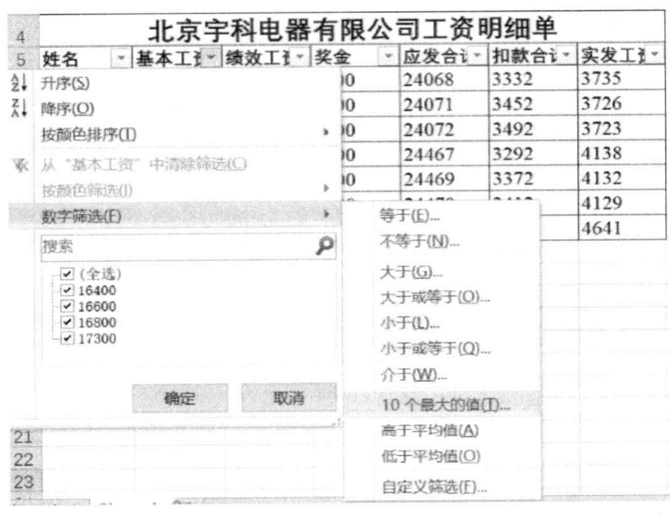

图 2-42 使用自动筛选

④如果要使用基于另一列中数值的附加条件，则需要在另一列中重复上述操作。筛选的结果如图 2-43 所示，奖金为 2 000 元的人数有 5 个。

北京宇科电器有限公司工资明细单						
姓名	基本工	绩效工	奖金	应发合	扣款合	实发工
王伟国	16400	5668	2000	24068	3332	3735
刘英杰	16800	5667	2000	24467	3292	4138
张玲	16800	5669	2000	24469	3372	4132
赵光	16800	5670	2000	24470	3412	4129
孙高林	17300	5665	2000	24966	3252	4641

图 2-43 筛选结果

（2）自定义自动筛选。如果要使用同一列中的两个数值来筛选数据清单，或者使用比较运算符而不是简单的“等于”来筛选数据清单，可以使用自定义自动筛选。

[例 2-17] 在［例 2-16］的基础上，筛选出奖金为 2 000 元的个人。使用自定义自动筛选的具体操作步骤如下：

①单击需要筛选的数据清单中的任意一个单元格。

②选择“数据”|“筛选”命令。

③单击含有待显示数据的数据列中“奖金”单元格的下拉箭头。

④在下拉列表中选择“本文筛选”、“自定义筛选”选项，打开“自定义自动筛选方式”对话框。如图 2－44 所示。

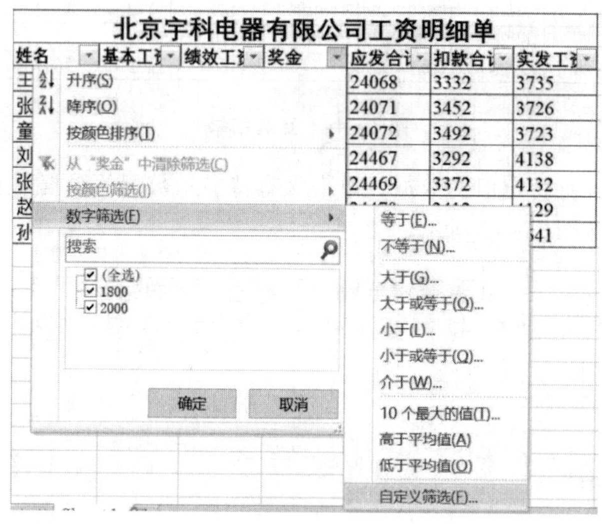

图 2－44　“自定义自动筛选方式”

⑤在“自定义自动筛选方式”对话框中，单击“奖金”文本框中第一行左边的下拉列表框的下拉箭头，选择“等于”选项，在右边的文本框中输入 2 000，如图 2－45 所示。

图 2－45　“自定义自动筛选方式”对话框

⑥单击“确定”按钮，筛选结果如图 2－46 所示。

北京宇科电器有限公司工资明细单						
姓名	基本工资	绩效工资	奖金	应发合计	扣款合计	实发工资
王伟国	16400	5668	2000	24068	3332	3735
刘英杰	16800	5667	2000	24467	3292	4138
张玲	16800	5669	2000	24469	3372	4132
赵光	16800	5670	2000	24470	3412	4129
孙高林	17300	5665	2000	24966	3252	4641

图 2－46　自定义自动筛选结果

2. 使用高级筛选

使用高级筛选可以对工作表的数据清单进行更复杂的筛选操作。

如果要进行高级筛选，必须在工作表的数据清单上方至少留出 3 个能被用作条件区域的空行，并将含有带筛选值的数据列的列标志复制到该条件区域的第一个空行中。因此，进行高级筛选的数据清单必须有列标志，而且要设置条件区域。这对于简单的工作表和数据清单来说，使用高级筛选太麻烦了，但是，对于大型的工作表和数据清单则是非常有用的。

[例 2－18] 对工资进行高级筛选。

在工资表的数据清单上方建立条件区域，操作步骤如下：

(1) 单击需要筛选的数据清单中的任意一个单元格，如图 2－47 所示。

	A	B	C	D	E	F	G
1			基本工资	绩效工资	奖金		
2			>17000	>5600	>=2000		
3							
4	北京宇科电器有限公司工资明细单						
5	姓名	基本工资	绩效工资	奖金	应发合计	扣款合计	实发工资
6	王伟国	16400	5668	2000	24068	3332	3735
7	张海波	16600	5671	1800	24071	3452	3726
8	童孔南	16600	5672	1800	24072	3492	3723
9	刘英杰	16800	5667	2000	24467	3292	4138
10	张玲	16800	5669	2000	24469	3372	4132
11	赵光	16800	5670	2000	24470	3412	4129
12	孙高林	17300	5665	2000	24966	3252	4641

图 2－47　高级筛选的条件区域

(2) 选择“数据”｜“筛选”｜“高级筛选”命令，打开“高级筛选”对话框，如图 2－48 所示。

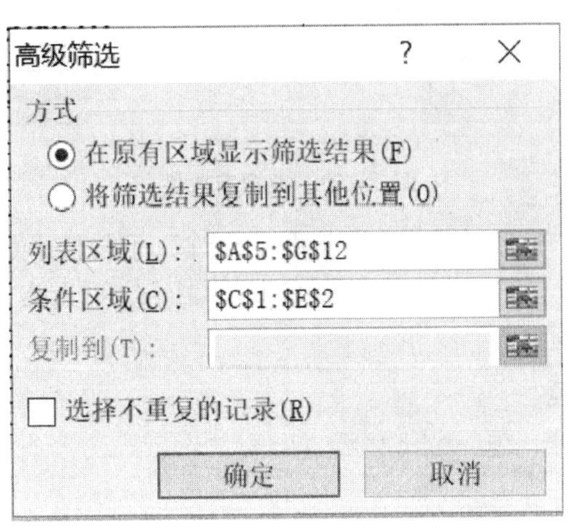

图 2－48　“高级筛选”对话框

(3) 在“高级筛选”对话框中，在“列表区域”和“条件区域”文本框中输入要进行高级筛选的数据区域和条件区域；也可以通过单击折叠按钮在工作表中选定区域，然后单击折叠按钮来选定数据区域和条件区域。

(4) 单击“确定”按钮，筛选结果如图 2－49 所示。

	A	B	C	D	E	F	G
1			基本工资	绩效工资	奖金		
2			>17000	>5600	>=2000		
3							
4	北京宇科电器有限公司工资明细单						
5	姓名	基本工资	绩效工资	奖金	应发合计	扣款合计	实发工资
12	孙高林	17300	5665	2000	24966	3252	4641

图 2－49　筛选结果

3. 取消筛选

如果要取消筛选结果，重新显示所有的数据，可以使用以下几种方法：

（1）如果要在数据清单中取消对某一列进行的筛选，单击该列首单元格右端的下拉箭头，然后单击“全部”命令。

（2）如果要在数据清单中取消对所有列进行的筛选，选择“数据”｜“筛选”命令。

（3）如果要撤销数据清单中的筛选箭头，选择“数据”｜“筛选”命令。

（三）数据的有效性

在 Excel 表格中，某些单元格中的内容是固定的，只允许选择固定的填列内容，例如，在填写性别时，单元格内容被限制为男或女，这就是数据的有效性。

[**例 2－19**] 数据有效性。

具体操作如下：

（1）选择需要录入限制内容的单元格。

（2）单击“数据”｜“数据有效性”，打开“数据有效性”对话框，如图 2－50 所示。

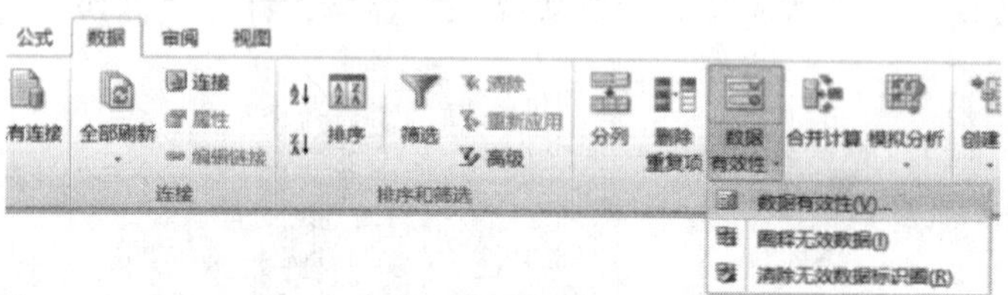

图 2－50　数据有效性

（3）单击“设置”选项组，在有效性条件“允许”下拉框中选择“序列”，“来源”等于“1，2，3，4，5，6，7，8，9，10，11，12”，其中“，”为英文状态下分号。单击“确定”按钮，如图 2－51 所示。

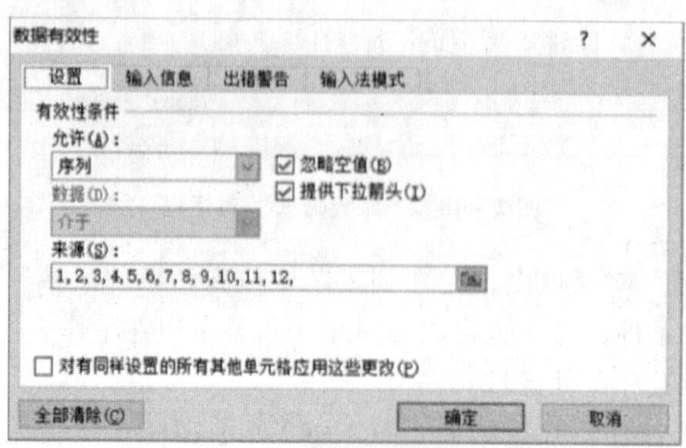

图 2－51　“数据有效性”对话框

（四）数据透视表

阅读一个具有大量数据的工作表是很不方便的，用户可以根据需要，将这个工作表生成能够显示分类概要信息的数据透视表。数据透视表能够迅速方便地从数据源中提取并计算需要的信息。

1. 数据透视表简介

数据透视表是一种对大量数据快速汇总和建立交叉列表的交互式表格。它可以用于转换行和列，以便查看源数据的不同汇总结果，也可以显示不同页面以筛选数据，还可以根据需要显示区域中的明细数据。

2. 数据透视表的组成

数据透视表由 7 个部分组成，分别是页字段、页字段项、数据字段、数据项、行字段、列字段和数据区域。

各组成部分的功能如下。

（1）页字段。数据透视表中指定为页方向的源数据清单或者表单中的字段。

（2）页字段项。源数据清单或者表单中的每个字段，列条目或者数值都将称为页字段列表中的一项。

（3）数据字段。含有数据的源数据清单或者表单中的字段项称为数据字段。

（4）数据项。数据项是数据透视表字段中的分类。

（5）行字段。在数据透视表中指定为行方向的源数据清单或者表单中的字段。

（6）列字段。在数据透视表中指定为列方向的源数据清单或者表单中的字段。

（7）数据区域。含有汇总数据的数据透视表中的一部分。

3. 数据源

在 Excel 中，可以利用多种数据源来创建数据透视表。可利用的数据源如下：

（1）Excel 的数据清单或者数据库。

（2）外部数据源，包括外部数据库、文本文件或者除了 Excel 工作簿以外的其他数据（可以是 Internet 上的数据源，也可以是经过合并计算的多个数据区域以及另外一个数据透视表）。

4. 建立数据透视表

使用数据透视表不仅可以帮助用户对大量数据进行快速汇总，还可以查看数据源的汇总结果。

[例 2－20] 以工资表为例，建立数据透视表。

假设有如图 2－52 所示的一张数据清单，现在要以这张数据清单作为数据透视表的数据源来建立数据透视表。建立数据透视表的具体操作步骤如下：

	A	B	C	D	E	F	G
1	北京宇科电器有限公司工资明细单						
2	姓名	基本工资	绩效工资	奖金	应发合计	扣款合计	实发工资
3	王伟国	16400	5668	2000	24068	3332	3735
4	张海波	16600	5671	1800	24071	3452	3726
5	童孔南	16600	5672	1800	24072	3492	3723
6	刘英杰	16800	5667	2000	24467	3292	4138
7	张玲	16800	5669	2000	24469	3372	4132
8	赵光	16800	5670	2000	24470	3412	4129
9	孙高林	17300	5665	2000	24966	3252	4641

图 2－52 工资单

（1）单击数据清单中的任意一个单元格。

（2）选择“插入”｜“数据透视表”命令，如图 2－53 所示。

图 2－53　创建数据透视表

（3）在弹出的“创建数据透视表”对话框中的“选择一个表或区域”文本框中输入要建立数据透视表的数据源区域，或者通过文本框右侧的折叠按钮来选择数据源区域。

（4）在“选择放置数据透视表的位置”中选择“新工作表”（若需要将数据透视表建立在当前的数据清单中，则选择“现有工作表”）。如图 2－54 所示。

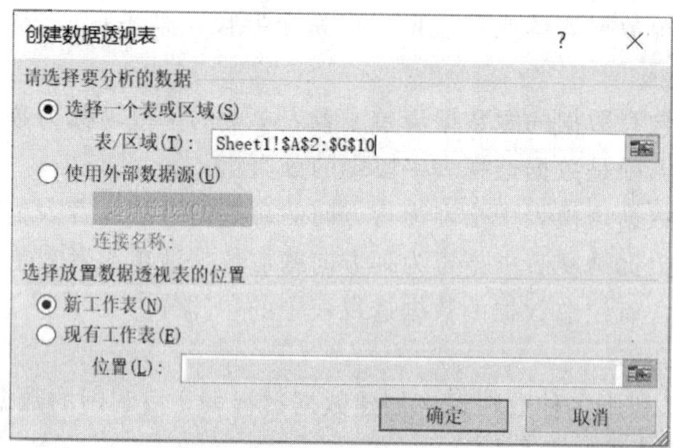

图 2－54　创建数据透视表

（5）单击“确定”按钮，结果如图 2－55 所示。

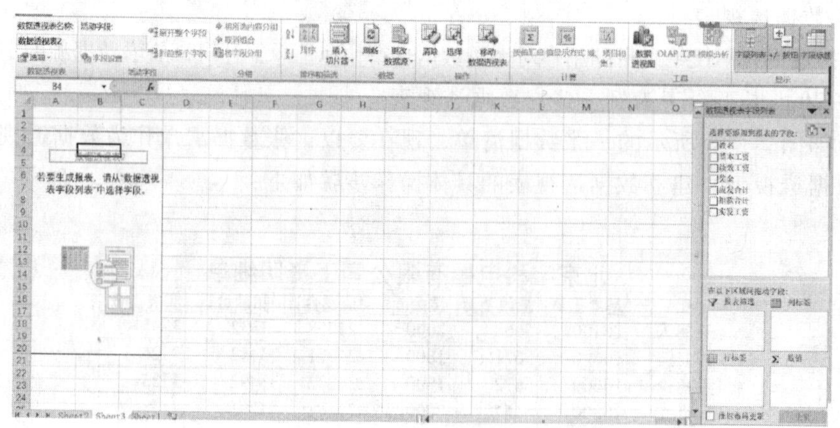

图 2－55　数据透视表

注：因为 Excel 把数据清单中第一行的数据作为数据透视表的字段名称，所以数据清单或数据库必须含有列标题。

若要使数据透视表更易于更新并且当数据源改变时其也能随之更新，需要给每个源区域命名，而且创建数据透视表时还应使用这些名称。如果已命名的区域经扩展后包含了更多的数据，那么可以更新数据透视表以便加入这些数据。

5. 添加和删除字段

用户可以根据需要添加和删除数据透视表中的字段。在数据透视表中添加和删除字段的具体操作步骤如下：

（1）若需要添加字段，可以将右边的字段按钮拖到数据区中所需的字段类型区域；将需要统计内容的标题拖至行字段或列字段，将统计的内容拖至数字区域进行汇总。如图2－56所示。

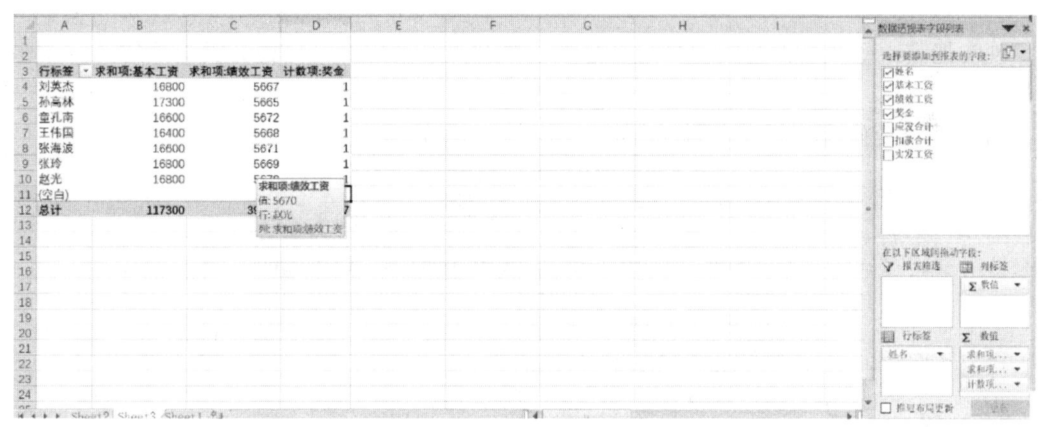

图2－56 添加字段

（2）若要删除某字段，可以将该字段按钮拖放到数据区域之外，结果如图2－57所示。

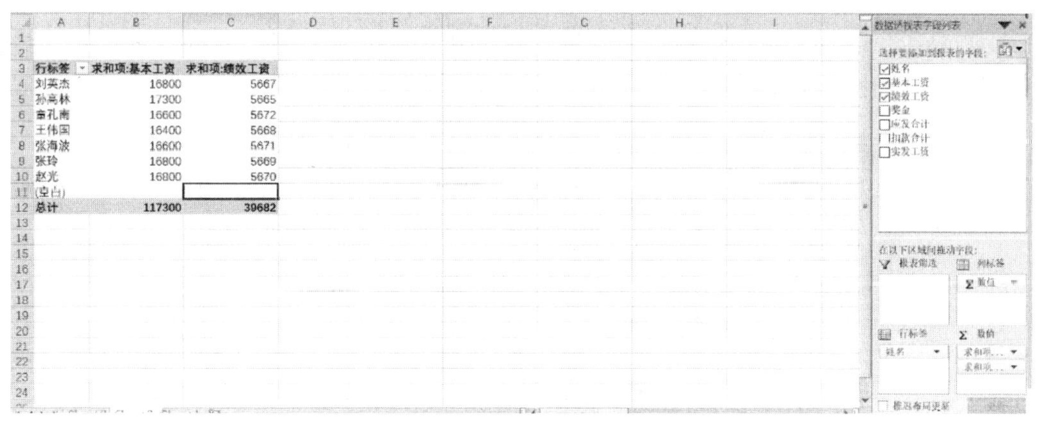

图2－57 删除字段

6. 修改分类汇总

在使用数据透视表对数据进行分类汇总时，可以根据需要设置分类汇总的方式。在Excel中，使用数据透视表对数据进行分类汇总时，默认的汇总方式为求和。下面介绍修改数据透视表的分类汇总方式的方法。

例如，图2－57所示的数据透视表中，所有项的汇总方式都为求和。如图2－58所示。

	A	B	C	D
1				
2				
3	行标签	求和项:基本工资	求和项:绩效工资	求和项:奖金
4	刘英杰	16800	5667	2000
5	孙高林	17300	5665	2000
6	童孔南	16600	5672	1800
7	王伟国	16400	5668	2000
8	张海波	16600	5671	1800
9	张玲	16800	5669	2000
10	赵光	16800	5670	2000
11	(空白)			
12	总计	117300	39682	13600

图 2－58　求和汇总方式

现在把其中一个工作组成项目的汇总方式修改为求平均值。修改分类汇总的具体操作步骤如下：

（1）选择要修改汇总方式的字段名。如图 2－59 所示。

	A	B	C	D
1				
2				
3	行标签	求和项:基本工资	求和项:绩效工资	求和项:奖金
4	刘英杰	16800	5667	2000
5	孙高林	17300	5665	2000
6	童孔南	16600	5672	1800
7	王伟国	16400	5668	2000
8	张海波	16600	5671	1800
9	张玲	16800	5669	2000
10	赵光	16800	5670	2000
11	(空白)			
12	总计	117300	39682	13600

图 2－59　修改分类汇总

（2）单击“选项”工具栏中的“活动字段”中的“字段设置”按钮，打开“字段设置”对话框。如图 2－60 所示。

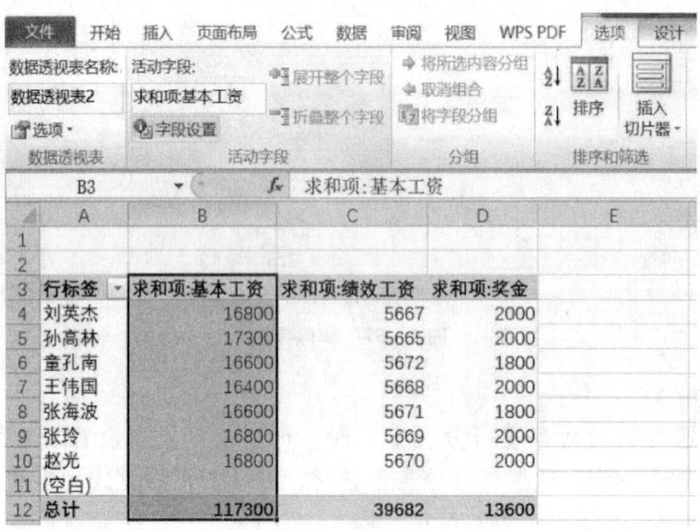

	A	B	C	D	E
1					
2					
3	行标签	求和项:基本工资	求和项:绩效工资	求和项:奖金	
4	刘英杰	16800	5667	2000	
5	孙高林	17300	5665	2000	
6	童孔南	16600	5672	1800	
7	王伟国	16400	5668	2000	
8	张海波	16600	5671	1800	
9	张玲	16800	5669	2000	
10	赵光	16800	5670	2000	
11	(空白)				
12	总计	117300	39682	13600	

图 2－60　修改分类汇总

（3）在“值字段设置”对话框中的“计算类型”列表框中选择“平均值”选项。如图 2－61 所示。

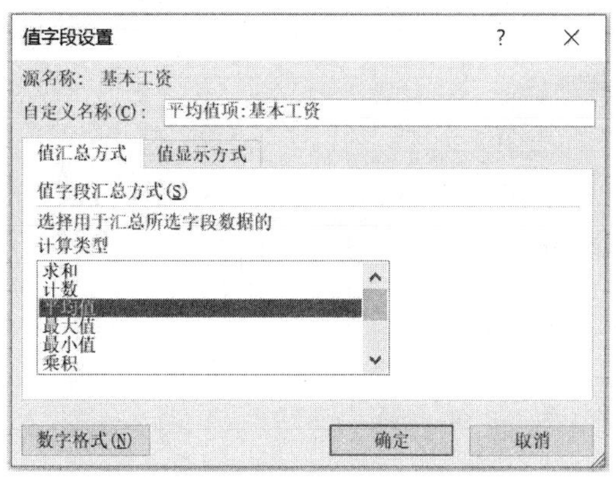

图 2－61 “值字段设置”对话框

（4）单击“确定”按钮完成修改。如图 2－62 所示。

	A	B	C	D
1				
2				
3	行标签	平均值项:基本工资	求和项:绩效工资	求和项:奖金
4	刘英杰	16800	5667	2000
5	孙高林	17300	5665	2000
6	童孔南	16600	5672	1800
7	王伟国	16400	5668	2000
8	张海波	16600	5671	1800
9	张玲	16800	5669	2000
10	赵光	16800	5670	2000
11	(空白)			
12	总计	16757.14286	39682	13600

图 2－62 修改分类汇总结果

7. 更改布局

如果数据透视表的布局不合理，可以对其进行更改。更改数据透视表布局的具体操作步骤如下：

（1）单击数据透视表中的字段列表。如图 2－63 所示。

图 2－63 “姓名”字段是列标签

（2）将字段按钮拖动到行、列或页所需的位置后，即可更改数据透视表布局。如将行字段更改成列字段。如图 2－64 所示。

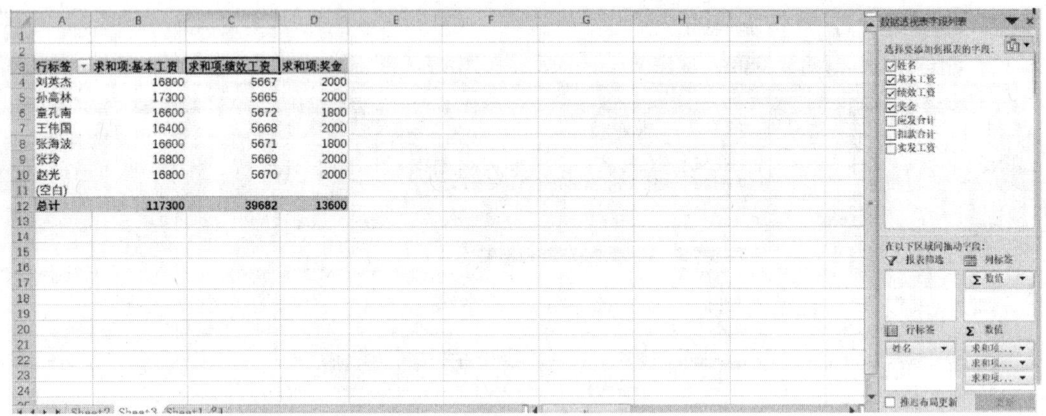

行标签	求和项:基本工资	求和项:绩效工资	求和项:奖金
刘英杰	16800	5667	2000
孙高林	17300	5665	2000
童孔甫	16600	5672	1800
王伟国	16400	5668	2000
张海波	16600	5671	1800
张玲	16800	5669	2000
赵光	16800	5670	2000
(空白)			
总计	117300	39682	13600

图 2－64　“姓名”字段改为行标签

第三章　Excel 基本函数

一、公式构建

当我们需要将工作表中的数字数据做加、减、乘、除等运算时，可利用 Excel 的公式去计算，而且当数据有变动时，公式计算的结果还会立即更新。

（一）公式的表示法

Excel 的公式和一般数学公式差不多，数学公式的表示法为：A3 = A1 + A2，意思是 Excel 会将 A1 单元格的值加 A2 单元格的值，然后把结果显示在 A3 单元格中。若将这个公式改用 Excel 表示，则要在 A3 单元格中输入"= A1 + A2"。

输入公式必须以等号"="起首，如"= A1 + A2"。

［**例 3－1**］计算如图 3－1 所示的一季度各产品的入库成本。

城市	产品ID	产品名称	单价	数量	入库成本
北京	102001	ABS树脂	35	20	700
北京	102002	聚丙烯	18	30	540
北京	102003	色漆	29.5	40	1180
北京	102004	电源线	5.8	50	290
上海	102004	电源线	5.8	60	348
上海	102001	ABS树脂	35	70	2450
上海	102002	聚丙烯	18	80	1440

图 3－1　用公式计算销售量和销售额结果

（1）在 F2 单元格中输入"= D2 * E2"，得到结果 700。

（2）将鼠标置于 F2 单元格右下角，按住鼠标拖动，完成其他产品的入库成本的计算。

自动更新结果。公式的计算结果会随着单元格内容的变动而自动更新。以上例来说，假设当公式设置好以后，发现产品"ABS 树脂"的单价打错了，应该是"30"，当我们将单元格 D2 的值改成"30"，H2 单元格中的计算结果立即从"700"更新为"600"。如图 3－2 所示。

城市	产品ID	产品名称	单价	数量	入库成本
北京	102001	ABS树脂	30	20	600
北京	102002	聚丙烯	18	30	540
北京	102003	色漆	29.5	40	1180
北京	102004	电源线	5.8	50	290
上海	102004	电源线	5.8	60	348
上海	102001	ABS树脂	35	70	2450
上海	102002	聚丙烯	18	80	1440

图 3－2　自动更新计算结果示意图

（二）相对引用地址与绝对引用地址

公式中会运用到的地址有相对引用地址与绝对引用地址两种类型。相对引用地址的表示法如 B1、C4；而绝对引用地址的表示法，则须在单元格地址前面加上“$”符号，如 $B$1、$C$4。

相对引用地址会随着公式的引用位置的位移而发生相应的位移变化，而绝对引用地址则不管公式在什么地方，它永远指向同一个单元格。例如，某单元格绝对引用 C4 单元格的值（即“=$C$4”），如复制该单元格到任何位置都等于 C4 单元格的值；若该单元格相对引用 C4 单元格的值（即“=C4”），当复制该单元格到右下角相邻单元格，则该单元格公式变为“=D5”，若复制该单元格到左上角相邻单元格，则该单元格公式变为“=B3”，可见行列都按位移发生相应变化。

若该单元格行绝对列相对引用 C4 单元格的值（即“=C$4”），当复制该单元格到右下角相邻单元格，则该单元格公式变为“=D$4”，若复制该单元格到左上角相邻单元格，则该单元格公式变为“=B$4”，可见绝对引用的行永远不会发生变化，而相对引用的列按位移发生相应变化。

若该单元格行相对列绝对引用 C4 单元格的值（即“=$C4”），当复制该单元格到右下角相邻单元格，则该单元格公式变为“=$C5”，若复制该单元格到左上角相邻单元格，则该单元格公式变为“=$C3”，可见绝对引用的列永远不会发生变化，而相对引用的行按位移发生相应变化。

[例 3－2] 计算产品的期末库存量和超标库存量。

（1）在 E3 单元格中输入“=C3+D3”，得到结果 320。

（2）将鼠标置于 E3 单元格右下角，按住鼠标拖动，完成其他产品的期末库存量。

（3）在 F3 单元格中输入“=E3－I1”，得到结果－180，如果在 F3 右下角按住鼠标拖动，得到其他产品的超标库存时，会发现结果不正确。这是因为预警库存 500 是一个定数，不随着变化，因此要绝对引用“$I$1”，因此在 G3 单元格中输入“=F3－$I$1”，这样其他产品通过拖动填充才会得到正确结果，如图 3－3 所示。

G3　　=F3-$I$1

	A	B	C	D	E	F	G	H	I
1								预警库存	500
2	城市	产品ID	产品名称	入库数量	期初库存量	期末库存量	超标库存量		
3	北京	102001	ABS树脂	20	300	320	-180		
4	北京	102002	聚丙烯	30	320	350	-150		
5	北京	102003	色漆	40	240	280	-220		
6	北京	102004	聚乙烯	50	1500	1550	1050		

图 3－3　相对引用地址与绝对引用地址

二、Excel 常用函数

在 Excel 中，函数是根据各种需要预先设计好的运算公式，可节省自行设计公式的时间。Excel 中的函数分成统计函数、文本函数、逻辑函数、查找函数、引用函数、日期函数、信息函数、数学函数等。

（一）统计函数

1. SUM 函数

功能：SUM 函数是 Excel 中使用极其广泛的求和函数，用于对区域中的数字求和。

基本语法：SUM（number1［number2］，…）。

number1：必需。需要求和的第一个参数，可以是数字、数组、引用或单元格区域。

number2：可选。需要求和的第二个参数，最多可以指定 255 个求和数字。

说明：如果 SUM 函数的参数是一个数组或引用，则只计算其中的数字、数组或引用中的空白单元格、逻辑值或文本将被忽略。

（1）连续区域求和。

［例 3－3］ 汇总求出每名销售人员的全年总销售额，汇总 2018 年各部门每个季度的销售额。

将鼠标定位到 H3 单位格，在单元格中直接输入公式“＝SUM（D3：G3）”，或者选中 D3：G3 区域按快捷键“ALT＋＝”会自动弹出公式“＝SUM（D3：G3）”，按“Enter”键，即可完成“韩一莉”总销售额，如图 3－4 所示。选择 H3 单元格后，将鼠标移动到 H3 单元格右下角，当鼠标指针变成十字形状的时候双击，即可求出其他销售人员的总销售额。同理可以求出每个季度的合计，如图 3－5 所示。

北京宇科电器2018年销售统计表

编号	姓名	部门	一季度	二季度	三季度	四季度	总销售额
010110	韩一莉	销售1部	66500	67856	67830	71000	273186
010111	王飞超	销售1部	56780	61280	58900	67000	243960
010112	何欢欢	销售2部	70122	67840	67580	67890	273432
010113	宋天一	销售1部	91280	71880	85690	67980	316830
010114	谭明秀	销售2部	56456	91280	89040	85690	322466
010115	王佩然	销售3部	76576	76900	67840	91280	312596
010116	张豪爽	销售2部	67634	82310	54670	59070	263684
010117	李立国	销售1部	67900	81234	71566	78670	299370
010118	赵飞航	销售3部	56342	69060	78900	56789	261091
010119	何梅方	销售3部	58764	76543	68755	80234	284296

图 3－4　连续区域求和

北京宇科电器2018年销售统计表							
编号	姓名	部门	一季度	二季度	三季度	四季度	总销售额
010110	韩一莉	销售1部	66500	67856	67830	71000	273186
010111	王飞超	销售1部	56780	61280	58900	67000	243960
010112	何欢欢	销售2部	70122	67840	67580	67890	273432
010113	宋天一	销售1部	91280	71880	85690	67980	316830
010114	谭明秀	销售2部	56456	91280	89040	85690	322466
010115	王佩然	销售3部	76576	76900	67840	91280	312596
010116	张豪爽	销售2部	67634	82310	54670	59070	263684
010117	李立国	销售1部	67900	81234	71566	78670	299370
010118	赵飞航	销售3部	56342	69060	78900	56789	261091
010119	何梅方	销售3部	58764	76543	68755	80234	284296
按季度汇总			668354	746183	710771	725603	2850911

图 3-5　连续区域求和结果

（2）多区域求和。

[**例 3-4**] 汇总求出上半年销售 1 部和销售 3 部的销售额。

选择 SUM 函数，调出函数参数对话框，在 Number1 栏中直接输入“D3：D12，F3：F12”，或单击 Number1 栏的 f_x 按钮，再用鼠标选择 D3：D12 区域，在 Number2 栏中直接输入“F3：F12”或用鼠标选择 F3：F12 区域，单击“确定”按钮，完成汇总计算。如图 3-6 所示。

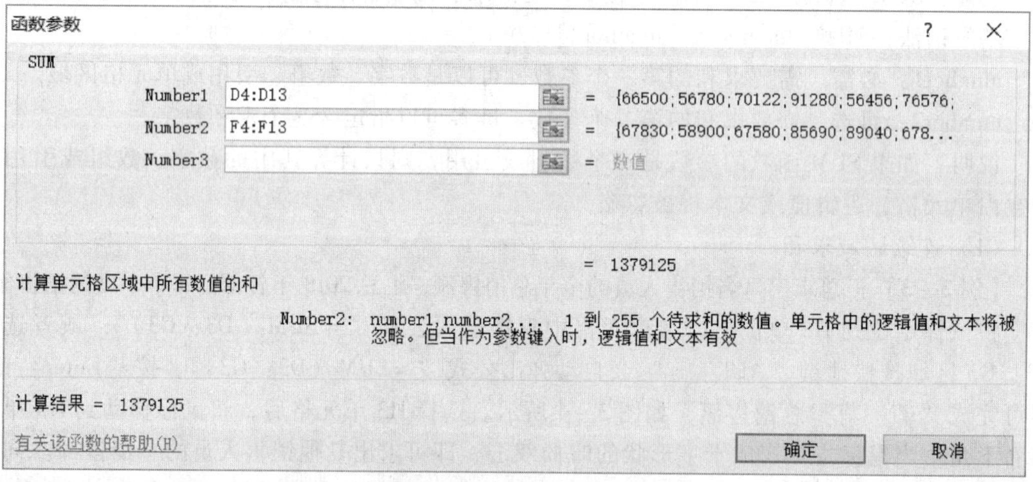

函数参数　?　×

SUM

Number1　D4:D13　= {66500;56780;70122;91280;56456;76576;

Number2　F4:F13　= {67830;58900;67580;85690;89040;678...

Number3　　= 数值

= 1379125

计算单元格区域中所有数值的和

Number2: number1,number2,... 1 到 255 个待求和的数值。单元格中的逻辑值和文本将被忽略。但当作为参数键入时，逻辑值和文本有效

计算结果 = 1379125

有关该函数的帮助(H)　确定　取消

图 3-6　SUM 多区域求和

（3）条件求和。

[**例 3-5**] 汇总求出销售 1 部一季度的销售额。

SUM 函数不但能对选定的区域直接求和，还可以依据用户制定的规则，对仅满足条件的数据求和，如按部门汇总计算销售额。

数组公式为：=SUM（（D2：D11）*（C2：C11="销售 1 部"））。

输入公式后，特别注意要按“Ctrl+Shift+Enter”结束输入。如图 3-7 所示。

编号	姓名	部门	一季度	汇总销售1部一季度的销售额
010110	韩一莉	销售1部	66500	282460
010111	王飞超	销售1部	56780	
010112	何欢欢	销售2部	70122	汇总销售2部一季度的销售额
010113	宋天一	销售1部	91280	194212
010114	谭明秀	销售2部	56456	
010115	王佩然	销售3部	76576	汇总销售3部一季度的销售额
010116	张豪爽	销售2部	67634	191682
010117	李立国	销售1部	67900	
010118	赵飞航	销售3部	56342	
010119	何梅方	销售3部	58764	

图 3－7　SUM 条件求和

（4）累计求和。

[例 3－6] 根据销售人员韩一莉的每月销售额，求韩一莉的全年累计销售额。

在财务会计中，经常累计汇总使用。如图 3－8 所示，将鼠标定位在 D2 单元格，输入公式“=SUM（C$2：C2）”，将鼠标移动到 D2 单元格右下角，当鼠标指针变成十字形状的时候双击，即可求出韩一莉的全年累计销售额。

D2　　f_x　=SUM(C$2:C2)

A	B	C	D
韩一莉	月份	每月销售额	累计销售额
	1	25900	25900
	2	18789	44689
	3	21811	66500
	4	21009	87509
	5	27871	115380
	6	18976	134356
	7	21078	155434
	8	22432	177866
	9	24320	202186
	10	23009	225195
	11	21092	246287
	12	26899	273186

图 3－8　累计求和

（5）多表求和。

[例 3－7] 工作表一季度到四季度中存有每个销售人员、每个产品的销售数据，要求统计出全年每名销售人员、每个产品的汇总数据。初始数据如图 3－9 所示。

A	B	C	D	E
姓名	产品1	产品2	产品3	销售额合计
韩一莉	19800	20789	27267	67056
王飞超	21900	18934	20446	61280
何欢欢	24000	17079	26761	67840
宋天一	26100	15224	30556	71880
谭明秀	28200	23369	39711	91280
王佩然	30300	22514	24086	76900
张豪爽	32400	21659	28251	82310
李立国	34500	20804	25930	81234
赵飞航	26600	19949	22511	69060
何梅方	28700	19094	28749	76543
合计	272500	199415	274268	746183

Sheet1　Sheet2　Sheet3　一季度　二季度

图 3－9　二季度初始数据

在汇总表中，选择 B2 到 E12 数据区域，在 B2 单元格中输入公式“ = SUM （一季度：四季度！B2）”，然后按快捷键“Ctrl + Enter”，瞬间完成多表汇总。结果如图 3 - 10 所示。

B2　fx　=SUM(一季度:四季度!B2)

	A	B	C	D	E
1	姓名	产品1	产品2	产品3	销售额合计
2	韩一莉	89212	80156	103818	273186
3	王飞超	94027	78913	71020	243960
4	何欢欢	98842	77670	96920	273432
5	宋天一	103657	76427	136746	316830
6	谭明秀	108472	85184	128810	322466
7	王佩然	113287	84941	114368	312596
8	张豪爽	108102	84698	70884	263684
9	李立国	122917	84455	91998	299370
10	赵飞航	107732	81212	72147	261091
11	何梅方	103547	83969	96780	284296
12	合计	1049795	817625	983491	2850911

Sheet1　Sheet2　Sheet3　汇总　一季度　二季度

图 3 - 10　多表汇总后数据

2. SUMIF 函数

功能：对取值范围中符合指定条件的值求和。

格式：SUMIF （range，criteria，［sum_range］）。

说明：range 必须存在，根据条件进行计算的单元格的区域。每个区域中的单元格必须是数字或名称、数组或包含数字的引用。空值和文本值将被忽略。

criteria 必须存在，用于确定对哪些单元格求和的条件，其形式可以为数字、表达式、单元格引用、文本或函数。例如，条件可以表示为 32、“ > 32”、B5、“32”、“苹果”或 TODAY （）。

sum_range 为要进行计算的单元格区域，可有可无。

［**例 3 - 8**］汇总求出销售 1 部一季度的销售额。

在 E2 单元格中输入公式“ = SUMIF （C2：C11，"销售 1 部"，D2：D11）”，或者在“公式”选项卡中选择“插入函数”按钮，单击 SUMIF，调出函数参数对话框，在 Range 中，用鼠标选择或直接输入“C2：C11”，在 Criteria 中，用鼠标选择或直接输入“销售 1 部”，在 Sum_range 中，用鼠标选择或直接输入“D2：D11”完成汇总计算。如图 3 - 11、图 3 - 12 所示。

E2　fx　=SUMIF(C2:C11,"销售1部",D2:D11)

A	B	C	D	E
编号	姓名	部门	一季度	汇总销售1部一季度的销售额
010110	韩一莉	销售1部	66500	282460
010111	王飞超	销售1部	56780	
010112	何欢欢	销售2部	70122	汇总销售2部一季度的销售额
010113	宋天一	销售1部	91280	194212

图 3 - 11　条件求和结果

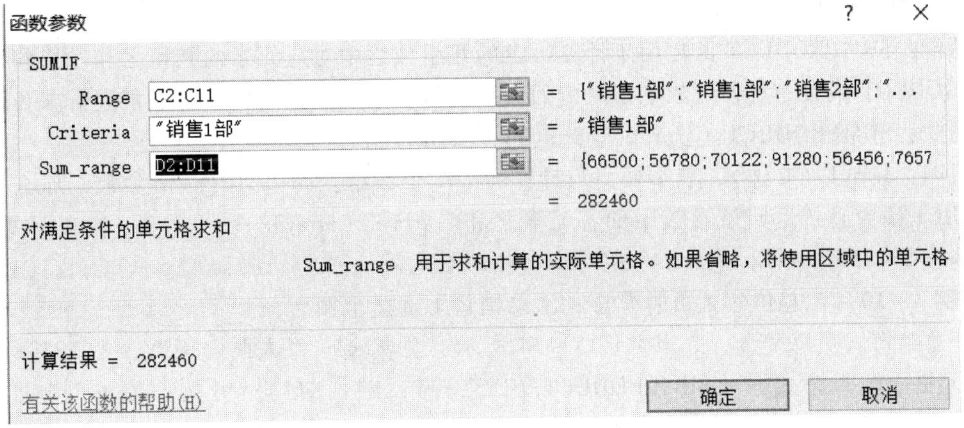

函数参数

SUMIF

Range　C2:C11　= {"销售1部";"销售1部";"销售2部";"...

Criteria　"销售1部"　= "销售1部"

Sum_range　D2:D11　= {66500;56780;70122;91280;56456;7657

= 282460

对满足条件的单元格求和

Sum_range　用于求和计算的实际单元格。如果省略，将使用区域中的单元格

计算结果 = 282460

有关该函数的帮助(H)　确定　取消

图 3-12　SUMIF 函数条件求和

3. SUMIFS 函数

功能：对取值范围中满足多重条件的单元格的值求和。

基本语法：SUMIFS (sum_range, criteria_range1, criteria1, [criteria_range2, criteria2], …)。

说明：criteria_range1 为计算关联条件的第一个区域。criteria1 为条件 1，条件形式为数字、表达式、单元格引用或者文本，可用来定义将对 criteria_range1 参数中的哪些单元格求和。

[例 3-9] 汇总销售 1 部一季度销售额大于 60 000 的销售额。

要对销售 1 部一季度的数据求和，应满足两个条件："销售 1 部" 和销售额大于 60 000，因此可以在 E2 单元格中输入公式 "=SUMIFS (D2: D11, C2: C11,"销售 1 部", D2: D11, ">60000")"，或者在 SUMIFS 函数参数中输入相应的参数，结果如图 3-13 所示。

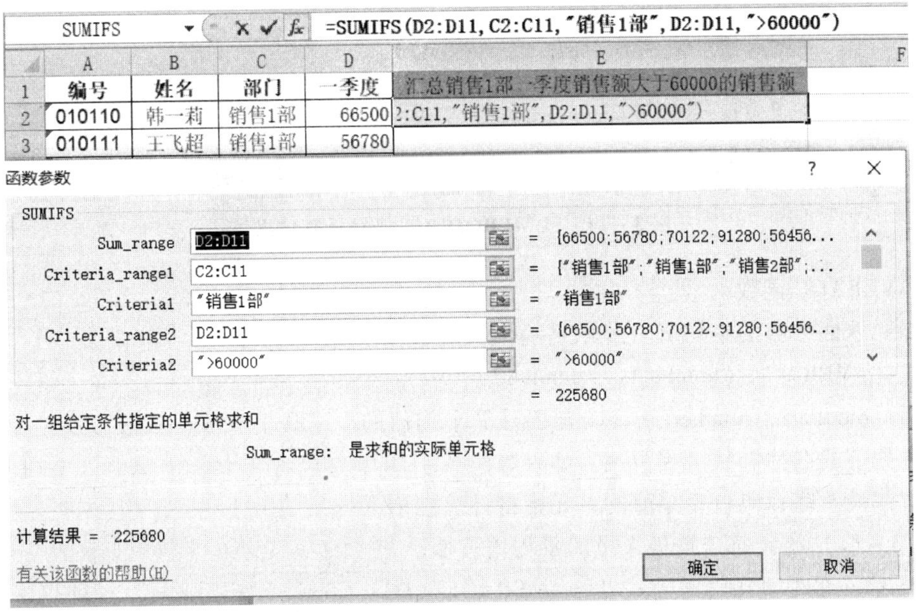

SUMIFS　=SUMIFS(D2:D11,C2:C11,"销售1部",D2:D11,">60000")

	A	B	C	D	E	F
1	编号	姓名	部门	一季度	汇总销售1部一季度销售额大于60000的销售额	
2	010110	韩一莉	销售1部	66500	2:C11,"销售1部",D2:D11,">60000")	
3	010111	王飞超	销售1部	56780		

函数参数

SUMIFS

Sum_range　D2:D11　= {66500;56780;70122;91280;56456...

Criteria_range1　C2:C11　= {"销售1部";"销售1部";"销售2部";...

Criteria1　"销售1部"　= "销售1部"

Criteria_range2　D2:D11　= {66500;56780;70122;91280;56456...

Criteria2　">60000"　= ">60000"

= 225680

对一组给定条件指定的单元格求和

Sum_range:　是求和的实际单元格

计算结果 = 225680

有关该函数的帮助(H)　确定　取消

图 3-13　SUMIFS 多条件求和

4. SUMPRODUCT 函数

功能：SUMPRODUCT 函数用于计算给定的几组数组中对应元素的乘积之和。换句话说，SUMPRODUCT 函数先对各组数字中对应的数字进行乘法运算，然后再对乘积进行求和。

格式：SUMPRODUCT（array1，[array2]，[array3]，…）。

说明：array1（必选），表示要参与计算的第 1 个数组。如果只有一个参数，那么 SUMPRODUCT 函数直接返回该参数中的各元素之和。array2，array3……（可选），表示要参与计算的第 2－255 个数组。

[例 3－10] 汇总销售人员总奖金；汇总销售 1 部奖金额。

汇总销售人员总奖金，效果如图 3－14 所示，总奖金＝每人奖金系数×奖金基数，在 G2 单元格中输入公式“＝SUMPRODUCT（F2：F11，E2：E11）”并按“Enter”键，即可得出奖金额 93 000。汇总销售 1 部奖金额，该函数计算包含二个数组，第一个数组判断区域 C2：C11 中的值是否为“销售 1 部”，判断结果为包含逻辑值的数组，需要数组都乘以 1 才能参加运算，第二个数组 F2：F11 为奖金基数，第二个数组 E2：E11 为奖金系数，公式为“＝SUMPRODUCT（（C2：C11＝"销售 1 部"）＊1，E2：E11，F2：F11）”。

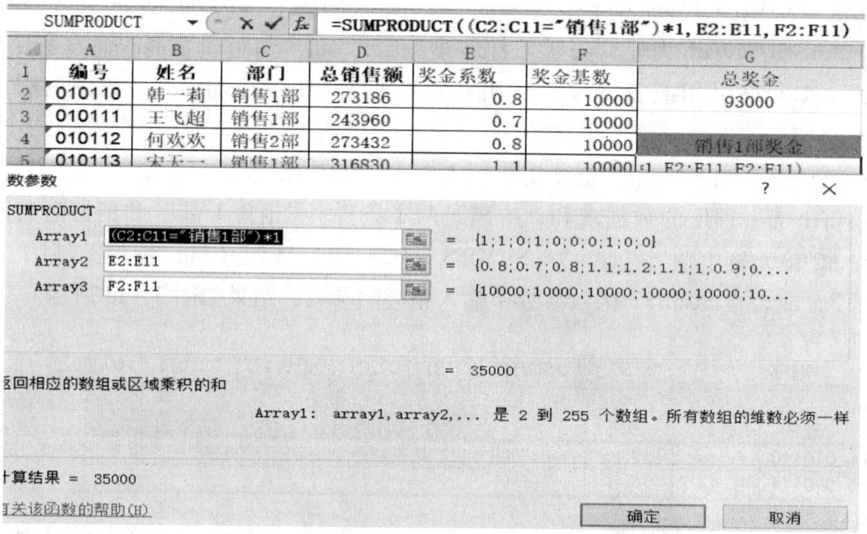

图 3－14　SUMPRODUCT 函数计算结果

5. AVERAGE 函数

功能：返回参数的平均值（算术平均值）。

格式：AVERAGE（number1，[number2]，…）。

说明：number1，number2……为需要计算平均值的 1－30 个参数。参数可以是数字，或者是包含数字的名称、数组或引用。如果数组或引用参数包含文本、逻辑值或空白单元格，则这些值将被忽略；但包含零值的单元格将计算在内。

[例 3－11] 统计每名销售人员的平均销售额。

在 I3 单元格中直接输入公式“＝AVERAGE（D3：G3）”，按“Enter”键即可。选择 I3 单元格后，将鼠标移动到 I3 单元格右下角，当鼠标指针变成十字形状的时候双击，即可求出其他销售人员的平均销售额。注意：如果是通过公式选项卡下的自动求和选项快速定位

AVERAGE 函数，默认的区域是 D3：H3，需修改求平均的区域。其他求季度平均、不连续区域和多区域的操作参照 SUM 函数的操作，如图 3－15 所示。

编号	姓名	部门	一季度	二季度	三季度	四季度	总销售额	平均销售额
010110	韩一莉	销售1部	66500	67856	67830	71000	273186	68296.50
010111	王飞超	销售1部	56780	61280	58900	67000	243960	60990.00
010112	何欢欢	销售2部	70122	67840	67580	67890	273432	68358.00
010113	宋天一	销售1部	91280	71880	85690	67980	316830	79207.50
010114	谭明秀	销售2部	56456	91280	89040	85690	322466	80616.50
010115	王佩然	销售3部	76576	76900	67840	91280	312596	78149.00
010116	张豪爽	销售2部	67634	82310	54670	59070	263684	65921.00
010117	李立国	销售1部	67900	81234	71566	78670	299370	74842.50
010118	赵飞航	销售3部	56342	69060	78900	56789	261091	65272.75
010119	何梅方	销售3部	58764	76543	68755	80234	284296	71074.00
按季度汇总			668354	746183	710771	725603	2850911	
上半年销售1部和销售3部销售额			963381					
按部门汇总一季度的销售额			282460					
四季度中销售额最高值			91280					
四季度中销售额最低值			54670					

图 3－15 AVERAGE 函数、MAX、MIN 函数结果

6. AVERAGEIF 函数

功能：返回某个区域内满足给定条件的所有单元格的平均值（算术平均值）。

格式：AVERAGEIF（range，criteria，[average_range]）。

说明：range 必需。要计算平均值的一个或多个单元格，其中包括数字或包含数字的名称、数组或引用。criteria 必需。数字、表达式、单元格引用或文本形式的条件，用于定义要对哪些单元格计算平均值。average_range 可选。要计算平均值的实际单元格集。如果忽略，则使用 range。

[例 3－12] 统计销售 1 部一季度的平均销售额。

在 E2 单元格中输入公式“＝AVERAGEIF（C2：C11,"销售 1 部"，D2：D11）”，或者在“公式”选项卡中选择“插入函数”按钮，单击 AVERAGEIF，调出函数参数对话框，在 Range 中，用鼠标选择或直接输入“C2：C11”，在 Criteria 中，用鼠标选择或直接输入“销售 1 部”，在 Average_range 中，用鼠标选择或直接输入“D2：D11”完成汇总计算。如图3－16所示。

AVERAGEIF =AVERAGEIF(C2:C12,"销售1部",D2:D11)

	A	B	C	D	E
1	编号	姓名	部门	一季度	统计销售1部一季度平均销售额
2	010110	韩一莉	销售1部	66500	=AVERAGEIF(C2:C12,"销售1部",D2:D11)
3	010111	王飞超	销售1部	56780	

函数参数

AVERAGEIF

Range C2:C12 = {"销售1部";"销售1部";"销售2部";"销..

Criteria "销售1部" = "销售1部"

Average_range D2:D11 = {66500;56780;70122;91280;56456;765.

= 70615

查找给定条件指定的单元格的平均值(算术平均值)

Range 是要进行计算的单元格区域

图 3－16 AVERAGE 函数结果

7. MAX 函数和 MIN 函数

功能：Excel 中 MAX 和 MIN 函数是分别用来返回最大值和最小值的函数，这两个函数的使用很简单。

格式：MIN（number1，[number2]，…）；MAX（number1，[number2]，…）。

说明：MAX 函数执行返回的结果是一组数字中的最大值，MIN 函数与之相反，其中“number”参数最多为 255 个。

[例 3－13] 统计四季度中销售额的最大值和最小值。

如图 3－15 所示，在 D16 单元格中输入公式“＝MAX（D3：G12）”，按“Enter”键得出结果 91 280，在 D17 单元格中输入公式“＝MIN（D3：G12）”，按“Enter”键得出结果 54 670。注意：多个区域中求最大值和最小值参数之间用“，”分隔。

8. COUNT 函数和 COUNTA 函数

功能：COUNT 返回包含数字以及包含参数列表中的数字的单元格的个数。利用函数 COUNT 可以计算单元格区域或数字数组中数字字段的输入项个数。COUNTA 功能与 COUNT 相同，但 COUNTA 计算任意类型的数据。

格式：COUNT（value1，[value2]，…）。

说明：value1，value2……为包含或引用各种类型数据的参数（1 到 30 个），但只有数字类型的数据才被计算。

9. COUNTIF 函数

功能：COUNTIF 函数是对指定区域中符合指定条件的单元格进行计数的一个函数。

格式：COUNTIF（range，criteria）。

说明：range 为计算其中非空单元格数目的区域，criteria 为以数字、表达式或文本形式定义的条件。

10. COUNTIFS 函数

功能：对满足多个条件的单元格计数。

格式：COUNTIFS（criteria_range1，range1，Criteria_range2，range2，…crite－ria_rangen，rangen）。

说明：条件的形式为数字、表达式、单元格引用或文本。如果条件参数是对空单元格的引用，COUNTIFS 会将该单元格的值视为 0；条件参数中可以使用通配符，即问号（?）和星号（*）。问号匹配任意单个字符，星号匹配任意一串字符。

特别说明：如果要查找实际的问号、星号或波形符，请在字符前键入波形符（~）。

[例 3－14] 统计员工人数，统计管理人员人数，管理人员中男职工人数。

如图 3－17 所示，统计员工人数，在 G2 单元格中输入公式“＝COUNT（A2：A11）”，按“Enter”键得到统计结果为 10。如果在 G2 单元格中输入公式“＝COUNT（B2：B11）”，则返回结果为 0，这是因为 COUNT 函数只统计包含数字以及包含参数列表中的数字的单元格的个数。在 G3 单元格中输入公式“＝COUNTA（B2：B11）”完成统计任务。

A	B	C	D	E	F	G
编号	姓名	性别	部门	员工类别		
1001	孙小林	男	办公室	管理人员	统计员工人数(COUNT)	10
1002	刘英杰	女	办公室	管理人员	统计员工人数(COUNTA)	10
1003	王伟国	男	办公室	管理人员	统计管理人员人数(COUNTIF)	6
1004	张玲颖	女	办公室	管理人员	统计管理人员中男职工人数(COUNTIFS)	4
2001	赵光	男	设计部	管理人员		
2002	张海波	女	设计部	设计人员		
2003	孔南	男	设计部	设计人员		
3002	王二小	男	生产部	管理人员		
3003	邓小春	男	生产部	生产人员		
3004	钱生生	男	生产部	生产人员		

图 3－17　COUNT 计数相关函数统计结果

统计管理人员人数，在 G4 单元格中输入公式“＝COUNTIF（E2：E11,"管理人员"）”，按“Enter”键得到统计结果为 6。

管理人员中男职工人数，在 G5 单元格中输入公式“＝COUNTIFS（C2：C11,"男",E2：E11,"管理人员"）”，按“Enter”键即可得到统计结果为 4。

［**例 3－15**］统计指定姓名长度的个数，统计姓名中包含字符个数。

如图 3－18 所示，统计指定姓名长度字符的个数。在 G8 单元格中输入公式“＝COUNTIF（B2：B11，F8）”，按“Enter”键得到统计结果为 2。

A	B	C	D	E	F	G
编号	姓名	性别	部门	员工类别		
1001	孙小林	男	办公室	管理人员	统计员工人数(COUNT)	10
1002	刘英杰	女	办公室	管理人员	统计员工人数(COUNTA)	10
1003	王伟国	男	办公室	管理人员	统计管理人员人数(COUNTIF)	6
1004	张玲颖	女	办公室	管理人员	统计管理人员中男职工人数(COUNTIFS)	4
2001	赵光	男	设计部	管理人员		
2002	张海波	女	设计部	设计人员	姓名长度	个数
2003	孔南	男	设计部	设计人员	??	2
3002	王二小	男	生产部	管理人员	包含字符	个数
3003	邓小春	男	生产部	生产人员	小	3
3004	钱生生	男	生产部	生产人员	张 王 小	

图 3－18　COUNTIF 函数包含通配符统计结果

解读：? 或＊在 Excel 被称为通配符，? 指单个字符，＊指多个字符。此例中 F8 的内容为“??”，表示统计姓名是两个字符的职工人数。

统计姓名中包含字符个数，在 F10 序列中选择“小”，在 G10 单元格中输入公式“＝COUNTIF（B2：B11,"＊"&F10&"＊"）”，按“Enter”键得到统计结果为 3。公式中的“&”为字符连接符，用于查找姓名中包含“小”这个字符的职工人数。

11. 排名函数 RANK、RANK. EQ、RANK. AVG

功能：RANK 函数是排名函数，也就是求某一个数值在某一区域内的排名。

格式：RANK（number，ref，[order]）。

说明：number 为需要求排名的那个数值或者单元格名称（单元格内必须为数字），ref 为排名的参照数值区域，order 参数为 0 和 1，默认不用输入，得到的就是从大到小的排名，若是想求倒数第几，order 的值请使用 1。

原 RANK 函数在 2010 版本中更新为 RANK. EQ，可以与 RANK 函数同时使用并且作用相同。

RANK. AVG 函数的不同之处在于，对于数值相等的情况返回该数值的平均排名。而作为对比，原 RANK 函数对于相等的数值返回其最高排名。比如，A 列中有两个最大值数值同为 37，原有的 RANK 函数返回他们的最高排名同时为 1，而 RANK. AVG 函数则返回他们平均的排名，即（1+2）/2=1.5。同理，如有三个最大值数值同为 37 的 RANK 排名均为 1，而它们的 RANK. AVG 排名则为 2，即（1+2+3）/3=2。

[例 3-16] 如图 3-19 所示，按照总销售额对销售员用 RANK 和 RANK. AVG 函数进行排名。

编号	姓名	部门	总销售额	排名(rank)	排名(rank. avg)
010110	韩一莉	销售1部	273186	7	8
010111	王飞超	销售1部	243960	10	10
010112	何欢欢	销售2部	273432	6	6
010113	宋天一	销售1部	316830	2	2
010114	谭明秀	销售2部	322466	1	1
010115	王佩然	销售3部	312596	3	3
010116	张豪爽	销售2部	273186	7	8
010117	李立国	销售1部	299370	4	4
010118	赵飞航	销售3部	273186	7	8
010119	何梅方	销售3部	284296	5	5

图 3-19 RANK 和 RANK. AVG 排名比较

在 E2 单元格中输入公式“=RANK（D2，$D$2：$D$11，0)”，得到结果为 7。特别需要注意的是，排名范围“$D$2：$D$11”一定要绝对引用地址，才能对其他单元格用鼠标拖动填充时保持排名正确。

在 F2 单元格中输入公式“=RANK. AVG（D2，$D$2：$D$11，1)”，得到结果为 8，这是因为在用 RANK. AVG 排名时，3 个相同数排名 7，位置占用 7、8、9 三位，即（7+8+9）/3=8。

（二）文本函数

1. 截取函数

在用 Excel 处理数据时，可能会面对要在一串信息中截取其中一部分，这时候我们需要根据截取信息的位置，选择 LEFT、LEFTB、RIGHT、RIGHTB、MID、MIDB 等文本函数来进行截取。

（1）LEFT 函数和 LEFTB 函数。

功能：LEFT 函数和 LEFTB 函数都是截取文本 text 左端若干个字符。

格式 1：LEFT（text，[num_chars]）。

格式 2：LEFTB（text，[num_bytes]）。

说明：text 代表要截取字符的字符串；num_chars 代表给定的截取数目。

区别：对于半角的数字和字母来说，LEFT（）和 LEFTB（）函数的返回是一样的，而当使用双字符或者全角字符时，两个函数的区别就出现了，如果需要正确返回值，则 LEFTB 应将字符位输入 2 的倍数。比如，LEFT（"辽宁省沈阳市"，3），返回值“辽宁省”，LEFTB（"辽宁省沈阳市"，3），返回值为“辽”，如果用 LEFTB 函数，期望返回值为“辽宁省”，则公式为 LEFTB（"辽宁省沈阳市"，6）。

（2）RIGHT 函数和 RIGHTB 函数。

功能：截取文本 text 右端若干个字符。

格式 1：RIGHT（text，[num_chars]）。

格式 2：RIGHTB（text，[num_bytes]）。

（3）MID 函数。

功能：可以用来从指定的字符串中截取出指定字符的函数。

格式：MID（text，start_num，num_chars）。

说明：text 是一串我们想从中截取字符的“字符串”；start_num 是一个数字，是指从“字符串”的左边第几位开始截取；num_chars 也是数字，是指从 start_num 开始向右截取的长度。

[例 3－17] 从身份证号中截取出生日期，并转化成标准日期形式，如图 3－20 所示。

在 B4 单元格中输入公式“＝MID（A4，7，8）”，按“Enter”键得到数据“20030115”，在 C4 单元格中输入公式“＝LEFT（B4，4）”，按“Enter”键得到数据“2003”，在 D4 单元格中输入公式“＝MID（B4，5，2）”，按“Enter”键得到数据“01”，在 E4 单元格中输入公式“＝RIGHT（B4，2）”按“Enter”键得到数据“15”，在 F4 单元格中输入公式“＝DATE（C4，D4，E4）”，按“Enter”键得到数据“2003/1/15”。

函数	MID	LEFT	MID	RIGH	DATE
身份证号	出生日期数据	年	月	日	标准日期
210105200301154321	20030115	2003	01	15	2003/1/15

图 3－20　截取函数综合应用结果

2. CONCATENATE 函数和 &

功能：CONCATENATE 函数可将最多 255 个文本字符串合并为一个文本字符串。

格式：CONCATENATE（text1，[text2]，…）。

说明：text1 为需要连接的第一个文本项。text2，……可选，其他文本项，最多为 255 项。项与项之间必须用逗号隔开。也可以使用连接符号（&）计算运算符代替 CONCATENATE 函数来连接文本项。例如，“＝A1&B1”返回相同的值为“＝CONCATENATE（A1，B1）”。

[例 3－18] 把地址信息连接起来，变成完整的地址信息。

如图 3－21 所示，在 I5 单元格中输入公式“＝H4&J4&K3&K4”，按“Enter”键得到结果信息，在 I6 单元格中输入公式“＝CONCATENATE（H4，J4，K3K4）”，按“Enter”键得到结果信息。

函数		CONCATENATE或&	
城市		地址	邮编
北京市		海淀区中关村123号	100190
完整地址(&)	北京市海淀区中关村123号邮编100190		
完整地址(CONCATENATE)	北京市海淀区中关村123号邮编100190		

图3-21　文本连接函数结果

3. TRIM函数

功能：TRIM函数主要用于把单元格内容前后的空格去掉但并不去除字符之间的空格。

格式：TRIM（text）。

说明：text表格要去除空格的文本。

4. SUBSTITUTE函数

功能：用于实现将旧文本替换成新文本，这在Excel表格处理数据过程中具有极为重要的作用。

格式：SUBSTITUTE（text，old_text，new_text，instance_num）。

说明：text为需要替换其中字符的文本（或含有文本的单元格的引用）；old_text为需要替换的旧文本；new_text为用于替换old_text的文本；instance_num用来指定以new_text替换第几次出现的old_text。

5. LEN函数

功能：统计文本字符串中字符数目。

格式：LEN（text）。

[例3-19] 去除姓名等原始数据的空格，用LEN函数去除空格前后长度，并加以比较。

如图3-22所示，原始文本分别为“姓名”“关晓彤”“王子”，在B9单元格中输入公式“=TRIM（A9）”，得到结果“姓名”，鼠标移到B9单元格右下角，当鼠标指针变成十字形状的时候双击，得到“关晓彤”“王子”，可以看出TRIM函数不能去除“王子”字符串中间空格，在C11单元格中输入公式“=SUBSTITUTE（B11,"","")”，替换后结果为“王子”，在D9单元格中输入公式“=LEN（A9）”，得到原长度为4，在E9单元格中输入公式“=LEN（B9）”，得到去除空格后长度为2，同理求出其他文本长度。

函数	trim	SUBSTITUTE	len	len
原始文本	去掉空格后文本	替换中间空格	原长度	去空格后长度
姓名	姓名		4	2
关晓彤	关晓彤		5	3
王 子	王 子	王子	3	2

图3-22　去除空格后结果及长度

6. LOWER函数

功能：用于将文本中的大写字母转换为小写字母。

格式：LOWER（text）。

7. UPPER 函数

功能：用于将文本中的小写字母转换为大写字母。

格式：UPPER（text）。

[例 3－20] 将产品名称中含有的字母转换成统一的大写或小写。

如图 3－23 所示，产品名称中含有字母“ABC”童鞋，由于在录入时，存在大小写不统一情况，造成一种商品变成了三种商品，无法正确地进行统计，因此在 B15 单元格中输入公式“＝LOWER（A15）”，将“Abc 童鞋”转换成“abc 童鞋”，在 C15 单元格中输入公式“＝LOWER（A15）”，将“Abc 童鞋”转换成“ABC 童鞋”，完成产品名称统一的转换。

函数	LOWER	UPPER
产品名称		
Abc童鞋	abc童鞋	ABC童鞋
Abc童鞋	abc童鞋	ABC童鞋
abc童鞋	abc童鞋	ABC童鞋

图 3－23　大小写转换函数

（三）逻辑函数

1. IF 函数

功能：判断是否满足一个条件，满足返回真值，不满足返回假值。

格式：IF（logical，[value_if_true]，[value_if_false]）。

说明：logical 代表逻辑判断表达式，logical 把两个表达式用关系运算符（主要有 6 个关系运算符：＝，<>，>，<，>＝，<＝）连接起来就构成条件表达式；value_if_true 表示当判断条件为逻辑“真（TRUE）”时的显示内容，如果忽略返回“TRUE”；value_if_false 表示当判断条件为逻辑“假（FALSE）”时的显示内容，如果忽略返回“FALSE”。

2. AND 和 OR 函数

功能：Excel 中常用的逻辑关系中，“与”和“或”的使用很普遍，在 Excel 中对应的函数是 AND 和 OR，通常和 IF 函数配合使用。

格式：AND（logical1，[logical2]，…）；OR（logical1，[logical2]，…）。

说明：

（1）AND 函数所有参数的逻辑值为真时，返回“TRUE”；只要一个参数的逻辑值为假时，返回“FALSE”。OR 函数只要一个参数的逻辑值为真时，返回“TRUE”；所有参数的逻辑值为假时，返回“FALSE”。

（2）参数必须是逻辑值 TRUE 或 FALSE，或者包含逻辑值的数组或引用。

（3）如果数组或引用参数中包含文本或空白单元格，则这些值将被忽略。如果指定的单元格区域内包括非逻辑值，则 AND 将返回错误值#VALUE!。

[例 3－21] 按照奖金分配方案，计算每个人的奖金额。

奖金分配方案如下：

（1）奖金系数：如果总销售额在 25 万元以下，奖金系数为 0.7；总销售额在 25 万－27 万元之间，奖金系数为 0.9；总销售额在 27 万－30 万元之间，奖金系数为 1；总销售额在

30 万元以上，奖金系数为 1.2。

（2）奖金基数：销售 1 部奖金基数为 3 万元，销售 2 部和销售 3 部奖金基数为 28 000 元。

如图 3 – 24 所示，奖金基数只有一个判断条件、两个结果，因此不用嵌套。在 F2 单元格中输入公式"＝IF（C2＝"销售 1 部" 30000，28000）"，按 Enter 键得到奖金基数 3 万元，将鼠标定位在 F2 的右下角，当鼠标指针变成十字形状的时候双击，得到所有人的奖金基数。奖金系数有三个条件、四种结果，因此需要用到嵌套。IF 函数和 AND 函数结合使用，三个条件顺序可调整。在 E2 单元格中输入公式"＝IF（D2＜250000，0.7，IF（AND（D2＞＝250000，D2＜270000），0.9，IF（AND（D2＞＝270000，D2 ＜300000），1，1.2）））"，按"Enter"键得到结果 1，将鼠标定位在 D2 的右下角，当鼠标变成十字的时候双击，得到所有人的奖金系数；也可以不用 AND 函数，但条件必须按从小到大或者从大到小书写，在 E2 单元格中输入公式"＝IF（D2＜250000，0.7，IF（D2＜270000，0.9，IF（D2＜300000，1，1.2）））"。在 G2 单元格中输入公式"＝E2＊F2"，得到结果 3 万元，同理求出其他人的奖金。

编号	姓名	部门	总销售额	奖金系数	奖金基数	奖金额
010110	韩一莉	销售1部	273186	1	30000	30000
010111	王飞超	销售1部	243960	0.7	30000	21000
010112	何欢欢	销售2部	273432	1	28000	28000
010113	宋天一	销售1部	316830	1.2	30000	36000
010114	谭明秀	销售2部	322466	1.2	28000	33600
010115	王佩然	销售3部	312596	1.2	28000	33600
010116	张豪爽	销售2部	263684	0.9	28000	25200
010117	李立国	销售1部	299370	1	30000	30000
010118	赵飞航	销售3部	261091	0.9	28000	25200
010119	何梅方	销售3部	284296	1	28000	28000

图 3 – 24　IF 和 AND 函数计算奖金的结果

（四）查找函数与引用函数

1. VLOOKUP 函数和 HLOOKUP 函数

功能：VLOOKUP 函数是按列查找，最终返回该列所需查询列序所对应的值；与之对应的 HLOOKUP 函数是按行查找的，是 Excel 中的一个纵向查找函数。VLOOKUP 函数与 LOOKUP 函数和 HLOOKUP 函数属于一类函数，在实际工作中都有广泛的应用。

格式：VLOOKUP（lookup_value，table_array，col_index_num [range_look－up]）；HLOOKUP（lookup_value，table_array，col_index_num，[range_lookup]）。

说明：

（1）lookup_value 为需要在数组第一列中查找的数值。

（2）table_array 为需要在其中查找数据的数据表。

（3）col_index_num 为 table_array 中待返回的匹配值的列序号。

col_index_num 为 1 时，返回 table_array 第一列中的数值，以此类推。如果 col_index_num 小于 1，VLOOKUP 函数返回错误值#VALUE!；如果 col_index_num 大于 table_array 的列数，VLOOKUP 函数返回错误值#REF!。

（4）range_lookup 为逻辑值，指明 VLOOKUP 函数返回时是精确匹配还是近似匹配。如果为 TRUE 或省略，则返回近似匹配值，也就是说，如果找不到精确匹配值。则返回小于

lookup_value 的最大数值；如果 range_value 为 FALSE，VLOOKUP 函数将返回精确匹配值。如果找不到，则返回错误值#N/A。

2. LOOKUP 函数

LOOKUP 函数分为向量型查找和数组型查找。在一列或一行中查找某个值称为向量型查找，在数列或数行中查找称为数组型查找。

功能：把数（或文本）与一行或一列的数据依次进行匹配，匹配成功后然后把对应的数值查找出来。

格式：向量型查找 = LOOKUP(lookup_value，lookup_vector，[result_vector])；数组型查找 = LOOKUP（lookup_valuearray）= lookup（查找的值，数组）。

说明：lookup_value 表示查找的值，形式可以是数字、文本、逻辑值或包含数值的名称或引用。lookup_vector 表示查找的范围，只包含一行或一列的区域。result_vector 表示返回值的范围，只包含一行或一列的区域，且其大小必须与 lookup_vector（查找的范围）一致。

[例 3 - 22] 按照产品定价单，用 VLOOKUP 函数和 LOOKUP 函数按产品编号进行查找，找到返回该产品单价。

如图 3 - 25 所示，用 VLOOKUP 函数查找，在 H3 单元格中输入公式"= VLOOKUP（F3，$A，$4，$C，$7，3，FALSE）"，按"Enter"键得到 35，注意查找范围 $A，$4，$C，$7 一定要绝对引用，不然处理后续的其他产品编号时会出错，将鼠标定位在 H3 的右下角，当鼠标指针变成十字形状的时候双击，得到产品编号对应的单价。我们看到在 H10 单元格中，出现"#N/A"未找到的返回值，这是因为 F10 中的"102003"和产品定价单中的编号"102003"数据类型不一样，一个是文本，一个是数值，所以找不到。除了直接在单元格中输入公式，也可以在函数对话框中输入相应的参数值，如图 3 - 26 所示。

产品定价单		
产品ID	产品名称	单价
102001	ABS树脂	35
102002	聚丙烯	18
102003	色漆	29.5
102004	电源线	5.8

函数			Vlookup	lookup		
城市	产品ID	产品名称	单价	单价	数量	入库成本
北京	102001	ABS树脂	3,FALSE)	35	20	700
北京	102002	聚丙烯	18	18	30	540
北京	102003	色漆	29.5	29.5	40	1180
北京	102004	电源线	5.8	5.8	50	290
上海	102004	电源线	5.8	5.8	60	348
上海	102001	ABS树脂	35	35	70	2450
上海	102002	聚丙烯	18	18	80	1440
上海	102003	色漆	#N/A	#N/A	90	#N/A

图 3 - 25　VLOOKUP 函数和 LOOKUP 函数查找结果

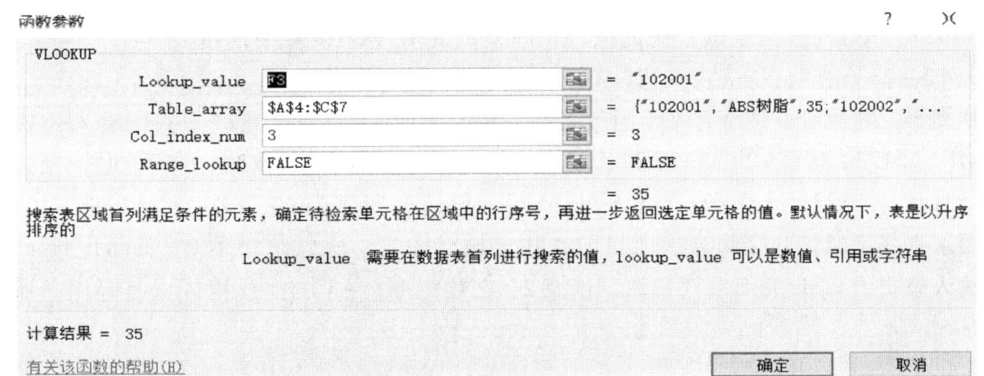

图 3 - 26　VLOOKUP 函数参数值

用 LOOKUP 函数查找，在 I3 单元格输入公式“=LOOKUP（F3，$A$4：$A$7，$C$4：$C$7)”，按“Enter”键得到 35，注意查找范围 $A$4：$C$7 一定要绝对引用，结果返回值数组“$C$4：$C$7”，也要绝对引用，不然处理后续的其他产品编号时会出错，将鼠标定位在 G3 的右下角，当鼠标指针变成十字形状的时候双击，得到产品编号对应的单价。函数对话框中输入相应的参数值，如图 3-27 所示。

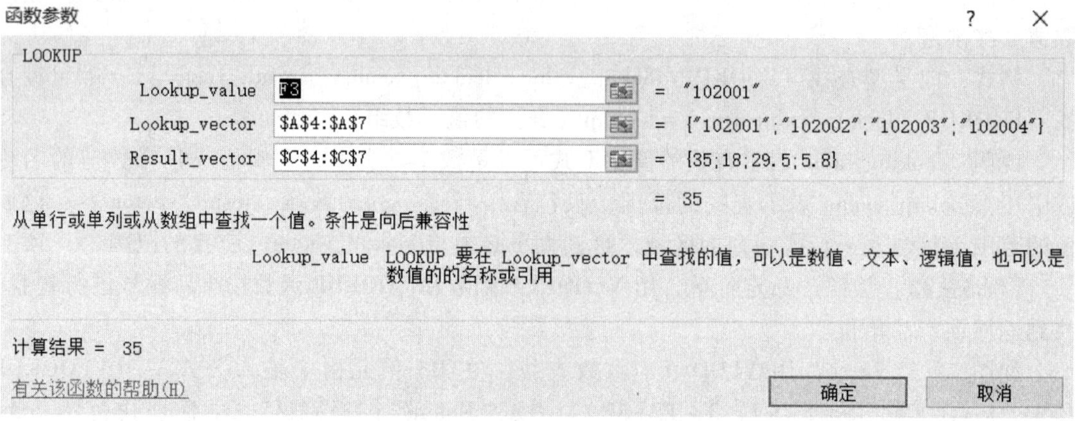

函数参数　?　×

LOOKUP

Lookup_value	F3	= "102001"
Lookup_vector	$A$4:$A$7	= {"102001";"102002";"102003";"102004"}
Result_vector	$C$4:$C$7	= {35;18;29.5;5.8}

= 35

从单行或单列或从数组中查找一个值。条件是向后兼容性

Lookup_value　LOOKUP 要在 Lookup_vector 中查找的值，可以是数值、文本、逻辑值，也可以是数值的的名称或引用

计算结果 = 35

有关该函数的帮助(H)　确定　取消

图 3-27　LOOKUP 函数参数值

3. MATCH 函数

功能：返回目标值在查找区域中的位置。

格式：MATCH（lookup_value，lookup_array，[match_type]）或 =Match（目标值，查找区域，0/1/-1）。

说明：

（1）参数 lookup_value 目标值在 lookup_array（查找区域）中。

（2）参数 lookup_array 查找区域包含所有目标值的连续的单元格区域，查找区域只能为一列或一行。

（3）参数 match_type：match_type=0（精确查找），查找精确等于 lookup_value 的第一个数值，lookup_array 按任意顺序排列。一般只使用精确查找。match_type=1，查找小于或等于 lookup_value（目标值）的最大数值在 lookup_array（查找区域）中的位置，lookup_array 必须按升序排列。match_type=-1，查找大于或等于 lookup_value（目标值）的最小数值在 lookup_array（查找区域）中的位置，lookup_array 必须按降序排列。

[**例 3-23**] 查找目标值 70 122 在一季度销售额中的位置。

如图 3-28 所示，用 MATCH 函数查找，match_type=0 时，精确查找，输入公式“=MATCH（70122，$C$2：$C$11，0)”，所以返回值为 3；match_type=1 时，输入公式“=MATCH（70122，$C$2：$C$11，1)”，所以返回值为 10；这是因为 match_type=1 时，要求查找区域是升序排列，而目前查找区域是降序，所以结果不对。match_type=-1 时，输入公式“=MATCH（70122，$C$2：$C$11，-1)”，查找区域是降序，所以返回值是 3。

姓名	部门	一季度	二季度	三季度	四季度
宋天一	销售1部	91280	71880	85690	67980
王佩然	销售3部	76576	76900	67840	91280
何欢欢	销售2部	70122	67840	67580	67890
李立国	销售1部	67900	81234	71566	78670
张豪爽	销售2部	67634	82310	54670	59070
韩一莉	销售1部	66500	67856	67830	71000
何梅方	销售3部	58764	76543	68755	80234
王飞超	销售1部	56780	61280	58900	67000
谭明秀	销售2部	56456	91280	89040	85690
赵飞航	销售3部	56342	69060	78900	56789
		match_type=0	match_type=1	match_type=-1	
		3	10	3	

图 3-28 MATCH 函数不同查找方式返回结果

4. INDEX 函数

功能：INDEX 函数就是返回指定单元格区域或数组常量。如果同时使用参数行号和列号，函数 INDEX 返回行号和列号交叉处的单元格中的值。

格式：INDEX（array，row_num，[colmn_num]）。

说明：

（1）该函数的使用极其灵活，因为任何一个参数都可变化。

（2）数据范围：可以只有一个数据范围，也可以有多个数据范围（使用逗号隔开）；要返回的数据的行号和列号自行设定。要返回哪个数据范围的数据就填写哪个序号，如返回第一个数据范围的数据就填写 1，其他依此类推。

（3）INDEX 和 MATCH 函数组合应用相当于 VLOOKUP 函数。

［**例 3-24**］图 3-30 所示是不同规格型号的手机价格明细表。通过此表的数据进行一些对应的查询操作。

（1）单击 B3 单元格下拉按钮，选择型号，然后在 B4 单元格完成型号所在行号的查询。如图 3-29 所示。随意选择一个型号，如红米 7，然后在 B4 单元格输入公式“=MATCH（$B$3，$D$3，$D$11，0）”，得到结果为 3。

	A	B
3	查找型号:	红米7
4	所在行号:	3

图 3-29 查询行号

D	E	F	G
手机价格表			
内存 型号	16G	32G	64G
红米6A	490	585	680
红米6	520	645	770
红米7	770	880	990
红米note7	1040	1180	1360
红米note7pro	1190	1330	1510
小米8	1530	2230	2450
小米MIX3	2720	3070	3380
小米9	1530	2230	2450
小米9SE	1910	2100	2290

图 3-30 手机价格表

公式解释：用 MATCH 函数查找 B3 单元格这个型号在“D3：D11”区域中对应的位置。其中的 0 参数可以省略不写。MATCH 函数中 0 代表精确查找，1 代表模糊查找。

（2）单击 B5 单元格下拉按钮，选择“内存”，然后在 B6 单元格完成规格所在列号的查询。如图 3－31 所示。随意选择一个规格，比如，16G，然后在 B6 单元格输入公式“=MATCH（B5，E2：G2，0）”，得到结果为 1。

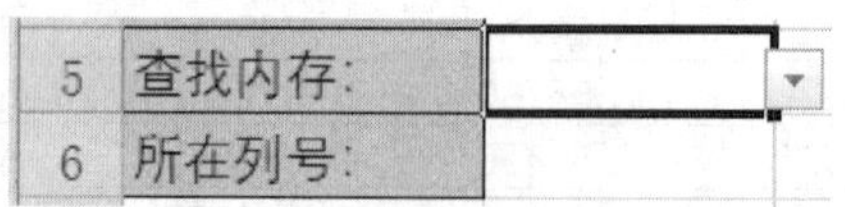

图 3－31　查询列号

（3）查询 B4 和 B6 单元格所对应的价格。在 B7 单元格进行价格的查询，可以使用 index 函数完成，输入公式“=INDEX（E3：G11，B4，B6）”，可以得到结果为 770。嵌套上面的 MATCH 函数，可以将公式改为“=INDEX（E3：G11，MATCH（B3，D3：D11，0），MATCH（B5，E2：G2，0））”。我们可以变化 B3 和 B5 中的型号和内存变化来检查结果是否正确。

[例 3－25] 通过图 3－32 所示工作表的源数据，利用 INDEX 函数实现行列汇总查询。

	A	B	C	D	E	F	G
1				手机价格表			
2				内存 型号	16G	32G	64G
3	查找型号:	红米6		红米6A	490	585	680
4	所在行号:	2		红米6	520	645	770
5	查找内存:	64G		红米7	770	880	990
6	所在列号:	3		红米note7	1040	1180	1360
7	对应价格:	770		红米note7pro	1190	1330	1510
8	嵌套查询价格:	770		小米8	1530	2230	2450
9	按型号汇总:	1935		小米MIX3	2720	3070	3380
10	按内存汇总:	15880		小米9	1530	2230	2450
11				小米9SE	1910	2100	2290

图 3－32　INDEX 查询

如果将 row_num 或 column_num 设置为 0，函数 INDEX 则分别返回整列或行的数组数值。这种方法可以实现上图的行列汇总。首先，单击 B3 单元格下拉按钮，选择数据，如选择“红米 6”，然后在 B4 单元格进行 B3 单元格对应的行号查找，公式为“=MATCH（B3，D3：D11,）”，得到结果为 2，说明“红米 6”在“D3：D11”区域的第二行。然后对行号所对应的价格进行汇总求和。在 B9 单元格输入公式“=SUM（INDEX（E3：G11，MATCH（B3，D3：D11,）））”。

如果选中公式中的 INDEX（F2：H10，MATCH（C3，E2：E10,））部分，按下 F9 键，执行结果是｛520，645，770｝，可以看到就是对第二行（红米 6 对应行）的数据进行求和。同样的方法可以进行列汇总，在 B10 单元格输入公式“=SUM（INDEX（E3：G11，MATCH（B5，E2：G2,）））”。

［例 3－26］ 根据图 3－33 所示的工作表，进行区域汇总求和。

	A	B	C	D	E	F	G
1				手机价格表			
2				内存 型号	16G	32G	64G
3	查找型号:	红米6		红米6A	490	585	680
4	所在行号:	2		红米6	520	645	770
5	查找内存:	64G		红米7	770	880	990
6	所在列号:	3		红米note7	1040	1180	1360
7	对应价格:	770		红米note7pro	1190	1330	1510
8	嵌套查询价格:	770		小米8	1530	2230	2450
9	按型号汇总:	1935		小米MIX3	2720	3070	3380
10	按内存汇总:	15880		小米9	1530	2230	2450
11				小米9SE	1910	2100	2290
12	按区域汇总:	2680					
13	开始行首单元格:	红米6A		开始行尾单元格:	红米6		
14	开始列首单元格:	32G		开始列尾单元格:	64G		

图 3－33 查询汇总结果

首先，分别在开始行号、结束行号、结束列号、结束列号选定需要求和的区域，如红米 6A、红米 6、32G、64G。

然后，在 B12 单元格输入求和公式“＝SUM（INDEX（E3：G11，MATCH（B13，D3：D11，），MATCH（E13，D3：D11，））：INDEX（E3：G11，MATCH（B14，E2：G2，），MATCH（E14，E2：G2，）））”。

5. OFFSET 函数

功能：返回对单元格或单元格区域中指定行数和列数的区域的引用。

格式：OFFSET（reference，rows，cols，［height］，［width］）。

说明：（1） reference 必需，要以其为偏移量的底数的引用。引用必须是对单元格或相邻的单元格区域的引用；否则 OFFSET 返回错误值#VALUE!。

（2） rows 必需，需要左上角单元格引用的向上或向下行数。使用 5 作为 rows 参数，可指定引用中的左上角单元格为引用下方的 5 行。Rows 可为正数（这意味着在起始引用的下方）或负数（这意味着在起始引用的上方）。

（3） cols 必需，需要结果的左上角单元格引用的从左到右的列数。使用 5 作为 cols 参数，可指定引用中的左上角单元格为引用右方的 5 列。Cols 可为正数（这意味着在起始引用的右侧）或负数（这意味着在起始引用的左侧）。

height 可选。需要返回的引用的行高。Height 必须为正数。

width 可选。需要返回的引用的列宽。Width 必须为正数。

（4） 如果 rows 和 cols 的偏移使引用超出了工作表边缘，则 OFFSET 返回错误值#REF!。

如果省略 height 或 width，则假设其高度或宽度与 reference 相同。

OFFSET 函数实际上并不移动任何单元格或更改选定区域，它只是返回一个引用。OFFSET 函数可以与任何期待引用参数的函数一起使用。例如，公式“SUM（OFFSET（C2，1，2，3，1））”可计算 3 行 1 列区域（即单元格 C2 下方的 1 行和右侧的 2 列的 3 行 1 列区域）

的总值。

［**例3－27**］如图3－34所示，查找指定单元格的内容。

在H2单元格中输入公式“＝OFFSET（A1，2，2）”，得到结果“聚丙烯”。即，从A1往下2行，往右2列的单元格内容，数行列数时不包含当前单元格本身所在行列。即，A1往下2行到达A3，再往右2列到达C3，内容为“聚丙烯”。

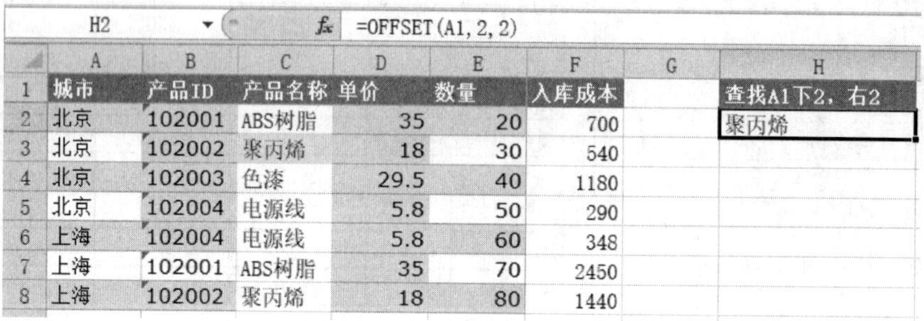

H2　=OFFSET(A1, 2, 2)

	A	B	C	D	E	F	G	H
1	城市	产品ID	产品名称	单价	数量	入库成本		查找A1下2，右2
2	北京	102001	ABS树脂	35	20	700		聚丙烯
3	北京	102002	聚丙烯	18	30	540		
4	北京	102003	色漆	29.5	40	1180		
5	北京	102004	电源线	5.8	50	290		
6	上海	102004	电源线	5.8	60	348		
7	上海	102001	ABS树脂	35	70	2450		
8	上海	102002	聚丙烯	18	80	1440		

图3－34　OFFSET函数

（五）日期函数

1. DATE函数

功能：将指定的年、月、日合并为完整的日期格式。

格式：DATE（year，month，day）。

说明：year、month、day分别表示年、月、日。

2. TODAY函数和NOW函数

TODAY（）函数无参数，返回日期格式的当前日期。如“2019/1/14”。

NOW（）函数无参数，返回日期时间格式的当前日期和时间。如“2019/1/14 7：09”。

因此，当需要计算某日期距今天有多少整数天时，应使用TODAY函数。例如，今天为2019年3月4日，计算2019年高考距今有多少天？

公式为“＝DATE（2019，6，7）－TODAY（）”，返回值是95。

3. YEAR函数、MONTH函数、DAY函数

（1）YEAR（serial_number）返回对应于某个日期的年份；取值范围为1900－9999之间的整数。

（2）MONTH（serial_number）返回对应于某个日期的月份；取值范围为1－12之间的整数。

（3）DAY（serial_number）返回对应于某个日期的天数；取值范围为1－31之间的整数。

4. DATEDIF函数

功能：计算两个日期之差。

格式：DATEDIF（start_date，end_date，unit）。

说明：start_date为一个日期，它代表时间段内的第一个日期或起始日期。

end_date为一个日期，它代表时间段内的最后一个日期或结束日期。

unit为所需信息的返回类型。

5. DAYS360函数

功能：计算任意两个日期的相差天数值。

格式：DAYS360 （start_date，end_date，method）。

说明：三个参数分别表示开始日期、截止日期、逻辑值。此函数的结果是默认用 end 日期减去 start 日期，所以这就有可能产生负数。

6. DATEVALUE 函数

功能：DATEVALUE 函数可以将以文本形式表示的日期转换成可以用于计算的序列号。

格式：DATEVALUE （date_text）。

说明：（1） DATEVALUE 函数只有一个参数：date_text，表示要转换为序列号方式显示的日期的文本字符串。这个参数只能是对表示日期的文本字符串的引用，而不能以引用单元格的方式进行引用，也就是说，这个参数可以手动录入，也可以复制。

（2） Excel 使用的是 1900 年日期系统，DATEVALUE 函数参数 date_text 范围是 1900 - 9999，超出此范围函数将返回错误值#VALUE!

（3） 在默认情况下，1900 年 1 月 1 日序列号为 1，2008 年 1 月 1 日序列号是 39448，也就是说，2008 年 1 月 1 日距离 1900 年 1 月 1 日有 39 448 天，利用这个特点可以有效求出两个日期之间相差的天数。

（4） 需要注意的是，使用此函数时，第一参数必须是文本格式，如果不是文本格式，公式会出错。

[例 3 - 28] 用相应日期函数完成日期各类显示与计算。

如图 3 - 35 所示。在 B4 单元格中输入公式 " = YEAR （A4）"，按 "Enter" 键后返回值为 2019；在 C4 单元格中输入公式 " = MONTH （A4）"，按 "Enter" 键后返回值为 1；在 D4 单元格中输入公式 " = DAY （A4）"，按 "Enter" 键后返回值为 31；在 C7 单元格中输入公式 " = DATE （B4，C4，D4）"，得到返回值 "2019/1/31"；在 H4 单元格中输入公式 " = YEAR （NOW （）） - YEAR （G4）"，按 "Enter" 键后返回值为 30，将鼠标定位到 H4 单元格右下角，当鼠标指针变成十字形状的时候双击，求出其他员工的年龄。

函数	YEAR	MONTH	DAY		函数	TODAY	NOW
						2019/3/4	2019/3/4 20:39
日期	年	月	日		员工姓名	出生日期	年龄
2019/1/31	2019	1	31		宋天一	1989/5/9	30
					王佩然	1982/9/23	37
函数		DATE			何欢欢	1987/10/5	32
	日期格式	2019/1/31			李立国	1975/2/26	44
					张豪爽	1998/9/1	21
函数			DATEDIF		DAYS360		DATEVALUE
日期格式	2019/1/1	2019/3/1	59		60		#VALUE!
文本格式	2019-1-1	2019/3/1	59		60		59

图 3 - 35　日期函数结果

在 D11 单元格中输入公式 " = DATEDIF （B11，C11,"d"）" 按 "Enter" 键后返回值为 59；在 F11 单元格中输入公式 " = DAYS360 （B11，C11）"，按 "Enter" 键后返回值为 60；在 H11 单元格中输入公式 " = DATEVALUE （C11） - DAT - EVALUE （B11）"，按 "Enter" 键后返回值为#VALUE；为什么用三个不同函数计算两个日期相差的天数会得到三个不同结果呢？DATEDIF 函数是用结束日期 C11 减去开始日期 B11，计算的是实际相差天数，2019

年 1 月 31 天，2 月 28 天，所以返回值为 59；DAYS360 函数也是计算两个日期相差天数，不过因为该函数是把每个月都用 30 天做基数，所以返回值为 60；DATEVALUE 函数要求参数必须是文本类型，因为 B11 和 C11 数据类型都是日期型，所以计算错误，返回值为#VALUE；在 H12 单元格中输入公式“ = DATEVALUE （C12） - DATEVALUE （B12）”，按“Enter”键后返回值为 59。因为 B12 型都是文本类型，符合参数要求，并且是通过先计算 B12 和 C12 序列号后相减得到返回值为 59。DAYS360 函数和 DATEDIF 函数也能计算以文本形式表示的日期数据，所以在 D12 和 F12 单元格中得到如图 3 - 35 所示结果。

[例 3 - 29] 用相应日期函数计算商品库龄时间，TODAY 与 AND、IF 函数组合进行库龄分析，并对库龄时间超过 200 天的报警。

如图 3 - 36 所示。在 D2 单元格中输入公式“ = Today （ ）”，按“Enter”键后返回值为“2019/3/3”，填写上盘库时间；在 I2 单元格中输入公式“ = D2 - C2”，按“Enter”键后返回值为 142，计算出库龄天数；在 E2 单元格中输入公式“ = IF （I2 < = 90,"T","F"）”，按“Enter”键后返回值为 F；在 F2 单元格中输入公式“ = IF （AND （I2 > 90，I2 < = 180）," T"，"F"）”，按“Enter”键后返回值为 T；在 G2 单元格中输入公式“ = IF （AND （I2 > 180，I2 < = 270）,"T","F"）”，按“Enter”键后返回值为 F；在 H2 单元格中输入公式“ = IF （I2 > 270，"T","F"）”，按“Enter”键后返回值为 F。在 I2 单元格中输入公式“ = IF （I2 > 270,"报警"、",")”，同理求出其他产品的库龄。

产品编号	产品名称	入库时间	盘库日期	1-90天	90-180天	180-270天	270天以上	库龄	报警
102001	ABS树脂	2018/10/12	2019/3/3	F	T	F	F	142	
102002	聚丙烯	2018/10/31	2019/3/3	F	T	F	F	123	
102003	色漆	2018/11/19	2019/3/3	F	T	F	F	104	
102004	电源线	2018/3/8	2019/3/3	F	F	F	T	360	报警
102005	铝合金发热器	2018/12/27	2019/3/3	T	F	F	F	66	
102006	全铜	2018/6/15	2019/3/3	F	F	T	F	261	
102007	智能	2018/12/3	2019/3/3	T	F	F	F	90	

图 3 - 36　用函数进行库龄分析结果

（六）信息函数

1. ISBLANK 函数

功能：该函数是判断单元格是否为空。

格式：ISBLANK （value）。

说明：如果参数 value 引用的是空单元格，ISBLANK 函数返回逻辑值 TRUE；否则，返回 FALSE。

2. ISTEXT 函数

功能：该函数是判断引用的参数或指定的单元格的内容是否为文本。

格式：ISTEXT （value）。

说明：（1） 该函数只有一个参数 value，表示待测试的内容。如果待测试的内容为文本，将返回 TRUE，否则将返回 FALSE。

（2） 在参数中输入文本时必须使用双引号，否则 Excel 将不会认为其是文本，而是非字符串。例如，在单元格中输入公式“=ISTEXT (girl)”的结果为 FALSE，就是由于引用单词 girl 时没用加引号。但是，如果直接引用单元格地址，不用加引号。比如，在单元格 A1 中输入“girl”，则在 B1 单元格中输入公式“=ISTEXT (A1)”的结果为 TRUE。

3. ISNONTEXT 函数

功能：判断引用的参数或指定单元格中的内容是否为非字符串。

格式：ISNONTEXT (value)。

说明：函数只有一个 value 参数，表示待测试的内容。如果待测试的内容为非字符串，将返回“TRUE”；否则将返回“FALSE”。

4. ISNUMBER 函数

功能：ISNUMBER 函数可以判断引用的参数或指定单元格中的值是否为数字。

格式：ISNUMBER (value)。

说明：该函数只有一个参数 value，表示进行检验的内容，如果检验的内容为数字，将返回“TRUE”，否则将返回“FALSE”。value 参数是不可以转换的。例如，公式“=ISNUMBER ("100")”中的“100”并不会由文本值转换成其他类型的值，因此结果返回“FALSE”。

[例 3-30] 用相应函数测试单元格内容“12、0、2010/2/17”、“(空格)”、“(空值)”的结果。如图 3-37 所示。

函数	ISBLANK	ISTEXT	ISNONTEXT	ISNUMBER
单元格内容	ISBLANK结果	ISTEXT结果	ISNONTEXT结果	ISNUMBER结果
12	FALSE	FALSE	TRUE	TRUE
0	FALSE	FALSE	TRUE	TRUE
2010/2/17	FALSE	FALSE	TRUE	TRUE
单元格A8是空格				
	FALSE	TRUE	FALSE	FALSE
单元格A10无内容				
	TRUE	FALSE	TRUE	FALSE

图 3-37　信息类函数测试结果

（七）数学函数

1. 数值取整

Excel 中有些数据不需要小数位，这就会涉及数据的取整问题，数值取整有三种情况。格式取整是在单元格里面通过格式控制显示为整数（四舍五入得到），但复制其单元格内容到其他单元格时，数值依然包含小数位；数值取整（非四舍五入）是在单元格里面通过公式取整，可用 INT 函数和 TRUNC 函数；数值取整（四舍五入）是在单元格里面通过公式取整，可用函数 ROUND。

(1) INT 函数。

功能：INT 函数是将数字向下舍入到最接近的整数。

格式：INT (number)。

说明：number 是需要进行向下舍入取整的实数。例如，“=INT (8.9)”是将 8.9 向下舍入到最接近的整数（8）；“ = INT （ -8.9）”是将 -8.9 向下舍入到最接近的整数（ -9）。

（2）TRUNC 函数。

功能：TRUNC 函数是返回某个数的整数部分，将小数部分都截去。

格式：TRUNC （number，number_digits）。

说明：①有 2 个参数，其中后面的参数基本忽略不计，默认为 0。

②INT 函数和 TRUNC 函数在正数范围内所得到的值是相同的，它们不进行四舍五入而是直接剔除小数点后的数字。但是这两个函数在负数范围内所得到的结果是不同的，这是它们的唯一区别。比如，“ = INT （8.9）”是将 8.9 向下舍入到最接近的整数（8）；“ = TRUNC（8.9）”是将 8.9 截去小数取整数（8）。“ = INT （ -8.9）”是将 -8.9 向下舍入到最接近的整数（ -9）；“ = TRUNC （ -8.9）”是将 -8.9 截去小数取整数（ -8）。

（3）ROUND 函数、ROUNDDOWN 函数、ROUNDUP 函数、MROUND 函数。

功能：ROUND 函数按指定的位数对数值进行四舍五入。

格式：ROUND （number，num_digits）。

说明：①number 就是将要四舍五入的数字。

②num_digits 为指定的位数，按此位数对 number 参数进行四舍五入。

如果 num_digits 大于 0，则将数字四舍五入到指定的小数位。

如果 num_digits 等于 0，则将数字四舍五入到最接近的整数。

如果 num_digits 小于 0，则在小数点左侧前几位进行四舍五入。

③ROUND 函数、ROUNDDOWN 函数、ROUNDUP 函数、MROUND 函数功能类似、参数也相同。不同的是：若要进行向上舍入（远离 0）则使用 ROUNDUP 函数。若要进行向下舍入（朝向 0），则使用 ROUNDDOWN 函数。若要将某个数字四舍五入为指定的倍数（如四舍五入为最接近的 0.5 倍），则使用 MROUND 函数。

[例 3 -31] 用格式取整、非四舍五入取整、四舍五入取整完成数据 10.875 和 10.125 的取整。

如图 3 -38 所示，在 B3 单元格中输入“10.875”，单击鼠标右键菜单中的“设置单元格”，在“数字”页签中选择“数值”，设置小数位个数为“0”，返回结果为 11；在 C3 单元格输入公式“ = INT （10.875）”，返回结果为 10；在 D3 单元格输入公式“ = TRUNC（10.875）”，返回结果为 10；在 E3 单元格输入公式“ = ROUND （10.875，0）”，返回结果为 11；选择 B3：E3 区域，按“Ctrl + C”键复制，选择 B4：E4 区域，单击鼠标右键菜单中的“选择性粘贴—数值”，返回结果 B4 是 10.875、C4 是 10、D4 是 10、E4 是 11。

数值	**10.875**	**INT(10.875)**	**TRUNC(10.875)**	**ROUND(10.875,0)**
取整方式	格式取整	INT取整	TRUNC取整	ROUND取整
取整结果	11	10	10	11
复制后选择性粘贴	10.875	10	10	11
数值	**10.125**	**INT(10.125)**	**TRUNC(10.125)**	**ROUND(10.125,0)**
取整方式	格式取整	INT取整	TRUNC取整	ROUND取整
取整结果	10	10	10	10
复制后选择性粘贴	10.125	10	10	10

图 3 -38　取整函数的用法

在 B7 单元格中输入“10.125”，单击鼠标右键菜单中的“设置单元格”，在“数字”页签中选择“数值”，设置小数位个数为“0”，返回结果为 10；在 C7 单元格输入公式“=INT（10.125）”，返回结果为 10；在 D7 单元格输入公式“=TRUNC（10.125）”，返回结果为 10；在 E7 单元格输入公式“=ROUND（10.125，0）”，返回结果为 10；选择 B7：E7 的区域，按“Ctrl+C”键复制，选择 B8：E8 区域，单击鼠标右键菜单中的“选择性粘贴—数值”，返回结果 B8 是 10.125、C8 是 10、D8 是 10、E8 是 10。

[**例 3－32**] 用四舍五入函数 ROUND、ROUNDDOWN、ROUNDUP、MROUND 完成数据 10.875 和 －10.125 的四舍五入。

如图 3－39 所示，在 C2 单元格中输入公式“=ROUND（A2，2）”，得到结果 10.88；在 C3 单元格中输入公式“=ROUNDUP（A2，2）”，得到结果 10.88，向上四舍五入；在 C4 单元格中输入公式“=ROUNDDOWN（A2，2）”，得到结果 10.87，向下截断；在 C5 单元格中输入公式“=MROUND（A2，2）”，得到结果 10，MROUND 函数返回的是 10.875，最接近 2 的整数倍是 10。

数值	公式	结果
10.875	=ROUND(A2,2)	10.88
	=ROUNDUP(A2,2)	10.88
	=ROUNDDOWN(A2,2)	10.87
	=MROUND(A2,2)	10
数值	公式	结果
-10.125	=ROUND(A7,1)	-10.1
	=ROUNDUP(A7,1)	-10.2
	=ROUNDDOWN(A7,1)	-10.1
	=MROUND(A7,1)	#NUM!
	=MROUND(A7,-1)	-10

图 3－39 四舍五入函数的用法

在 C10 单元格中输入公式“=MROUND（A7，1）”，得到结果为错误，MROUND 函数要求括号内的两个参数“A7”和“1”符号必须一致，符号不一致就返回出错信息。在 C11 单元格中输入公式“=MROUND（A7，－1）”，得到结果 －10，这是因为 MROUND 函数返回的是 －10.125，最接近 1 的整数倍是 －10。

2. 余数函数 MOD

功能：该函数是一个求余函数，即是两个数值表达式做除法运算后的余数。

格式：mod（Number，divisor）。

说明：Number 为被除数，Divisor 为除数。如果 divisor 为零，函数 MOD 返回值则出错 #DIV/0!。

在 Excel 中，MOD 函数是用于返回两数相除的余数，返回结果的符号与除数（divisor）的符号相同。

例如，MOD（－3，2）等于 1，与后面的数符号相同；MOD（3，－2）等于 －1，与后面的数符号相同；MOD（3，0）则出错#DIV/0!。

[**例 3－33**] 如图 3－40 所示，在财务报表中将行号每 5 行设置为绿色。

行号	期初余额	期末余额	行号	期初余额	期末余额
1	10000	15000	40		12000
2	12000	18000	41	20000	23000
3	14000	21000	42	18000	21000
4	16000	24000	43	16000	19000
5	23000	27000	44	14000	17000
6	20000	30000	45	12000	15000
7	22000	33000	46	28000	13000
8	24000	36000	47	32000	11000
9	32000	39000	48	36000	9000
10	28000	42000	49		40000
11	30000	45000	50	44000	29000
12	32000	48000	51	48000	19000
13	34000	51000	52	52000	23000
14	36000	54000	53	56000	27000
15	38000	57000	54	60000	31000
16	40000	60000	55	64000	35000

图 3－40　MOD 函数综合应用

在“开始”选项卡中单击“条件格式”，然后选择条件格式下的一个新建格式规则，单击进入，选择“使用公式确定要设置格式的单元格”；在下面的编辑规则说明中设置函数公式“＝MOD（ROW（a1），5）＝0”；ROW（a1）表示所指的行，然后单击下面的格式，选择绿色底纹的颜色；这个公式表达的意思就是指每 5 行进行一次计算后填充绿色底纹。如图3－41所示。

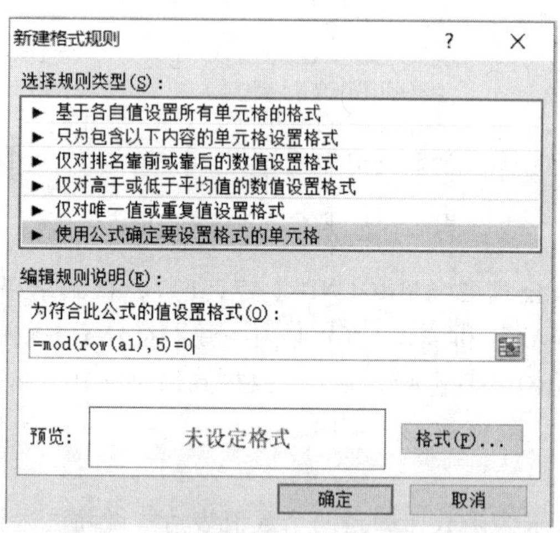

图 3－41　条件格式中使用 MOD 函数

第四章　出纳岗位

一、出纳岗位的岗位职责

（1）要认真审查各种报销或支出的原始凭证，对违反国家规定或有误差的，要拒绝办理报销手续。

（2）要根据原始凭证，做好现金和银行账。要求书写整洁、数字准确、日清月结。

（3）严格遵守现金管理制度，库存现金不得超过定额，不坐支现金，不挪用现金，不得用白条抵顶库存现金，保持现金实存与现金账面一致。

（4）负责到银行办理经费领取手续以及支付结算工作。

（5）负责支票签发管理，不得签发空头支票，按规定设立支票领用登记簿。

（6）加强安全防范意识和安全防范措施，严格执行安全制度，认真管好现金、各种印章、空白支票、空白收据及其他证券。

（7）负责做好工资、奖金、医药费的造册发放工作。

（8）负责编制每月的现金支出计划，分清资金渠道，有计划的领取和支付现金。

（9）及时与银行对账，做好银行对账调节表。

（10）根据规定和协议，做好应收款工作，定期向主管领导汇报收款情况。

（11）严格遵守、执行国家财经法律法规和财会制度，做好出纳工作。

二、出纳岗位的职业能力

（1）准确办理现金、银行结算业务的能力。

（2）熟练登记现金日记账和银行存款日记账的能力。

（3）及时准确编制资金报表的能力。

（4）具备档案装订及管理能力。

（5）熟悉企业会计制度、会计准则及专业知识，熟练掌握财务及办公软件。

三、出纳岗位的典型工作

（1）办理现金、银行存款的收付业务。

（2）进行银行对账，编制银行存款余额调节表。
（3）签发支票、汇票等重要空白凭证并登记。
（4）将已办理的现金或银行存款收付款凭证分别录入财务软件。
（5）登记现金日记账和银行存款日记账。
（6）及时整理并传递原始票据，完成协同工作。
（7）编制资金报表。
（8）装订相关凭证并定期归档。

四、工作任务

（1）编制银行日记账。
（2）编制银行日记账打印模板。
（3）编制银行周报表。
（4）编制银行日报表。

五、工作实践

（一）编制银行日记账

按图 4－1 所示的结构编制银行日记账。

银行日记账

核算单位：北京宇科电器有限公司

2017年		凭证号数	摘　　要	借（收入）方	√	贷（支出）方	借或贷	结　存	√
月	日								
12	1		上年结转				借	3,820,124.58	√

图 4－1　银行日记账

将 G 列和 K 列从第 7 行以下部分设置数据有效性，选中 G7 单元格，单击“数据”菜单下的“数据有效性”，如图 4-2 所示。

图 4-2　数据有效性

在打开的“数据有效性”窗口中将有效性条件“允许”设置为“序列”，将“来源”设置为“√”，然后单击“确定”按钮，如图 4-3 所示。同样设置 K 列的数据有效性。

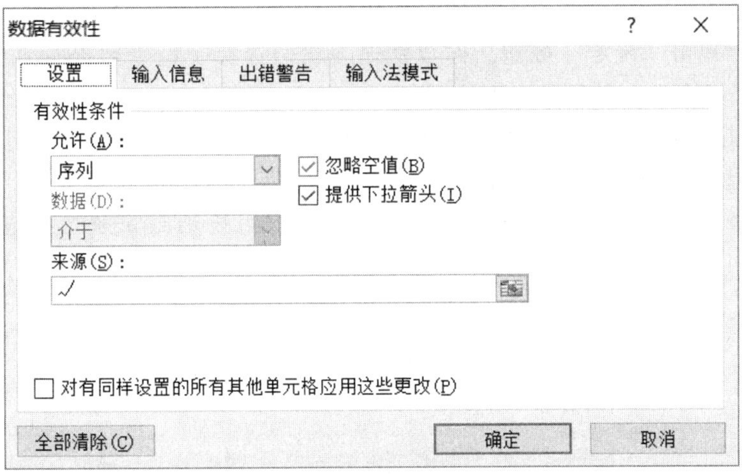

图 4-3　序列

设置 I 列数据有效性时只需将“来源”改为“借贷”，然后单击“确定”按钮即可。

设置 L 列数据有效性时，只需将“来源”改为“收入类别，货款收回，内部转入，保证金收入，取款，收回往来，其他收入，采购支出，费用报销，工资性支出，税金支出，退还保证金，内部转出，存款，其他支出，上年结转”（注意逗号必须是英文状态下的标点符号），然后单击“确定”按钮即可。

如需将银行日记账打印出来，我们必须知道一共有多少条银行日记账记录，所以在 A 列作辅助列统计银行日记账的记录数，将 A7 单元格设置为 1，在 A8 单元格输入公式“=IF(E8<>0，A7+1，0)”，利用 IF 逻辑函数判断摘要列是否为空，如果摘要列不为空，则序号加 1，否则为 0，然后将该列字体设为白色。

为保证序列统计数据准确，还需设置数据有效性提示。选择需要设置数据有效性的单元格，单击“数据有效性”按钮，在“数据有效性”窗口中选择“输入信息标签”，如图 4-4 所示。

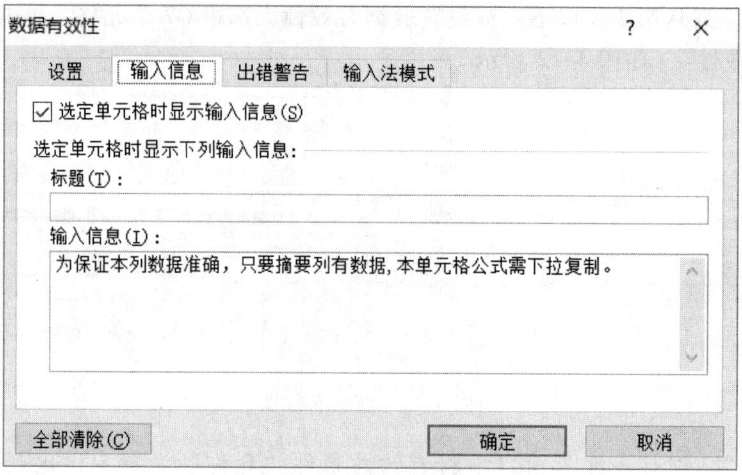

图 4-4　输入信息

在“输入信息”框中输入“为保证本列数据准确，只要摘要列有数据，本单元格公式需下拉复制。”，单击“确定”按钮。你会发现当我们选择了设置数据有效性的单元格时，刚刚输入的提示信息会自动显示出来。

在 F8 单元格输入公式“=IF（E8=0，0，J7+F8-H8）”，并执行下拉复制。这里是用 E8 单元格的摘要信息来确定结存金额，即摘要信息为空时，结存金额等于“0”，即下拉复制公式的单元格都显示“0”，这样非常不美观，我们可以通过设置选项进行优化。打开“文件”菜单下的“选项”设置，将“在具有零值的单元格中显示零”前面的对号取消，如图 4-5 所示。

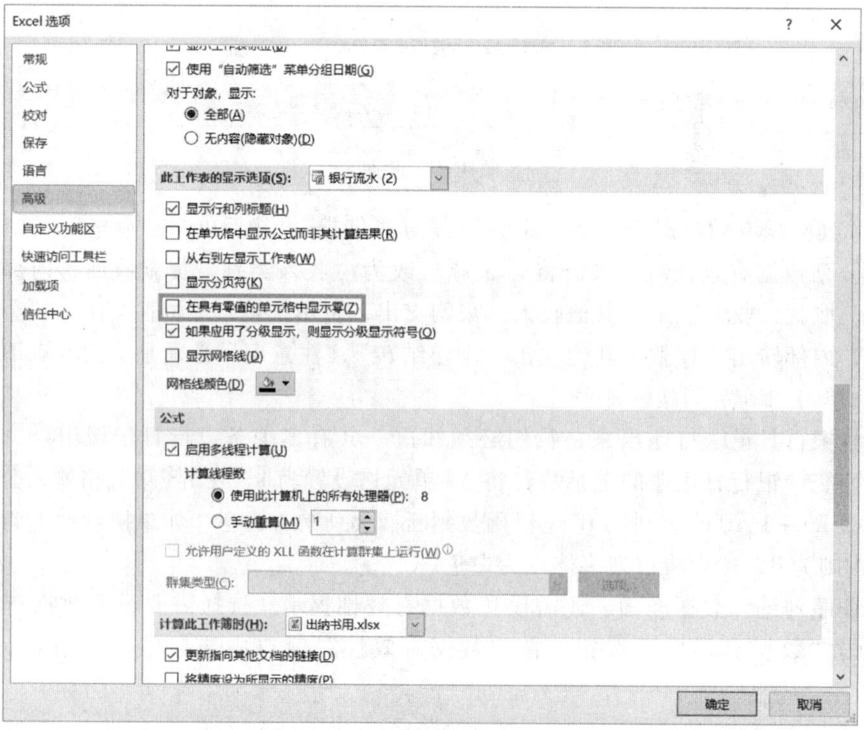

图 4-5　选项优化

（二）编制银行日记账打印模板

首先选择前面设计好的银行日记账表格，然后按复制快捷键，在一个新工作表中，右键选中 A1 单元格，单击“粘贴”选项中的“粘贴数值”按钮，如图 4－6 所示。

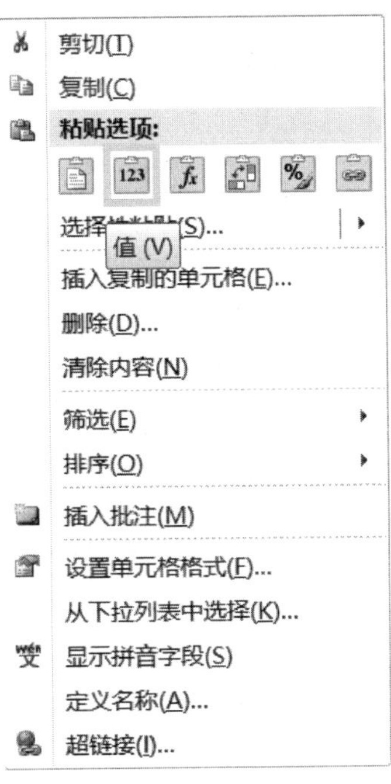

图 4－6　数据选择粘贴数值

鼠标右键选中 A1 单元格，打开选择性粘贴的向右三角下拉菜单，选择“粘贴列宽”按钮，如图 4－7 所示。

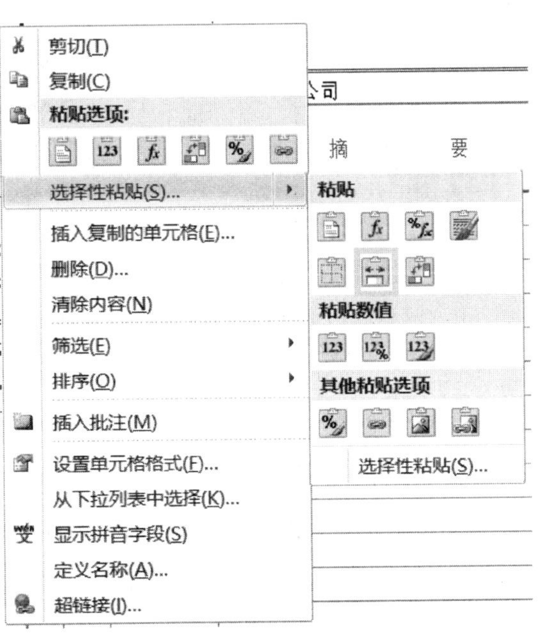

图 4－7　选择项粘贴

这样操作以后，你会发现复制了一个几乎和原表一模一样的表，只是有的行高不同而已。这里我们需要按打印的纸张来设计表格的大小，按 B5 纸大小暂定打印区域为 21 行。按图 4－8 所示的内容修改表格内容。

银 行 日 记 账

科目ACCOUNT NO：银行存款（1002）　　　　页号：共13页　第1页

2019		凭证号数	摘　　要	借（收入）方	√	贷（支出）方	借或贷	结　存	√
月	日								
12	1		上年结转				借	3,820,124.58	√
12			过次页						

核算单位：北京宇科电器有限公司　　　　打印日期：贰零壹玖年叁月贰拾柒日

制　　表：悟净　　　　星期三

图 4－8　银行日记账

单击“快速访问工具栏”中的“控件”按钮，选择“插入”，找到数值调节钮控件，这时鼠标指针变成十字形状，拖动鼠标左键，添加“数值调节钮控件”，并调整大小和位置。如图 4－9 所示。

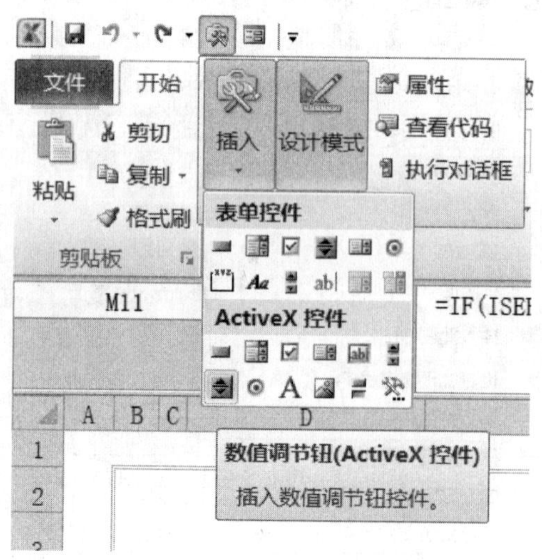

图 4－9　数值调节钮控件

鼠标右键选中“数值调节钮控件”，选择“设置控件格式”，在“设置控件格式”窗口“控制”页签中输入图4－10所示的数据，单元格链接确定为N5单元格，然后单击“确定”按钮。

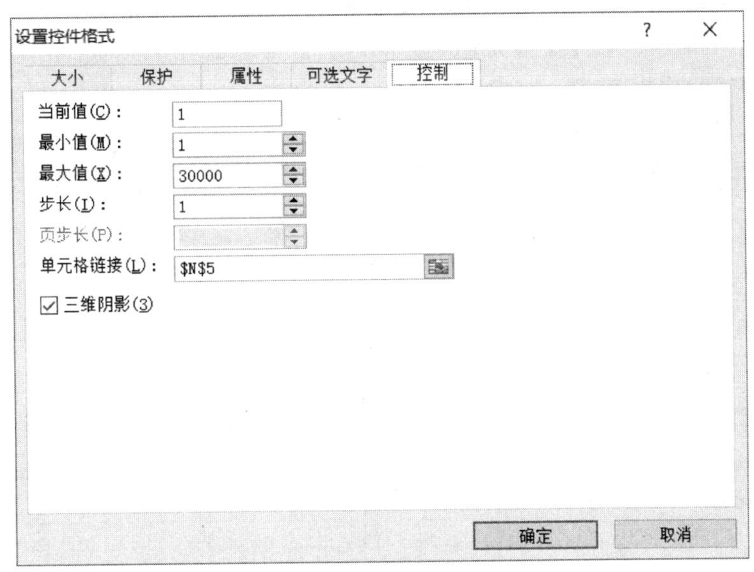

图4－10　控制按钮

在单元格中需要输入的公式如表4－1所示。

表4－1　各单元格对应的公式表

单元格	对应公式
J3	="页号：共"&ROUNDUP（（COUNTA（银行流水！A1：A3000）－1）/21，0）&"页"&"第"&N5&"页"
I29	=TEXT（NOW（），"[DBNum2]"　&"yyyy年m月d日"）
J30	=TEXT（NOW（），"AAAA"）

J3单元格填写的是当前打印的页号页序信息，COUNTA函数功能是统计区域中不为空单元格的数量，用来计算银行日记账的打印总页数（这里是按每页21条记录计算），ROUNDUP函数的功能是向上舍入数字，本例小数位为0，则相当于向上取整操作。&的作用是用来连接字符。

J29单元格填写的是当前打印日期，TEXT函数的功能是将数值转换为文本，NOW（）函数的功能是返回当前系统时间，[DBNum2]是自定义特殊格式，显示中文大写数字，与[DBNum2]相似，[DBNum1]是显示中文小写数字，“yyyy年m月d日”是显示日期的格式。

J30单元格填写的是当前打印日期的星期。

选中A7到K27区域，在编辑栏中输入“=OFFSET（银行流水！$A$7：$K$27，($N$5－1)＊21，0，)”，同时按下“Ctrl＋Shift＋Enter”这三个键，完成在A7：K27区域的数组公式输入。

OFFSET 函数的标准格式是“OFFSET（reference，rows，cols，[height]，[width]）”，是以指定的引用为参照系，通过给定偏移量得到新的引用。返回的引用可以为一个单元格或单元格区域。前三个参数 reference、rows、cols 是必填项，reference 是对单元格或相连单元格区域的引用，rows 和 cols 是相对于偏移量参照系的左上角单元格上（下）偏移的行数和列数。本例省略了第四、第五参数 height 或 width，返回区域与 reference 相同。

（三）编制银行周报表

编制图 4 - 11 所示的银行周报表。

银行出纳周报表

日期:2017年12月26日

项目		金额				备注
		本日	本周累计	本月累计	本年累计	
本日收入	货款收回					
	内部转入					
	保证金收入					
	存款					
	收回往来					
	其他收入					
	本日收入合计					
本日支出	采购支出					
	费用报销					
	工资性支出					
	税金支出					
	退还保证金					
	内部转出					
	取款					
	其他支出					
	本日支出合计					
昨日现金余额:			大写人民币：零元整			
本日现金余额:			大写人民币：零元整			

图 4 - 11　银行出纳周报表

各单元格对应的公式如表 4 - 2 所示。

表 4 - 2　　各单元格对应的公式表

单元格	对应公式
D8	= SUMPRODUCT（（银行流水！$B$7：$B$2000 = MONTH（$B$4））*（银行流水！$C$7：$C$2000 = DAY（$B$4））*（银行流水！$L$7：$L$2000 = $C8）*银行流水！$F$7：$F$2000）
E8	= SUMPRODUCT（（银行流水！$Q$7：$Q$2000 = WEEKNUM（$B$4））*（银行流水！$L$7：$L$2000 = $C8）*银行流水！$F$7：$F$2000）
F8	= SUMPRODUCT（（银行流水！$B$7：$B$2000 = MONTH（$B$4））*（银行流水！$L$7：$L$2000 = $C8）*银行流水！$F$7：$F$2000）

续表

单元格	对应公式
G8	= SUMPRODUCT（（银行流水！ $B$7：$B$2000 < = MONTH（$B$4））*（银行流水！ $C$7：$C$2000 < = DAY（$B$4））*（银行流水！ $L$7：$L$2000 = $C8）*银行流水！ $F$7：$F$2000）
D14	= SUM（D8：D13）
E14	= SUM（E8：E13）
F14	= SUM（F8：F13）
G14	= SUM（G8：G13）
D15	= SUMPRODUCT（（银行流水！ $B$7：$B$2000 = MONTH（$B$4））*（银行流水！ $C$7：$C$2000 = DAY（$B$4））*（银行流水！ $L$7：$L$2000 = 银行日报表！ $C15）*银行流水！ $H$7：$H$2000）
E15	= SUMPRODUCT（（银行流水！ $Q$7：$Q$2000 = WEEKNUM（$B$4））*（银行流水！ $L$7：$L$2000 = $C15）*银行流水！ $H$7：$H$2000）
F15	= SUMPRODUCT（（银行流水！ $B$7：$B$2000 = MONTH（$B$4））*（银行流水！ $L$7：$L$2000 = $C15）*银行流水！ $H$7：$H$2000）
G15	= SUMPRODUCT（（银行流水！ $B$7：$B$2000 < = MONTH（$B$4））*（银行流水！ $C$7：$C$2000 < = DAY（$B$4））*（银行流水！ $L$7：$L$2000 = $C15）*银行流水！ $H$7：$H$2000）
D23	= SUM（D15：D22）
E23	= SUM（E15：E22）
F23	= SUM（F15：F22）
G23	= SUM（G15：G22）
D24	= D25 - D14 + D23
E24	= "大写人民币：" &IF（D24 <0,"负",）&TEXT（TRUNC（ABS（D24））,"[DBNum2] G/通用格式"）&"元" &IF（ROUND（D24，3） = ROUND（D24,）,"整"，TEXT（RIGHT（TRUNC（D24 * 10），1）,"[DBNum2] G/通用格式"）&"角" &IF（ROUND（D24，3） = ROUND（D24，1）,"整"，TEXT（RIGHT（ROUND（（D24*100）,），1）,"[DBNum2] G/通用格式"）&"分"））
D25	= 银行流水！ J7 + G14 - G23
E25	= "大写人民币：" &IF（D25 <0,"负",）&TEXT（TRUNC（ABS（D25））,"[DBNum2] G/通用格式"）&"元" &IF（ROUND（D25，3） = ROUND（D25,）,"整"，TEXT（RIGHT（TRUNC（D25 * 10），1）,"[DBNum2] G/通用格式"）&"角" &IF（ROUND（D25，3） = ROUND（D25，1）,"整"，TEXT（RIGHT（ROUND（（D25*100）,），1）," [DBNum2] G/通用格式"）&"分"））

D8 单元格填写的是本日金额，公式为" = SUMPRODUCT（（银行流水！ $B$7：$B$2000 = MONTH（$B$4））*（银行流水！ $C$7：$C$2000 = DAY（$B$4））*（银行流水！ $L$7：$L$2000 = $C8）*银行流水！ $F$7：$F$2000）"，公式的编制思路是利用 SUMPRODUCT 函数将符合日期和项目的金额求和。SUMPRODUCT 函数的功能是将给定的数组间对应的元素相乘并返回乘积之和。

E8、F8、G8、D15、E15、F15、G15 单元格的公式设置思路与 D8 单元格的公式设置思路基本相同。

E24 单元格填写的是凭证大写金额，公式为“ ="大写人民币:" &IF (D24 < 0, "负",) &TEXT (TRUNC (ABS (D24)),"[DBNum2] G/通用格式") &"元" &IF (ROUND (D24, 3) =ROUND (D24,),"整", TEXT (RIGHT (TRUNC (D24*10), 1), "[DBNum2]G/通用格式") &"角" &IF (ROUND (D24, 3) =ROUND (D24, 1),"整", TEXT (RIGHT (ROUND ((D24*100),), 1),"[DBNum2] G/通用格式") &"分"))”，公式编制思路是将大写金额分为整数和小数部分分开处理，然后用“&”将各部分连接起来。首先用 IF 函数判断金额的正负，对 D24 单元格数据进行绝对值（ABS 函数）处理后取整（TRUNC 函数的功能是截去小数部分），再利用 TEXT 函数将数字转为文本，[dbnum2] 的功能是将数字转中文大写，然后再用 IF 函数进行角和分的判断，利用 ROUND 函数依次判断角和分是否为零，不为零则利用 RIGHT 函数分别截取出角分的大写数值。

E25 单元格填写的是凭证大写金额，公式编制思路与 E24 单元格的公式编制思路基本相同。

（四）编制银行日报表

编制图 4－12 所示的银行日报表。

银行出纳日报表

日期:2017年12月31日

项目		金额			备注
		本日	本月累计	本年累计	
本日收入	货款收回				
	内部转入				
	保证金收入				
	存款				
	收回往来				
	其他收入				
	本日收入合计				
本日支出	采购支出				
	费用报销				
	工资性支出				
	税金支出				
	退还保证金				
	内部转出				
	取款				
	其他支出				
	本日支出合计				
昨日现金余额:			大写人民币：零元整		
本日现金余额:			大写人民币：零元整		

图 4－12　银行出纳日报表

银行日报表各单元格对应的公式如表 4－3 所示。

表 4-3 **各单元格对应的公式表**

单元格	对应公式
D8	=SUMPRODUCT((银行流水! $B$7:$B$2000 = MONTH($B$4))*(银行流水! $C$7:$C$2000 = DAY($B$4))*(银行流水! $L$7:$L$2000 = $C8)*银行流水! $F$7:$F$2000)
E8	=SUMPRODUCT((银行流水! $B$7:$B$2000 = MONTH($B$4))*(银行流水! $C$7:$C$2000 < = DAY(银行日报表! $B$4))*(银行流水! $L$7:$L$2000 = $C8)*银行流水! $F$7:$F$2000)
F8	=SUMPRODUCT((银行流水! $B$7:$B$2000 < = MONTH(银行日报表! $B$4))*(银行流水! $C$7:$C$2000 < = DAY(银行日报表! $B$4))*(银行流水! $L$7:$L$2000 = 银行日报表! $C8)*银行流水! $F$7:$F$2000)
D14	=SUM(D8:D13)
E14	=SUM(E8:E13)
F14	=SUM(F8:F13)
D15	=SUMPRODUCT(银行流水! $B$7:$B$2000 = MONTH(银行日报表! $B$4))*(银行流水! $C$7:$C$2000 = DAY(银行日报表! $B$4))*(银行流水! $L$7:$L$2000 = 银行日报表! $C15)*银行流水 $H$7:$H$2000)
E15	=SUMPRODUCT((银行流水! $B$7:$B$2000 = MONTH(银行日报表! $B$4))*(银行流水! $C$7:$C$2000 < = DAY(银行日报表! $B$4))*(银行流水! $L$7:$L$2000 = 银行日报表! $C15)*银行流水! $H$7:$H$2000)
F15	=SUMPRODUCT((银行流水! $B$7:$B$2000 < = MONTH(银行日报表! $B$4))*(银行流水! $C$7:$C$2000 < = DAY(银行日报表! $B$4))*(银行流水! $L$7:$L$2000 = 银行日报表! $C15)*银行流水! $H$7:$H$2000)
D23	=SUM(D15:D22)
E23	=SUM(E15:E22)
F23	=SUM(F15:F22)
D24	=D25 - D14 + D23
E24	-"大写人民币:"&IF(D24<0,"负",)&TEXT(TRUNC(ABS(D24)),"[DBNum2]G/通用格式")&"元"&IF(ROUND(D24,3)=ROUND(D24,),"整",TEXT(RIGHT(TRUNC(D24*10),1),"[DBNum2]G/通用格式")&"角"&IF(ROUND(D24,3)=ROUND(D24,1),"整",TEXT(RIGHT(ROUND((D24*100),),1),"[DBNum2]G/通用格式")&"分"))
D25	=银行流水! J7 + G14 - G23
E25	="大写人民币:"&IF(D25<0,"负",)&TEXT(TRUNC(ABS(D25)),"[DBNum2]G/通用格式")&"元"&IF(ROUND(D25,3)=ROUND(D25,),"整",TEXT(RIGHT(TRUNC(D25*10),1),"[DBNum2]G/通用格式")&"角"&IF(ROUND(D25,3)=ROUND(D25,1),"整",TEXT(RIGHT(ROUND((D25*100),),1),"[DBNum2]G/通用格式")&"分"))

由于银行日报表的结构和各单元格的公式设置思路与银行周报表各单元格的公式设置思路基本相同，这里就不多介绍了。

第五章　会计岗位

一、会计岗位的岗位职责

（1）负责记好行政方面的财务总账及各种明细账目。做到手续完备、数字准确、书写整洁、登记及时、账面清楚。

（2）负责编制月、季、年终决算和其他方面有关报表。

（3）协助经理编制并执行预算。

（4）认真审核原始凭证，对违反规定或不合格的凭证应拒绝入账。要严格掌握开支范围和开支标准。

（5）定期核对固定资产账目，做到账物相符。

（6）上级财务机关检查工作时要及时提供资料和反映情况。

（7）每月以书面形式向经理汇报财务情况，当好经理参谋，发挥财务监督作用。

（8）定期装订会计凭证、账簿、表册等，妥善保管和存档。当年会计档案由会计人员保管，往年会计档案由档案室保管。

（9）协助出纳做好工资、奖金的发放工作。

（10）负责掌管财务印章，严格控制支票的签发。

（11）按期填报审计报表，认真自查，按时报送会计资料。

（12）加强安全防范意识和安全防范措施，严格执行财务管理方面的安全制度，确保不出安全问题。

二、会计岗位职业能力

（1）熟悉专业知识和相关政策法规，有一定的法律学、经济学、管理学及营销学等方面知识。

（2）有良好的职业道德，工作认真踏实、谨慎细致，思维敏捷，逻辑分析能力强，对数字敏感，记忆力好。

（3）有较强的社交能力，吸收信息快，懂沟通，善学习，求上进。

（4）遵守法制，忠于企业。

三、会计岗位典型工作

（1）审核原始票据。
（2）编制会计分录和记账凭证。
（3）登记明细账。
（4）编制费用明细表。
（5）登记总账。
（6）编制科目汇总表。
（7）编制往来账项表。

四、工作任务

（1）编制会计科目表。
（2）编制现金流量项目表。
（3）编制凭证序时工作表。
（4）编制科目余额表。
（5）编制记账凭证打印模板。

五、工作实践

（一）编制会计科目表

依据现行会计制度和会计准则要求，北京宇科电器有限公司会计科目资料如表5－1所示。

总账科目和明细科目可根据实际工作需要自行增减或修改，但科目之间不可有空单元格。表5－1中的会计科目信息为了方便计算只整理到二级科目，三级科目也归集到二级科目来表示，如库存商品下没有设半成品，而是直接将双杆挂烫机主机表示为半成品（双杆挂烫机主机）科目。

表5－1　　北京宇科电器有限公司会计科目表

总账科目	明细科目
库存现金	
银行存款	交通银行北京马连道支行、交通银行北京西城支行
其他货币资金	存出投资款、银行汇票存款
交易性金融资产	科创信息（成本）、科创信息（公允价值变动）
应收票据	北京宏运电器商城有限公司、北京鑫鑫贸易有限公司、上海艾思玛商贸有限公司

续表

总账科目	明细科目
应收账款	江苏诚鑫电器商城有限公司、北京瑞华贸易有限公司、上海腾隆商贸有限公司、福建景泰实业有限公司、北京福兴隆百货有限公司、厦门峻志达进出口贸易有限公司
预付账款	北京鑫阳化工建材有限公司、北京荣华包装制品有限公司、广州富华实业有限公司
坏账准备	
其他应收款	陆欣艳、潘阳、杨玉华、李立炫
应收股利	
应收利息	
材料采购	ABS 树脂、聚丙烯、色漆、纤维编织软管、波纹金属软管、滚轮、二段可调支撑单杆、三段可调支撑双杆、烫衣板、电源线、铝合金发热器、全铜发热器、智能温控器、过载熔断器
原材料	ABS 树脂、聚丙烯、色漆、纤维编织软管、波纹金属软管、滚轮、二段可调支撑单杆、三段可调支撑双杆、烫衣板、电源线、铝合金发热器、全铜发热器、智能温控器、过载熔断器、喷头、增粘剂、固化剂、衣架、毛刷、304 不锈钢板
周转材料	PE 保护膜、保利龙、包装箱、低值易耗品（鞋套）、低值易耗品（手套）、低值易耗品（防尘衣）
材料成本差异	
库存商品	单杆挂烫机、双杆挂烫机、半成品（单杆挂烫机机身外壳）、半成品（双杆挂烫机机身外壳）、半成品（单杆挂烫机主机）、半成品（双杆挂烫机主机）
存货跌价准备	
持有至到期投资	
持有至到期投资减值准备	
可供出售金融资产	
可供出售金融资产减值准备	
长期股权投资	
长期股权投资减值准备	
投资性房地产	3#办公楼（成本）
长期应收款	北京米娅商贸有限公司
未实现融资收益	
固定资产	房屋建筑物、生产设备、运输设备、管理设备、生产设备（注塑机）、生产设备（塑化机）、房屋建筑物（3#办公楼）
累计折旧	
固定资产减值准备	
固定资产清理	
在建工程	
无形资产	土地使用权、专利权、非专利技术
累计摊销	

续表

总账科目	明细科目
无形资产减值准备	土地使用权、专利权
递延所得税资产	应收账款、广告费
短期借款	
应付票据	北京凯翔实业有限公司
应付账款	天津亿丰电子科技有限公司、上海益达辅料有限公司、北京金科房地产开发有限公司
预收账款	上海金茂实业有限公司、北京金丰祥电器有限公司、广州贝倚电器商行有限公司
应付职工薪酬	短期薪酬（工资）、短期薪酬（工会经费）、短期薪酬（住房公积金）、短期薪酬（医疗保险）、短期薪酬（工伤保险）、短期薪酬（生育保险）、离职后福利（养老保险）、离职后福利（失业保险）、短期薪酬（职工福利费）、短期薪酬（职工教育经费）
应交税费	应交增值税（进项税额）、应交增值税（销项税额）、应交增值税（转出未交增值税）、应交所得税、应交个人所得税、未交增值税、应交城市维护建设税、应交教育费附加、应交地方教育附加、待抵扣进项税额、应交增值税（进项税额转出）、转让金融商品应交增值税
应付股利	
其他应付款	
长期借款	
长期应付款	
预计负债	
递延所得税负债	
实收资本	
资本公积	资本溢价、其他资本公积
盈余公积	法定盈余公积
本年利润	
利润分配	未分配利润、提取法定盈余公积
生产成本	单杆挂烫机机身外壳（直接材料）、单杆挂烫机机身外壳（直接人工）、单杆挂烫机机身外壳（制造费用）、双杆挂烫机机身外壳（直接材料）、双杆挂烫机机身外壳（直接人工）、双杆挂烫机机身外壳（制造费用）、单杆挂烫机主机（直接材料）、单杆挂烫机主机（直接人工）、单杆挂烫机主机（制造费用）、双杆挂烫机主机（直接材料）、双杆挂烫机主机（直接人工）、双杆挂烫机主机（制造费用）、单杆挂烫机（直接材料）、单杆挂烫机（直接人工）、单杆挂烫机（制造费用）、双杆挂烫机（直接材料）、双杆挂烫机（直接人工）、双杆挂烫机（制造费用）
制造费用	第一车间（低值易耗品）、第二车间（低值易耗品）、第三车间（低值易耗品）、第一车间（职工薪酬）、第二车间（职工薪酬）、第三车间（职工薪酬）、第一车间（职工福利费）、第二车间（职工福利费）、第三车间（职工福利费）、第一车间（职工教育经费）、第二车间（职工教育经费）、第三车间（职工教育经费）、第一车间（折旧）、第二车间（折旧）、第三车间（折旧）、第一车间（水电费）、第二车间（水电费）、第三车间（水电费）
营业外支出	
投资收益	
公允价值变动损益	

续表

总账科目	明细科目
销售费用	运输费、差旅费、广告费、职工薪酬、职工福利费、职工教育经费、折旧费、水电费
财务费用	手续费、利息收入、利息支出
管理费用	办公费、招待费、通讯费、无形资产摊销、顾问费、职工薪酬、职工福利费、职工教育经费、折旧费、水电费、研发费用
主营业务收入	单杆挂烫机、双杆挂烫机
研发支出	费用化支出
主营业务成本	单杆挂烫机、双杆挂烫机
待处理财产损溢	待处理流动资产损溢
资产减值损失	
其他综合收益	
税金及附加	城市维护建设税、教育费附加、地方教育附加
所得税费用	

将表 5 - 1 中的会计科目信息录入到 Excel 2010 表格中，如图 5 - 1 所示。

注：以下明细科目可根据需要自行增减或修改。

总账科目	明细科目1	明细科目2	明细科目3	明细科目4	明细科目5
库存现金					
银行存款	交通银行北	交通银行北京西城支行			
其他货币资金	存出投资款	银行汇票存款			
交易性金融资产	科创信息(成	科创信息(公允价值变动)			
应收票据	北京宏运电	北京鑫鑫贸	上海艾思玛商贸有限公司		
应收账款	江苏诚鑫电	北京瑞华贸	上海腾隆商	福建景泰实	北京福兴隆

图 5 - 1　会计总账科目表

编制方法：

会计科目整理表中的总账科目列的数据可以直接复制到 Excel 表中，明细科目列的数据较多，逐个录入到 Excel 表中费时费力，我们可以将这部分数据复制到一个 word 文档中，然后进行“选择性粘贴”，粘贴选项为只保留文本。如图 5 - 2 所示。

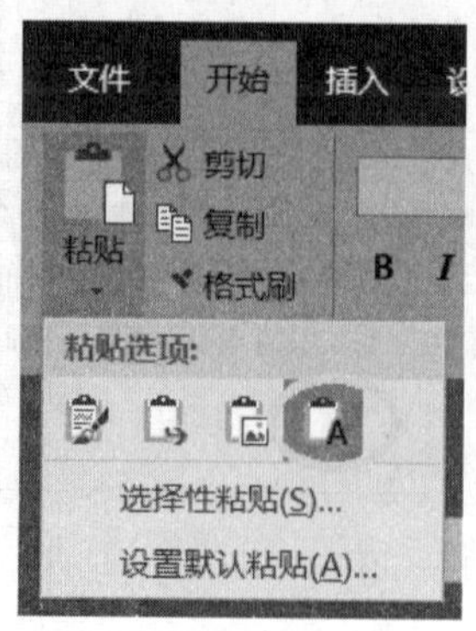

图 5 - 2　复制粘贴

选择全部文本，执行“插入”菜单下的表格功能中的“将文本转换成表格”命令，“文字分隔位置”选择其他字符，并输入顿号，单击“确定”按钮，所有文本都变成了表格，然后将表格复制到 Excel 表中即可。如图 5－3 所示。

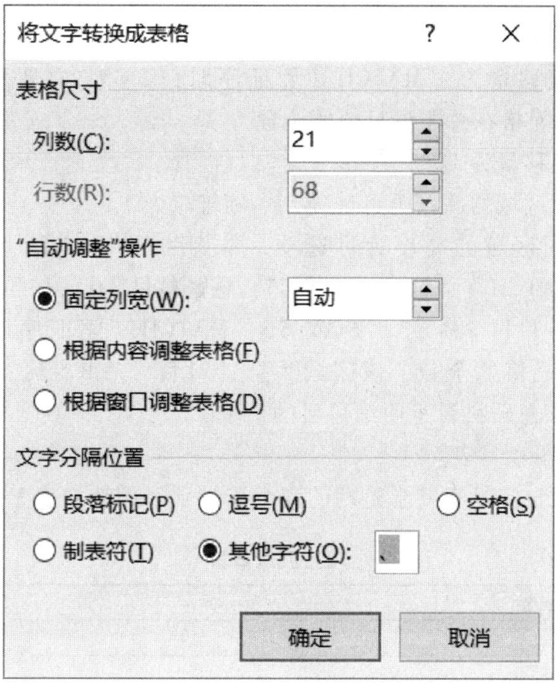

将文字转换成表格　?　×

表格尺寸

列数(C):　21

行数(R):　68

“自动调整”操作

◉ 固定列宽(W):　自动

○ 根据内容调整表格(F)

○ 根据窗口调整表格(D)

文字分隔位置

○ 段落标记(P)　○ 逗号(M)　○ 空格(S)

○ 制表符(T)　◉ 其他字符(O):　、

确定　取消

图 5－3　文字转换

会计科目整理完成以后，单击“公式”菜单下的“定义名称”，在“编辑名称”窗口中，将“名称”设置为“总账科目”，“引用位置”设置为“＝会计科目！ $A$4：$A$71”，单击“确定”按钮设置完成。如图 5－4 所示。

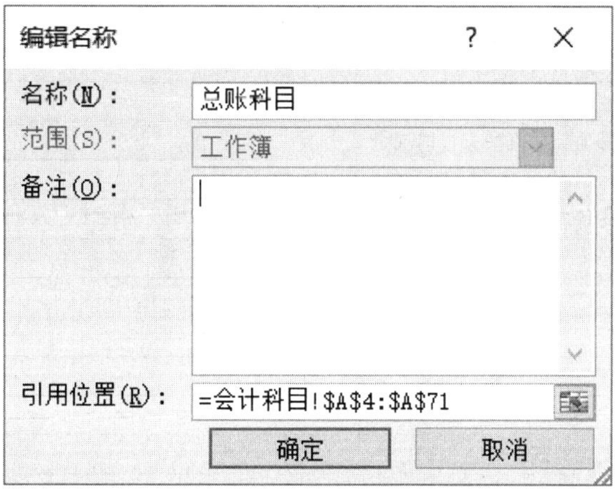

编辑名称　?　×

名称(N)：总账科目

范围(S)：工作簿

备注(O)：

引用位置(R)：=会计科目!$A$4:$A$71

确定　取消

图 5－4　编辑名称

同样的方法设置明细科目，在“编辑名称”窗口中，“名称”设置为“明细科目”，“引用位置”设置为“＝OFFSET（会计科目！ $A$3，MATCH（凭证序时！ $G5，总账科目，0)，1，COUNTA（OFFSET（会计科目！ $B$3：$AY$3，MATCH（凭证序时！ $G5，总账科目，0)，)))”。

公式说明：

第一个参数，OFFSET 函数以指定的引用（会计科目！ $A$3 单元格）为参照系，通过给定偏移量得到新的引用。

第二个参数，行偏移量为“MATCH（凭证序时！ $G5，总账科目，0)”，即计算出“凭证序时！ $G5”单元格在总账科目中的位置。

第三个参数，列偏移量为 1。

第四个参数，引用区域的高度为可选项，本例省略为 1。

第五个参数，引用区域的高度为可选项，本例为“COUNTA（OFFSET（会计科目！ $B$3：$AY$3，MATCH（凭证序时！ $G5，总账科目，0)，))”，COUNTA 函数计算区域“OFFSET（会计科目！ $B$3：$AY$3，MATCH（凭证序时！ $G5，总账科目，0)，)”中不为空的单元格的个数，该区域为会计科目“$B$3：$AY$3 中凭证序时！ $G5”所在的行，即该总账科目下明细科目的个数。

（二）编制现金流量项目表

根据我国现行的现金流量表要求整理的现金流量项目信息如表 5-2 所示。

表 5-2　　现金流量项目

现金流量项目
销售商品、提供劳务收到的现金
收到的税费返还
收到其他与经营活动有关的现金
购买商品、接受劳务支付的现金
支付给职工以及为职工支付的现金
支付的各项税费
支付其他与经营活动有关的现金
收回投资收到的现金
取得投资收益收到的现金
处置固定资产、无形资产和其他长期资产收回的现金净额
处置子公司及其他营业单位收到的现金净额
收到其他与投资活动有关的现金
购建固定资产、无形资产和其他长期资产支付的现金
投资支付的现金
取得子公司及其他营业单位支付的现金净额
支付其他与投资活动有关的现金
吸收投资收到的现金
取得借款收到的现金
收到其他与筹资活动有关的现金
偿还债务支付的现金
分配股利、利润或偿付利息支付的现金
支付其他与筹资活动有关的现金

将表 5-2 中的现金流量项目录入现金流量项目工作表中后，设置现金流量名称，方法与会计科目相同，如图 5-5 所示。

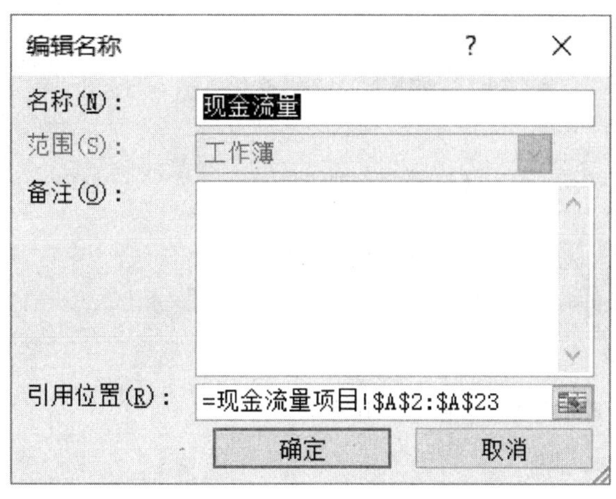

图 5－5 编辑名称

（三）编制凭证序时工作表

企业可以按自己的实际情况，编制适合实际工作要求的凭证序时工作表，我们以北京宇科电器有限公司的凭证序时工作表编制工作为例，编制完成后的凭证序时工作表如图 5－6 所示。

2017年12月

2017

记 账 凭 证

财务期间：2017年12月

财务负责人	公司名称：	北京宇科电器有限公司						试算平衡：	借贷平衡		
悟净	凭证字	凭证号	月	日	摘要	会计科目		借方金额	贷方金额	附件张数	现金流量
复核人						总账科目	明细科目				
悟空		1	12	1	债务重组	固定资产	生产设备——注塑机	209,600.00		2	
制表人		1	12	1	债务重组	应交税费	应交增值税——进项税额	35,632.00			
悟能		1	12	1	债务重组	银行存款	交通银行北京马连道支行	20,000.00			
单位负责人	收	1	12	1	债务重组	坏账准备		17,790.00			
唐僧	收	1	12	1	债务重组	营业外支出		13,478.00			
		1	12	1	债务重组	应收账款	北京瑞华贸易有限公司		296,500.00		
		2	12	4	出售部分股票	其他货币资金	存出投资款	296,000.00		6	
		2	12	4	出售部分股票	交易性金融资产	科创信息——公允价值变动	20,000.00			
		2	12	4	出售部分股票	交易性金融资产	科创信息——成本		310,000.00		
		2	12	4	出售部分股票	投资收益			6,000.00		

图 5－6 记账凭证

A1 单元格输入“北京宇科电器有限公司”财务期间的日期，本例为“2017 年 12 月”。

A2 单元格输入“ =LEFT（A1，4）”，LEFT 函数是取 A1 单元格的左边四位，计算结果是该财务期间的年份。

B2 单元格输入“ ="财务期间:"& 凭证序时！A1”，“&”的作用是将两个文本内容连起来，即在财务期间前加上文本“财务期间:”。

I3 单元格输入“ =IF（AND（SUM（I6：I10000）－SUM（J6：J10000）> = －0.0001,SUM（I6：I10000）－SUM（J6：J10000）< =0.0001),"借贷平衡","借贷不平衡，差异"&SUM（I6：I10000）－SUM（J6：J10000))”。

公式说明：

I3 单元格用逻辑函数 IF 判断是否借贷平衡？计算过程将全部借方发生额和贷方发生额分别求和，并计算两者的差额，理论上如果为零，则借贷平衡；否则借贷不平衡。由于函数计算经常会出现尾差，所以本例计算精确到 0.0001。

将总账科目、明细科目和现金流量所在列单元格分别设置数据有效性为总账科目、明细科目和现金流量。如图 5－7 所示。

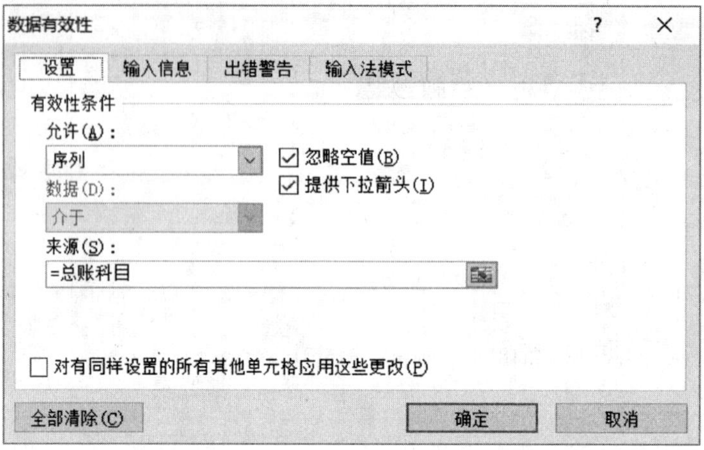

图 5－7　数据有效性

然后通过下拉复制的方式将该列单元格全部设置成相同的数据有效性设置。

M6 单元格输入“=IF（COUNTIF（$C$6：C60000，C6）<9,"","请手动分页打印!")”，并进行下拉复制操作。该公式主要是用来判断该经济业务进行会计处理完成后的分录数量是否小于 9，如果小于 9 则该凭证可以在一张记账凭证中打印完成，否则须分页打印。“COUNTIF（$C$6：C60000，C6)”的计算内容就是在 C 列对等于 C6 的单元格进行计数。

表格结构设计完成后，就可以进行凭证的录入了，由于 A 列单元格为辅助单元格，我们可以将其进行隐藏处理，具体操作方法是用鼠标右键选中 A 列单元格，在下拉菜单当中选择隐藏即可。

（四）编制科目余额表

编制图 5－3 所示的科目余额表。

表 5－3　科目余额表

北京宇科电器有限公司　　2017 年 12 月　　单位：元

科目名称	期初余额	本期发生额		方向	期末余额
		借方	贷方		
库存现金				借	
银行存款				贷	
其他货币资金					
交易性金融资产					
应收票据					
应收账款					
预付账款					
坏账准备					
其他应收款					
……					

为计算期初余额应在 I4 到 U91 区域按列填写上年 12 月和本年 12 个月的科目余额。各单元格对应的公式如表 5－4 所示。

表 5 – 4　　各单元格对应的公式表

单元格	对应公式
B3	= 凭证序时！ D3
D3	= 凭证序时！ A1
C6	= HLOOKUP(MONTH($ D $ 3) – 1, $ 1 $ 5: $ U $ 91, ROW(A2))
D6	= SUMIF(凭证序时！ $ G $ 6: $ G $ 10000, 科目余额表！ $ B6, 凭证序时！ $ I $ 6: $ I $ 10000)
E6	= SUMIF(凭证序时！ $ G $ 6: $ G $ 10000, 科目余额表！ $ B6, 凭证序时！ $ J $ 6: $ J $ 10000)
G6	= IF(F6 = "借", C6 + D6 – E6, C6 + E6 – D6)
G93	= IF(ABS(SUMIF($ F $ 6: $ F $ 90, "借", C6:C90) – SUMIF($ F $ 6: $ F $ 90, "贷", C6:C90)) < = 0.0001, "试算平衡", "试算不平衡, 借贷差异" &SUMIF($ F $ 6:SF $ 90, "借", C6:C90) – SUMIF($ F $ 6: $ F $ 90, "贷", C6:C90) &"元")
G94	= IF(ABS(D91 – E91) < = 0.0001, "试算平衡", "试算不平衡, 借贷差异" &D91 – E91&"元")
G95	= IF(ABS(SUMIF($ F $ 6: $ F $ 90, "借", G6:G90) – SUMIF($ F $ 6: $ F $ 90, "贷", G6:G90)) < = 0.0001, "试算平衡", "试算不平衡, 借贷差异" &SUMIF($ F $ 6:SF $ 90, "借", G6:G90) – SUMIF ($ F $ 6: $ F $ 90, "贷", G6:G90) &"元")

公式说明：

B3 填写公司的名称。

D3 填写当前的会计期间。

C6 填写相应会计科目的期初余额，公式为“ = HLOOKUP（MONTH（ $ D $ 3） – 1, $ I $ 5： $ U $ 91，ROW（A2））”，HLOOKUP 函数的功能与 VLOOKUP 函数相类似，只是 VLOOKUP 函数是横向查找，而 HLOOKUP 函数是纵向查找。

D6 和 E6 单元格是利用 SUMIF 函数对本期借贷方发生额进行条件求和。该函数的标准格式是“SUMIF（range，criteria［sum_range］）”，前两个参数 range 和 criteria 是必填项，分别计算区域和确定的条件，第三个参数 sum_range 可选，如果省略，则对 range 参数中指定的单元格进行求和计算。

C6 单元格是根据借贷方向利用逻辑函数 IF 进行期末余额计算。

G93 单元格是用来判断期初余额是否平衡，是对期初余额按借贷方向分别进行条件求和，并对差额进行绝对值处理。如果差额近似等于零，则试算平衡；否则提示试算不平衡及借贷方的差额。

G94 单元格是用来判断本期发生额是否平衡。如果本期发生额的借贷方余额的差额近似等于零，则试算平衡；否则提示试算不平衡及借贷方的差额。

G95 单元格是用来判断期末余额是否平衡，是对期末余额按借贷方向分别进行条件求和，并对差额进行绝对值处理。如果差额近似等于零，则试算平衡；否则提示试算不平衡及借贷方的差额。

（五）编制记账凭证打印模板

编制如图 5 – 8 所示的记账统凭打印模板。

记　账　凭　证

2017年12月1日

公司名称：北京宇科电器有限公司　　　　凭证号：1

	摘要	会计科目		借方金额	贷方金额	
		总账科目	明细科目			
1	债务重组	固定资产	生产设备——注塑机	209,600.00		附件
2	债务重组	应交税费	应交增值税——进项税额	35,632.00		
3	债务重组	银行存款	交通银行北京马连道支行	20,000.00		
4	债务重组	坏账准备		17,790.00		2
5	债务重组	营业外支出		13,478.00		张
6	债务重组	应收账款	北京瑞华贸易有限公司		296,500.00	
7						
8						
	合计：贰拾玖万陆仟伍佰元整			296,500.00	296,500.00	

会计主管：悟净　　过账：　　复核：悟空　　制单：悟能

图 5－8　记账凭证

B7：B15 单元格分别填入 0、1、2、3、4、5、6、7、8 数字，由于这些单元格为辅助计算单元格，因此可将字体设置为白色。

各单元格对应的公式如表 5－5 所示。

表 5－5　　各单元格对应的公式表

单元格	对应公式
C4	= DATE(凭证序时！ $A$2, IF(COUNTIF(凭证序时！ $C$6: $C$10000, $H$5) - $B7 > 0, OFFSET(凭证序时！ $D$5, MATCH($H$5, 凭证序时！ $C$6: $C$10000, 0) + $B7, 0), 0), IF(COUNTIF(凭证序时！ $C$6: $C$10000, $H$5) - $B7 > 0, OFFSET(凭证序时！ $E$5, MATCH($H$5, 凭证序时！ $C$6: $C$10000, 0) + $B7, 0), 0))
C5	= "公司名称:" & 凭证序时！ D3
C8	= IF(COUNTIF(凭证序时！ $C$6: $C$10000, $H$5) - $B7 > 0, OFFSET(凭证序时！ $F$5, MATCH($H$5, 凭证序时！ $C$6: $C$10000, 0) + $B7, 0) & "", 0)
C16	= IF(ABS(G16 - J16) < = 0.0001, G16, 0)
D16	= "合计:" &IF(C16 < 0, "负",) &SUBSTITUTE(SUBSTITUTE(TEXT(INT(ABS(C16)), "[dbnum2]") & "元" &SUBSTITUTE(SUBSTITUTE(SUBSTITUTE(TEXT(RIGHT(TEXT(C16, ".00"), 2), "[dbnum2]0 角 0 分"), "零角", "零"), "零分", "整"), "零整", "整"), "零元零",), "零元",)
E8	= IF(COUNTIF(凭证序时！ $C$6: $C$10000, $H$5) - $B7 > 0, OFFSET(凭证序时！ $F$5, MATCH($H$5, 凭证序时！ $C$6: $C$10000, 0) + $B7, 1) & "", 0)
F8	= IF(COUNTIF(凭证序时！ $C$6: $C$10000, $H$5) - $B7 > 0, OFFSET(凭证序时！ $F$5, MATCH($H$5, 凭证序时 $C$6: $C$10000, 0) + $B7, 2) & "", 0)

续表

单元格	对应公式
G8	=IF(COUNTIF(凭证序时！$C$6:$C$10000,$H$5)-$B7>0,OFFSET(凭证序时！$F$5,MATCH($H$5,凭证序时$C$6:$C$10000,0)+$B7,3),0)
G16	=IF(ISERROR(SUM(G8:I15)),0,SUM(G8:I15))
J5	=IF(ISERROR(VLOOKUP($H$5,凭证序时！$C$4:$N$10000,10,0)),"",VLOOKUP($H$5,凭证序时！$C$4:$N$10000,11,0))
J8	=IF(COUNTIF(凭证序时！$C$6:$C$10000,$H$5)-$B7>0,OFFSET(凭证序时！$F$5,MATCH($H$5,凭证序时！$C$6:$C$10000,0)+$B7,4),0)
J16	=IF(ISERROR(SUM(J8:L15)),0,SUM(J8:L15))
M11	=IF(ISERROR(VLOOKUP($H$5,凭证序时！$C$4:$K$10000,9,0)),"",VLOOKUP($H$5,凭证序时！$C$4:$K$10000,9,0))

公式说明：

C4单元格填写凭证日期，DATE函数格式是“DATE（year，month，day）”，三个参数都是必填项，分别是年、月、日，年取的是“凭证序时$A$2”数据；月份是应用“IF（COUNTIF（凭证序时！$C$6：$C$10000，$H$5）-$B7>0，OFFSET（凭证序时！$D$5，MATCH（$H$5，凭证序时！$C$6：$C$10000，0）+$B7，0），0）”计算的，IF函数判断的是每一笔经济业务的分录数量（用COUNTIF函数统计H5单元格所指示的凭证号），如果大于B7到B15辅助计算单元格的值，则本行增加一条分录，如果小于B7到B15辅助计算单元格的值，则OFFSET和MATCH函数定位到该分录的月份数，日期是应用“IF（COUNTIF（凭证序时！$C$6：$C$10000，$H$5）-$B7>0，OFFSET（凭证序时！$E$5，MATCH（$H$5，凭证序时！$C$6：$C$10000，0）+$B7，0），0）”计算的，计算原理与月份的计算相同。

C5单元格填写公司名称，引用的是凭证序时工作表D3单元格数据。

C8单元格填写摘要，其函数的应用原理与凭证日期基本相同，COUNTIF函数统计凭证号的数量，即分录的数量，OFFSET和MATCH函数定位到该分录的摘要单元格，唯一的区别是增加了文本连接空，这是为了让计算结果为空值时单元格显示空白。

C16单元格填写借贷方金额差，借贷方金额差的绝对值近似于零则等于借方金额。

D16单元格填写凭证大写金额，公式为“="合计:"&IF(C16<0"负")&SUBSTITUTE(SUBSTITUTE(TEXT(INT(ABS(C16))"[dbnum2]")&"元"&SUBSTITUTE(SUBSTITUTE(SUBSTITUTE(TEXT(RIGHT(TEXT(C16".00"),2),"[dbnum2]0角0分"),"零角","零"),"零分","整"),"零整","整"),"零元零",),"零元",)”，公式编制思路为将大写金额分为整数和小数等部分并分开处理，然后用"&"将各部分连接起来。首先用IF函数判断金额的正负，对C16单元格数据进行绝对值（ABS函数）处理后取整（INT函数），再利用TEXT函数将数字转为文本，[dbnum2]的功能是将数字转中文大写，小数部分按“0角0分”的格式显示，然后再用SUBSTITUTE函数进行文本替换，如果出现“零角”、“零分”、“零整”分别用“零”、“整”替换，如果出现“零元零”则用“零元”替换。

E8、F8、G8、J8单元格的函数功能与C8单元格的函数功能结构相同，分别取总账科目、明细科目和借贷方金额。D8、E8、F8、G8、J8 单元格可进行下拉复制处理。

G16 和 J16 单元格的功能和函数结构相同，分别计算借贷方金额的合计数，并利用 ISERROR 函数进行了容错处理。

J5 单元格是利用 IF 函数判断该经济业务的分录数是否超过 8 条，用以提示该凭证不能在一张凭证内处理，需手动分页打印。

M11 单元格填写附件张数，用 VLOOKUP 函数在凭证序时表中取数，并用 ISERROR 函数进行容错处理。

控件设置方法是，单击快速访问工具栏当中的“控件”按钮，选择“插入”，找到数值调节钮控件，这时鼠标指针变成十字形状，拖动鼠标，添加数值调节钮控件并调整大小和位置。如图 5－9 所示。

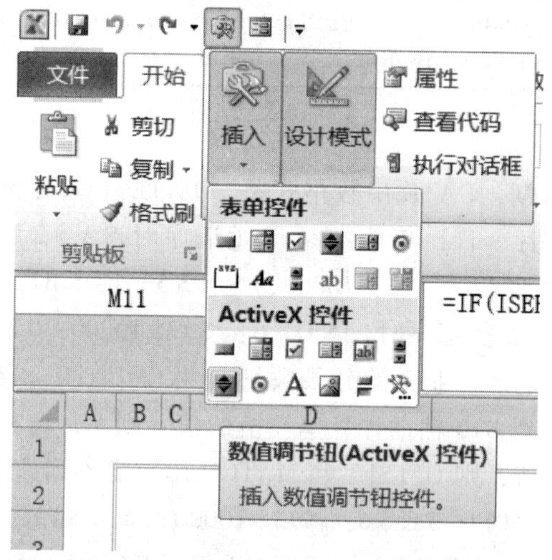

图 5－9　数值调节钮

鼠标右键选中“数值调节钮控件”，选择“设置控件格式”，在“设置控件格式”窗口中“控制”页签中输入如图 5－10 所示的数据，单元格链接确定为 H5 单元格，然后单击“确定”按钮。

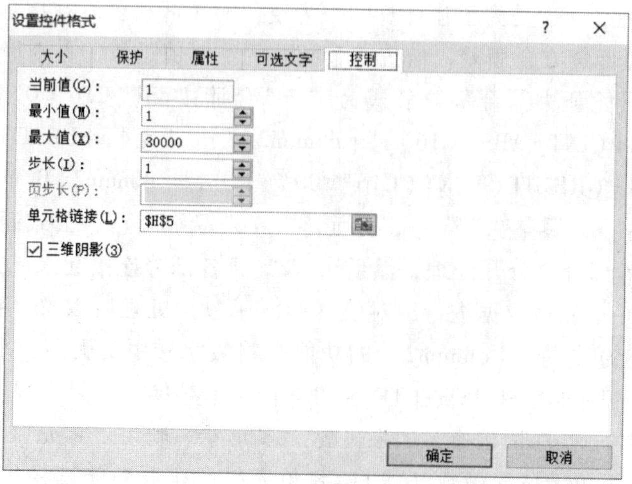

设置控件格式

大小　保护　属性　可选文字　控制

当前值(C)：1

最小值(M)：1

最大值(X)：30000

步长(I)：1

页步长(P)：

单元格链接(L)：$H$5

☑ 三维阴影(3)

确定　取消

图 5－10　设置控件

第六章　成本会计岗位

一、成本会计岗位职责

(1) 负责编制成本及费用预算方案。
(2) 审核成本支出。
(3) 进行成本计算、费用归集管理。
(4) 负责成本汇总和决算工作。
(5) 对成本相关业务编制记账凭证。
(6) 根据产品的成本核算表登记成本明细账。
(7) 登记半成品明细账，月末与半成品库核对，保证账实一致。
(8) 登记产成品明细账，月末与销售分企业成品库核对，保证账实一致。
(9) 定期核对产成品、半成品明细账的余额和总分类账的余额。
(10) 进行成本分析，编制成本分析表。
(11) 组织存货盘点工作。

二、成本会计岗位能力

(1) 具备编制成本及费用预算方案的能力。
(2) 熟悉会计制度和财政部门对各项费用开支的有关规定。
(3) 能准确归集各项成本费用。
(4) 熟练掌握成本计算方法。
(5) 具备成本分析能力。
(6) 具备组织存货盘点能力。
(7) 熟练掌握成本相关账务处理能力。

三、成本会计岗位典型工作

(1) 编制成本及费用预算方案。

（2）审核成本支出。
（3）进行成本计算、费用归集。
（4）进行成本汇总和决算。
（5）编制成本记账凭证。
（6）登记成本及存货明细账。
（7）核对产成品、半成品明细账的余额和总分类账的余额。
（8）编制成本分析表。
（9）进行存货盘点及相关账务处理。

四、工作任务

（1）期初成本资料整理。
（2）劳保用品成本分配。
（3）职工薪酬相关成本分配。
（4）资产折旧费用分配。
（5）水电费分配。
（6）材料成本计算。
（7）制造费用分配。
（8）在产品成本分配。
（9）半成品成本计算。
（10）产品成本计算。
（11）销售成本计算。

五、工作实践

（一）期初成本资料整理

北京宇科电器有限公司由三个车间共同完成单杆挂烫机主机、双杆挂烫机主机的生产。一车间生产挂烫机外壳，二车间生产挂烫机主机，三车间生产挂烫机成品。

根据公司业务资料，第 7 笔以及第 42 笔至第 58 笔业务涉及成本的计算，通过整理分析，我们发现该公司采用分步法计算成本，成本计算涉及内容较多，包括劳动保护用品（低值易耗品）、薪资相关费用（包括职工薪酬、福利、教育经费）、资产折旧费用、水电费、材料投入（包括期初在产品、原材料、周转材料、材料成本差异）、制造费用、在产品、半成品、成品，主要核算的成本包括生产成本和销售成本。整理后的企业成本数据如表 6 - 1 至表 6 - 5 所示。

表 6-1　　期初账户余额表　　单位：元

总账科目	二级科目	三级科目	借方余额	贷方余额
一、资产类				
库存现金			6 800	
银行存款	交通银行北京马连道支行		3 986 580.96	
	交通银行北京西城支行		133 500.5	
其他货币资金	存出投资款		1 806 000	
交易性金融资产	科创信息	成本	1 240 000	
	科创信息	公允价值变动		80 000
应收票据	北京宏运电器商城有限公司		1 092 800	
	北京鑫鑫贸易有限公司		2 525 000	
应收账款	江苏诚鑫电器商城有限公司		358 000	
	北京瑞华贸易有限公司		296 500	
	上海腾隆商贸有限公司		257 600	
	福建景泰实业有限公司		2 400 000	
	北京福兴隆百货有限公司		1 829 000	
	厦门岐志达进出口贸易有限公司		2 652 000	
预付账款	北京鑫阳化工建材有限公司		1 173 500	
	北京荣华包装制品有限公司		69 615	
	广州富华实业有限公司			35 800
坏账准备				24 950
其他应收款	陆欣艳		6 000	
	潘阳		2 365	
应收股利				
应收利息				
材料采购				
原材料	ABS 树脂		52 500	
	聚丙烯		111 600	
	304 不锈钢板		62 500	
	增粘剂		22 800	
	固化剂		50 000	
	色漆		76 700	
	电源线		26 100	
	铝合金发热器		69 000	
	全铜发热器		102 750	
	智能温控器		40 000	
	过载熔断器		30 000	
	喷头		230 000	

续表

总账科目	二级科目	三级科目	借方余额	贷方余额
原材料	纤维编织软管		28 000	
	波纹金属软管		50 000	
	滚轮		12 500	
	二段可调支撑单杆		9 900	
	三段可调支撑双杆		19 800	
	衣架		139 200	
	毛刷		45 750	
	烫衣板		240 000	
周转材料	PE 保护膜		16 000	
	保利龙		9 000	
	包装箱		16 250	
	低值易耗品	鞋套	1 528	
	低值易耗品	手套	859	
	低值易耗品	防尘衣	1 748	
材料成本差异				8 803.68
库存商品	单杆挂烫机		217 481	
	双杆挂烫机		416 245.2	
	半成品	单杆挂烫机机身外壳		
	半成品	双杆挂烫机机身外壳		
	半成品	单杆挂烫机主机		
	半成品	双杆挂烫机主机		
存货跌价准备				
持有至到期投资				
持有至到期投资减值准备				
可供出售金融资产				
可供出售金融资产减值准备				
长期股权投资				
长期股权投资减值准备				
投资性房地产				
长期应收款	北京米娅商贸有限公司		4 000 000	
未实现融资收益				805 840
固定资产	房屋建筑物		9 030 000	
	生产设备		3 514 000	
	运输设备		360 000	
	管理设备		137 500	
累计折旧				2 650 752

续表

总账科目	二级科目	三级科目	借方余额	贷方余额
固定资产减值准备				
固定资产清理				
在建工程				
无形资产	土地使用权		3 690 000	
	专利权		180 000	
累计摊销	土地使用权			379 250
	专利权			22 500
无形资产减值准备				
递延所得税资产	应收账款		6 237.5	
	广告费		62 500	
二、负债类				
短期借款				
应付票据	北京凯翔实业有限公司			282 115
应付账款	天津亿丰电子科技有限公司			121 459.06
	上海益达辅料有限公司			58 100
预收账款	广州贝倚电器商行有限公司			2 212 500
应付职工薪酬	短期薪酬	工资		518 735.4
	短期薪酬	工会经费		13 430.37
应交税费	应交增值税	进项税额		
	应交增值税	销项税额		
	应交增值税	转出未交增值税		
	应交所得税		8 860 000	
	应交个人所得税			12 804.1
	未交增值税			905 236.5
	应交城市维护建设税			63 366.56
	应交教育费附加			27 157.1
	应交地方教育附加			18 104.73
应付股利				
其他应付款				
长期借款				
长期应付款				
预计负债				
递延所得税负债				
三、所有者权益类				
实收资本				5 000 000

续表

总账科目	二级科目	三级科目	借方余额	贷方余额
资本公积	资本溢价			
	其他资本公积			
盈余公积	法定盈余公积			670 000
本年利润				32 480 142.64
利润分配	未分配利润			6 030 000
四、成本类				
生产成本	单杆挂烫机机身外壳	直接材料	23 932.5	
	单杆挂烫机机身外壳	直接人工	8 216.55	
	单杆挂烫机机身外壳	制造费用	1 885.35	
	双杆挂烫机机身外壳	直接材料	37 421.02	
	双杆挂烫机机身外壳	直接人工	14 268.16	
	双杆挂烫机机身外壳	制造费用	3 920.64	
	单杆挂烫机主机	直接材料	18 898.84	
	单杆挂烫机主机	直接人工	1 328.4	
	单杆挂烫机主机	制造费用	363.12	
	双杆挂烫机主机	直接材料	171 278.25	
	双杆挂烫机主机	直接人工	9 262.4	
	双杆挂烫机主机	制造费用	2 374.05	
	单杆挂烫机	直接材料	117 598.9	
	单杆挂烫机	直接人工	4 242.5	
	单杆挂烫机	制造费用	1 362	
	双杆挂烫机	直接材料	223 535.8	
	双杆挂烫机	直接人工	5 331.9	
	双杆挂烫机	制造费用	2 116.6	
制造费用				
合计			52 421 047.14	52 421 047.14

表 6－2　　原材料明细账户余额表

2017 年 11 月 30 日　　单位：元

品名	计量单位	数量	计划单价	金额
ABS 树脂	千克	1 500	35	52 500
聚丙烯	千克	6 200	18	111 600
304 不锈钢板	千克	5 000	12.5	62 500
增粘剂	千克	3 800	6	22 800
固化剂	千克	2 500	20	50 000
色漆	千克	2 600	29.5	76 700
电源线	条	4 500	5.8	26 100

续表

品名	计量单位	数量	计划单价	金额
铝合金发热器	个	1 500	46	69 000
全铜发热器	个	1 500	68.5	102 750
智能温控器	个	5 000	8	40 000
过载熔断器	个	5 000	6	30 000
喷头	个	20 000	11.5	230 000
纤维编织软管	条	800	35	28 000
波纹金属软管	条	1 000	50	50 000
滚轮	个	5 000	2.5	12 500
二段可调支撑单杆	套	600	16.5	9 900
三段可调支撑双杆	套	600	33	19 800
衣架	个	18 560	7.5	139 200
毛刷	个	18 300	2.5	45 750
烫衣板	套	8 000	30	240 000
合计				1 419 100

表 6－3　**生产成本明细账户余额表**

2017 年 11 月 30 日　单位：元

产品名称	数量	直接材料	直接人工	制造费用	合计
单杆挂烫机机身外壳	500	23 932.5	8 216.55	1 885.35	34 034.4
双杆挂烫机机身外壳	800	37 421.02	14 268.16	3 920.64	55 609.82
单杆挂烫机主机	100	18 898.84	1 328.4	363.12	20 590.36
双杆挂烫机主机	700	171 278.25	9 262.4	2 374.05	182 914.7
单杆挂烫机	500	117 598.9	4 242.5	1 362	123 203.4
双杆挂烫机	680	223 535.8	5 331.9	2 116.6	230 984.3
合计					647 336.98

表 6－4　**库存商品明细账户余额表**

2017 年 11 月 30 日　单位：元

品名	单位	数量	单位成本	金额
单杆挂烫机	台	850	255.86	217 481
双杆挂烫机	台	1 200	346.871	416 245.2
合计				633 726.2

表 6－5　**库存商品明细账户余额表**

2017 年 11 月 30 日　单位：元

品名	单位	数量	单位成本	金额
PE 保护膜	平方米	20 000	0.8	16 000
保利龙	套	5 000	1.8	9 000
包装箱	个	6 500	2.5	16 250

续表

品名	单位	数量	单位成本	金额
低值易耗品（鞋套）	双	100	15.28	1 528
低值易耗品（手套）	双	100	8.59	859
低值易耗品（防尘衣）	件	100	17.48	1 748
合计				45 385

（二）劳保用品成本分配

劳保用品——低值易耗品成本分配如表6－6所示。

表6－6　　低值易耗品领用分配表　　单位：元

低值易耗品	单位	单价	数量	金额	领用部门
鞋套	双	15.28	25.00	382.00	第一车间
手套	双	8.59	30.00	257.70	第二车间
防尘衣	件	17.48	20.00	349.60	第三车间
合计				989.30	

公式说明：金额等于单价乘以数量。

（三）职工薪酬相关成本分配（如表6－7至表6－9所示）

表6－7　　职工薪酬分配表　　单位：元

受益对象		分配标准	分配率	金额
第一车间	单杠挂烫机机身外壳	6 000.00		132 075.00
	双杠挂烫机机身外壳	8 000.00		176 100.00
	小计	14 000.00	22.0125	308 175.00
第二车间	单杠挂烫机主机	4 000.00		85 424.00
	双杠挂烫机主机	5 500.00		117 458.00
	小计	9 500.00	21.356	202 882.00
第三车间	单杠挂烫机	3 000.00		63 105.00
	双杠挂烫机	3 500.00		73 622.50
	小计	6 500.00	21.035	136 727.50
车间管理人员	第一车间			28 038.40
	第二车间			28 038.40
	第三车间			28 038.40
	小计			84 115.20
公司管理人员				154 332.65
公司销售人员				69 127.00
合计				955 359.35

公式说明：先计算分配率，分配率等于金额合计除以分配标准小计，金额等于分配标准乘以分配率。

表 6－8　　职工福利分配表　　单位：元

受益对象		分配标准	分配率	金额
第一车间	单杠挂烫机机身外壳	18.00		3 600.00
	双杠挂烫机机身外壳	24.00		4 800.00
	小计	42.00	200.00	8 400.00
第二车间	单杠挂烫机主机	12.00		2 400.00
	双杠挂烫机主机	16.00		3 200.00
	小计	28.00	200.00	5 600.00
第三车间	单杠挂烫机	9.00		1 800.00
	双杠挂烫机	10.00		2 000.00
	小计	19.00	200.00	3 800.00
车间管理人员	第一车间			400.00
	第二车间			400.00
	第三车间			400.00
	小计			1 200.00
公司管理人员				2 000.00
公司销售人员				1 000.00
合计				22 000.00

公式说明：金额等于分配标准乘以分配率。

表 6－9　　职工教育经费分配表　　单位：元

受益对象		分配标准	分配率	金额
车间管理人员	第一车间	2		480
	第二车间	2		480
	第三车间	2		480
	小计	6	240	1 440
管理费用				3 000
销售费用				1 500
合计				5 940

公式说明：金额等于分配标准乘以分配率。

（四）资产折旧费用分配（如表 6－10 所示）

表 6－10　　固定资产折旧表　　单位：元

使用单位和固定资产类别		原值	折旧率	折旧额
第一车间	厂房	2 980 000.00	0.004	11 920.00
	生产设备	2 150 000.00	0.008	17 200.00
	小计	5 130 000.00		29 120.00

续表

使用单位和固定资产类别		原值	折旧率	折旧额
第二车间	厂房	1 505 000.00	0.004	6 020.00
	生产设备	955 000.00	0.008	7 640.00
	小计	2 460 000.00		13 660.00
第三车间	厂房	1 008 000.00	0.004	4 032.00
	生产设备	409 000.00	0.008	3 272.00
	小计	1 417 000.00		7 304.00
公司管理部门	房屋	3 537 000.00	0.004	14 148.00
	运输设备	360 000.00	0.02	7 200.00
	管理设备	89 000.00	0.016	1 424.00
	小计	3 986 000.00		22 772.00
公司销售部门	管理设备	48 500.00	0.016	776.00
	小计	48 500.00		776.00
合计		13 041 500.00		73 632.00

公式说明：折旧额等于原值乘以折旧率。

（五）水电费分配（如表 6 - 11 和表 6 - 12 所示）

表 6 - 11　　**水费分配表**　　单位：元

受益对象	耗用量（吨）	分配率	金额
第一车间	1 080.00		4 536.00
第二车间	805.00		3 381.00
第三车间	560.00		2 352.00
公司管理部门	130.00		546.00
公司销售部门	80.00		336.00
合计	2 655.00	4.20	11 151.00

表 6 - 12　　**电费分配表**　　单位：元

部门	耗用量（千瓦时）	分配率	金额
第一车间	24 390		19 512
第二车间	13 500		10 800
第三车间	7 050		5 640
公司管理部门	1 355		1 084
公司销售部门	974		779.2
合计	47 269	0.8	37 815.2

公式说明：金额等于耗用量乘以分配率。

（六）材料成本计算（如表 6 - 13 至表 6 - 23 所示。）

表 6-13　收料凭证汇总表　单位：元

材料名称	单位	入库数量	计划单价	计划总成本
ABS 树脂	千克	11 500	35	402 500
聚丙烯	千克	7 500	18	135 000
色漆	千克	7 500	29.5	221 250
电源线	条	16 000	5.8	92 800
铝合金发热器	个	8 000	46	368 000
全铜发热器	个	10 000	68.5	685 000
智能温控器	个	15 000	8	120 000
过载熔断器	个	15 000	6	90 000
纤维编织软管	条	8 500	35	297 500
波纹金属软管	条	10 000	50	500 000
滚轮	个	74 500	2.5	186 250
二段可调支撑单杆	套	8 000	16.5	132 000
三段可调支撑双杆	套	10 000	33	330 000
烫衣板	套	2 500	30	75 000
合计		204 000		3 635 300

公式说明：计划总成本等于入库数量乘以计划单价。

表 6-14　本月入库材料成本差异统计表　单位：元

材料名称	入库数量	计划单价	计划总成本	实际总成本	材料成本差异
ABS 树脂	11 500	35	402 500	414 000	11 500
聚丙烯	7 500	18	135 000	135 000	0
色漆	7 500	29.5	221 250	240 000	18 750
电源线	16 000	5.8	92 800	92 800	0
铝合金发热器	8 000	46	368 000	368 000	0
全铜发热器	10 000	68.5	685 000	682 000	-3 000
智能温控器	15 000	8	120 000	117 000	-3 000
过载熔断器	15 000	6	90 000	102 000	12 000
纤维编织软管	8 500	35	297 500	289 000	-8 500
波纹金属软管	10 000	50	500 000	508 000	8 000
滚轮	74 500	2.5	186 250	208 600	22350
二段可调支撑单杆	8 000	16.5	132 000	134 400	2 400
三段可调支撑双杆	10 000	33	330 000	338 000	8 000
烫衣板	2 500	30	75 000	80 000	5 000
合计	204 000		3 635 300	3 708 800	73 500

公式说明：计划总成本等于入库数量乘以计划单价，材料成本差异等于实际总成本减去计划总成本。

表 6－15　　**一车间本月发出材料汇总表**　　单位：元

材料	计划单价	单杠挂烫机机身外壳		双杠挂烫机机身外壳		共同耗用	
		数量	金额	数量	金额	数量	金额
ABS	35	9 500	332 500				
聚丙烯	18			12 720	228 960		
304 不锈钢	12.50			4 560	57 000		
增粘剂	6					3 660	21 960
固化剂	20					2 440	48 800
色漆	29.50					9 600	283 200
合计			332 500		285 960		353 960

公式说明：金额等于数量乘以计划单价。

表 6－16　　**一车间直接材料费用分配表**　　单位：元

<table>
<tr><td colspan="2">计入成本方式</td><td rowspan="2">分配率</td><td colspan="3">单杠挂烫机机身外壳</td><td colspan="3">双杠挂烫机机身外壳</td><td rowspan="3">合计</td></tr>
<tr><td colspan="2"></td><td>本月投产量</td><td colspan="2">10 000</td><td>本月投产量</td><td colspan="2">12 000</td></tr>
<tr><td></td><td>材料名称</td><td></td><td>单位定额</td><td>分配标准</td><td>金额</td><td>单位定额</td><td>分配标准</td><td>金额</td></tr>
<tr><td rowspan="3">分配计入</td><td>4 占剂</td><td>6</td><td>0.15</td><td>1 500</td><td>9 000</td><td>0.18</td><td>2 160</td><td>12 960</td><td>21 960</td></tr>
<tr><td>固化剂</td><td>20</td><td>0.10</td><td>1 000</td><td>20 000</td><td>0.12</td><td>1 440</td><td>28 800</td><td>48 800</td></tr>
<tr><td>色漆</td><td>29.50</td><td>0.30</td><td>3 000</td><td>88 500</td><td>0.55</td><td>6 600</td><td>194 700</td><td>283 200</td></tr>
<tr><td colspan="3">直接计入</td><td></td><td></td><td>332 500</td><td></td><td></td><td>285 960</td><td>618 460</td></tr>
<tr><td colspan="3">合计</td><td></td><td></td><td>450 000</td><td></td><td></td><td>522 420</td><td>972 420</td></tr>
</table>

公式说明：分配标准等于本月投产量乘以单位定额，金额等于分配率乘以分配标准。

表 6－17　　**二车间本月发出材料汇总表**　　单位：元

材料	计划单价	单杠挂烫主机		双杠挂烫主机		共同耗用	
		数量	金额	数量	金额	数量	金额
电源线	5.80					19 800.00	114 840.00
铝合金发热器	46.00	9 000.00	414 000.00				
全铜发热器	68.50			10 800.00	739 800.00		
智能温控器	8.00					19 800.00	158 400.00
过载熔断器	6.00					19 800.00	118 800.00
喷头	11.50					19 800.00	227 700.00
纤维编织软管	35.00	9 000.00	315 000.00				
波纹金属软管	50.00			10 800.00	540 000.00		
滚轮	2.50					79 200.00	198 000.00
合计			729 000.00		1 279 800.00		817 740.00

公式说明：金额等于数量乘以计划单价。

表 6－18　　二车间直接材料费用分配表　　单位：元

计入成本方式		分配率	单杠挂烫主机			双杠挂烫主机			合计
			本月投产量	9 000		本月投产量	10 800		
	材料名称		单位定额	分配标准	金额	单位定额	分配标准	金额	
分配计入	电源线	5.80	1	9 000	52 200	1	10 800	62 640	114 840
	智能温控器	8	1	9 000	72 000	1	10 800	86 400	158 400
	过载熔断器	6	1	9 000	54 000	1	10 800	64 800	118 800
	喷头	11.50	1	9 000	103 500	1	10 800	124 200	227 700
	滚轮	2.50	4	36 000	90 000	4	43 200	108 000	198 000
直接计入					729 000			1 279 800	
合计					1 100 700			1 725 840	

公式说明：分配标准等于本月投产量乘以单位定额，金额等于分配率乘以分配标准。

表 6－19　　三车间本月发出材料汇总　　单位：元

材料	计划单价	数量	金额	数量	金额	数量	金额
二段可调支撑单杆	16.5	8 000	132 000				
三段可调支撑双杆	33			10 000	330 000		
衣架	7.5					18 000	135 000
毛刷	2.5					18 000	45 000
烫衣板	30			10 000	300 000		
合计			132 000		630 000		180 000

公式说明：金额等于数量乘以计划单价。

表 6－20　　三车间直接材料费用分配表　　单位：元

计入成本方式		分配率	单杠挂烫主机			双杠挂烫主机			合计
			本月投产量	8 000		本月投产量	10 000		
	材料名称		单位定额	分配标准	金额	单位定额	分配标准	金额	
分配计入	衣架	7.5	1	8 000	60 000	1	10 000	75 000	135 000
	毛刷	2.5	1	8 000	20 000	1	10 000	25 000	45 000
直接计入					132 000			630 000	762 000
合计					212 000			730 000	942 000

公式说明：分配标准等于本月投产量乘以单位定额，金额等于分配率乘以分配标准。

表 6－21　　材料成本差异率　　单位：元

材料成本差异		原材料计划成本		材料成本差异率（%）
期初结存	本期增加	期初结存	本期增加	
－8 803.68	73 500	1 419 100	3 635 300	1.28%

公式说明：材料成本差异率等于材料成本差异（期初结存与本期增加的算术和）除以原材料计划成本（期初结存与本期增加的算术和）。

表 6－22 发出材料成本差异计算表

单位：元

部门	产品	计划成本	差异率	差异额
第一车间	单杆挂烫机机身外壳	450 000	1.28%	5 760
	双杆挂烫机机身外壳	522 420		6 686.98
第二车间	单杆挂烫机主机	1 100 700		14 088.96
	双杆挂烫机主机	1 725 840		22 090.75
第三车间	单杆挂烫机	212 000		2 713.6
	双杆挂烫机	730 000		9 344
合计				60 684.29

公式说明：差异额等于计划成本乘以差异率。

表 6－23 发出周转材料

单位：元

材料	单位成本	单杆挂烫机		双杆挂烫机		合计
		数量	金额	数量	金额	
PE 保护膜	0.8	8 500	6 800	10 680	8 544	15 344
保利龙	1.8	8 500	15 300	10 680	19 224	34 524
包装箱	2.5	8 500	21 250	10 680	26 700	47 950
合计			43 350		54 468	97 818

公式说明：金额等于单位成本乘以数量。

（七）制造费用分配（如表 6－24 和表 6－25 所示）。

表 6－24 制造费用明细表

单位：元

项目	第一车间	第二车间	第三车间
低值易耗品	382	257.7	349.6
职工薪酬分配表	28 038.4	28 038.4	28 038.4
职工福利分配表	400	400	400
职工教育经费分配表	480	480	480
固定资产折旧	29 120	13 660	7 304
水费	4 536	3 381	2 352
电费	19 512	10 800	5 640
合计	82 468.4	57 017.1	44 564

公式说明：本表数据均为前面计算结果。

表 6－25　**制造费用分配表**　单位：元

受益对象		分配标准	分配率	金额
第一车间	单杆挂烫机机身外壳	6 000	5.8906	35 343.6
	双杆挂烫机机身外壳	8 000	5.8906	47 124.8
	合计	14 000	5.8906	82 468.4
第二车间	单杆挂烫机主机	4 000	6.0018	24 007.2
	双杆挂烫机主机	5 500	6.0018	33 009.9
	合计	9 500	6.0018	57 017.1
第三车间	单杆挂烫机	3 000	6.856	20 568
	双杆挂烫机	3 500	6.856	23 996
	合计	6 500	6.856	44 564

公式说明：金额等于分配标准乘以分配率。

（八）在产品成本分配

第一步骤半成品期末在产品约当产量计算表如表 6－26 所示。

表 6－26　**第一步骤半成品期末在产品约当产量计算表**　单位：元

工序名称	定额工时（分钟）	辅助	完工程度	单杆挂烫机机身外壳		双杆挂烫机机身外壳	
				期末在产品数量	在产品约当产量	期末在产品数量	在产品约当产量
配料	30		7.50%				
塑化	60	30	30.00%	500	150	800	240
注塑成型	30	90	52.50%	200	105	400	210
冷却	30	120	67.50%	200	135	400	270
打磨	20	150	80.00%	300	240	200	160
喷涂	20	170	90.00%	300	270	200	180
检验	10	190	97.50%				
合计	200	200	100.00%	1 500	900	2 000	1 060

公式说明：本表为方便计算增加了辅助列用以记录过程结果，在产品约当产量等于完工程度乘以期末在产品数量。各单元格计算公式如表 6－27 所示。

表 6－27　**计算公式**

单元格	对应公式
C5	= B4 + C4
C6	= B5 + C5
C7	= B6 + C6
C8	= B7 + C7
C9	= B8 + C8
C10	= B9 + C9
C11	= B10 + C10
D4	= B4 * 0.5/B11

续表

单元格	对应公式
D5	= （C5 + B5 * 0.5） / $ B $ 11
D6	= （C6 + B6 * 0.5） / $ B $ 11
D7	= （C7 + B7 * 0.5） / $ B $ 11
D8	= （C8 + B8 * 0.5） / $ B $ 11
D9	= （C9 + B9 * 0.5） / $ B $ 11
D10	= （C10 + B10 * 0.5） / $ B $ 11
D11	= C11/ $ B $ 11

单杆挂烫机机身外壳计算单如表 6 – 28 所示。

表 6 – 28　　单杆挂烫机机身外壳成本计算单　　单位：元

项目	月初在产品成本	本月发生费用	生产费用合计	期末在产品约当产量	完工产品产量	单位成本	完工产品总成本	期末在产品成本
直接材料	23 932. 50	455 760. 00	479 692. 50	1 500. 00	9 000. 00	45. 69	411 165. 00	68 527. 50
直接人工	8 216. 55	135 675. 00	143 891. 55	900. 00	9 000. 00	14. 53	130 810. 50	13 081. 05
制造费用	1 885. 35	35 343. 60	37 228. 95	900. 00	9 000. 00	3. 76	33 844. 50	3 384. 45
	34 034. 40	626 778. 60	660 813. 00			63. 98	575 820. 00	84 993. 00

各单元格计算公式如表 6 – 29 所示。

表 6 – 29　　计算公式

单元格	对应公式
B4	= 存货期初！ C30
B5	= 存货期初！ D30
B6	= 存货期初！ E30
C4	= 发出 1！ E19 + 材料差异！ E8
C5	= 职工薪酬！ E3 + 职工福利！ E3
C6	= 制造费用！ E14
E4	= 产量！ E11
E5	= 产量！ F11
E6	= 产量！ F11
F4	= 产量！ $ B $ 19
F5	= 产量！ $ B $ 19
F6	= 产量！ $ B $ 19
G4	= ROUND （（D4） / （E4 + F4）, 4）
G5	= ROUND （（D5） / （E5 + F5）, 4）
G6	= ROUND （（D6） / （E6 + F6）, 4）
H4	= ROUND （F4 * G4, 2）

续表

单元格	对应公式
H5	= ROUND（F5 * G5，2）
H6	= ROUND（F6 * G6，2）
I4	= D4 - H4
I5	= D5 - H5
I6	= D6 - H6

双杆挂烫机机身外壳成本计算单如表 6 - 30 所示。

表 6 - 30　双杆挂烫机机身外壳成本计算单　单位：元

项目	月初在产品成本	本月发生费用	生产费用合计	期末在产品约当产量	完工产品产量	单位成本	完工产品总成本	期末在产品成本
直接材料	37 421.02	529 106.98	566 528.00	2 000.00	10 800.00	44.26	478 008.00	88 520.00
直接人工	14 268.16	180 900.00	195 168.16	1 060.00	10 800.00	16.46	177 724.80	17 443.36
制造费用	3 920.64	47 124.80	51 045.44	1 060.00	10 800.00	4.30	46 483.20	4 562.24
	55 609.82	757 131.78	812 741.60			65.02	702 216.00	110 525.60

各单元格计算公式如表 6 - 31 所示。

表 6 - 31　计算公式

单元格	对应公式
B10	= 存货期初！C31
B11	= 存货期初！D31
B12	= 存货期初！E31
C10	= 发出 1！H19 + 材料差异！E9
C11	= 职工薪酬！E4 + 职工福利！E4
C12	= 制造费用！E15
E10	= 产量！G11
E11	= 产量！$H$11
E12	= 产量！$H$11
F10	= 产量！$C$19
F11	= 产量！$C$19
F12	= 产量！$C$19
G10	= ROUND（（D10）/（E10 + F10），4）
G11	= ROUND（（D11）/（E11 + F11），4）
G12	= ROUND（（D12）/（E12 + F12），4）
H10	= ROUND（F10 * G10，2）
H11	= ROUND（F11 * G11，2）
H12	= ROUND（F12 * G12，2）
I10	= D10 - H10

续表

单元格	对应公式
I11	= D11 - H11
I12	= D12 - H12

第二步骤半成品期末在产品约当产量计算表如表 6 - 32 所示。

表 6 - 32　　第二步骤半成品期末在产品约当产量计算表　　单位：元

工序名称	定额工时（分钟）	辅助	完工程度	单杆挂烫主机		双杆挂烫主机	
				期末在产品数量	在产品约当产量	期末在产品数量	在产品约当产量
布线	20		10.00%	300	30	500	50
组装	50	20	45.00%	400	180	400	180
测试	20	70	80.00%	200	160	300	240
检验包装	10	90	95.00%	200	190	300	285
合计	100			1 100	560	1 500	755

公式说明：本表为方便计算增加了辅助列，用以记录过程结果。在产品约当产量等于完工程度乘以期末在产品数量。辅助列和完工程度的各单元格计算公式如表 6 - 33 所示。

表 6 - 33　　计算公式

单元格	对应公式
C27	= B26 + C26
C28	= B27 + C27
C29	= B28 + C28
C30	= B29 + C29
D26	= B26 * 0.5/B30
D27	= （C27 + B27 * 0.5） / $ B $ 30
D28	= （C28 + B28 * 0.5） / $ B $ 30
D29	= （C29 + B29 * 0.5） / $ B $ 30
D30	= C30/ $ B $ 30

（九）半成品成本计算

单杆挂烫机主机产量计算表如表 6 - 34 所示。

表 6 - 34　　单杆挂烫机主机产量计算表　　单位：元

项目	月初在产品成本	本月发生费用（除领用上步骤外）	本月耗用上步骤产品成本	生产费用合计	期末在产品约当产量	完工产品产量	单位成本	完工产品总成本	期末在产品成本
直接材料	18 898.84	1 114 788.96	575 820.00	1 709 507.80	1 100.00	8 000.00	187.86	1 502 864.00	206 643.80
直接人工	1 328.40	87 824.00		89 152.40	560.00	8 000.00	10.42	83 320.00	5 832.40
制造费用	363.12	24 007.20		24 370.32	560.00	8 000.00	2.85	22 776.00	1 594.32
	20 590.36	1 226 620.16		1 823 030.52			201.12	1 608 960.00	214 070.52

各单元格计算公式如表 6 - 35 所示。

表 6－35　计算公式

单元格	对应公式
B17	＝存货期初!C32
B18	＝存货期初!D32
B19	＝存货期初!E32
C17	＝发出 2!E25＋材料差异!E10
C18	＝职工薪酬!E6＋职工福利!E6
C19	＝制造费用!E17
D17	＝H7
E17	＝SUM(B17:D17)
E18	＝SUM(B18:D18)
E19	＝SUM(B19:D19)
F17	＝产量!E30
F18	＝产量!F30
F19	＝产量!F30
G17	＝产量!$B$37
G18	＝产量!$B$37
G19	＝产量!$B$37
H17	＝ROUND((E17)/(F17＋G17),4)
H18	＝ROUND((E18)/(F18＋G18),4)
H19	＝ROUND((E19)/(F19＋G19),4)
I17	＝ROUND(G17*H17,2)
I18	＝ROUND(G18*H18,2)
I19	＝ROUND(G19*H19,2)
J17	＝E17－I17
J18	＝E18－I18
J19	＝E19－I19

双杆挂烫机主机产量计算表如表 6－36 所示。

表 6－36　双杆挂烫机主机产量计算表　单位：元

项目	月初在产品成本	本月发生费用(除领用上步骤外)	本月耗用上步骤产品成本	生产费用合计	期末在产品约当产量	完工产品产量	单位成本	完工产品总成本	期末在产品成本
直接材料	171 278.25	1 747 930.75	702 216.00	2 621 425.00	1 500.00	10 000.00	227.95	2 279 500.00	341 925.00
直接人工	9 262.40	120 658.00		129 920.40	755.00	10 000.00	12.08	120 800.00	9 120.40
制造费用	2 374.05	33 009.90		35 383.95	755.00	10 000.00	3.29	32 900.00	2 483.95
	182 914.70	1 901 598.65		2 786 729.35			243.32	2 433 200.00	353 529.35

各单元格计算公式如表 6 – 37 所示。

表 6 – 37　　**计算公式**

单元格	对应公式
B23	= 存货期初！C33
B24	= 存货期初！D33
B25	= 存货期初！E33
C23	= 发出 2!H25 + 材料差异!E11
C24	= 职工福利!E7 + 职工薪酬!E7
C25	= 制造费用!E18
D23	= H13
E23	= SUM(B23:D23)
E24	= SUM(B24:D24)
E25	= SUM(B25:D25)
F23	= 产量!G30
F24	= 产量!H30
F25	= F24
G23	= 产量！$B$37
G24	= 产量！$B$37
G25	= 产量！$B$37
H23	= ROUND((E23)/(F23 + G23),4)
H24	= ROUND((E24)/(F24 + G24),4)
H25	= ROUND((E25)/(F25 + G25),4)
I23	= ROUND(G23 * H23,2)
I24	= ROUND(G24 * H24,2)
I25	= ROUND(G25 * H25,2)
J23	= E23 – I23
J24	= E24 – I24
J25	= E25 – I25

（十）产品成本计算

单杆挂烫机产量计算表如表 6 – 38 所示。

表 6 – 38　　**单杆挂烫机产量计算表**　　单位：元

项目	月初在产品成本	本月发生费用（除领用上步骤外）	本月上步骤产品成本	生产费用合计	期末在产品约当产量	完工产品产量	单位成本	完工总成本	期末在产品成本
直接材料	117 598.90	258 063.60	1 608 960.00	1 984 622.50		8 500.00	233.49	1 984 622.50	0.00
直接人工	4 242.50	64 905.00		69 147.50		8 500.00	8.14	69 147.50	0.00
制造费用	1 362.00	20 568.00		21 930.00		8 500.00	2.58	21 930.00	0.00
	123 203.40	343 536.60		2 075 700.00			244.20	2 075 700.00	0.00

各单元计算公式如表 6－39 所示。

表 6－39　　计算公式

单元格	对应公式
B30	= 存货期初!C34
B31	= 存货期初!D34
B32	= 存货期初!E34
C30	= 发出 3!E17 + 材料差异!E12 + 周转材料!D7
C31	= 职工薪酬!E9 + 职工福利!E9
C32	= 制造费用!E20
D30	= I20
E30	= SUM(B30:D30)
E31	= SUM(B31:D31)
E32	= SUM(B32:D32)
G30	= D53
G31	= G30
G32	= G31
H30	= ROUND((E30)/(F30 + G30),4)
H31	= ROUND((E31)/(F31 + G31),4)
H32	= ROUND((E32)/(F32 + G32),4)
I30	= ROUND(G30 * H30,2)
I31	= ROUND(G31 * H31,2)
I32	= ROUND(G32 * H32,2)
J30	= E30 - I30
J31	= E31 - I31
J32	= E32 - I32

双杆挂烫机产量计算表如表 6－40 所示。

表 6－40　　双杆挂烫机产量计算表　　单位：元

项目	月初在产品成本	本月发生费用（除领用上步骤外）	本月上步骤产品成本	生产费用合计	期末在产品约当产量	完工产品产量	单位成本	完工总成本	期末在产品成本
直接材料	223 535. 80	793 812. 00	2 433 200. 00	3 450 547. 80		10 680. 00	323. 09	3 450 547. 80	0. 00
直接人工	5 331. 90	75 622. 50		80 954. 40		10 680. 00	7. 58	80 954. 40	0. 00
制造费用	2 116. 60	23 996. 00		26 112. 60		10 680. 00	2. 45	26 112. 60	0. 00
	230 984. 30	893 430. 50		3 557 614. 80			333. 11	3 557 614. 80	0. 00

各单元格对应的公式如表 6 - 41 所示。

表 6 - 41　各单元格对应的公式表

单元格	对应公式
B36	= 存货期初!C35
B37	= 存货期初!D35
B38	= 存货期初!E35
C36	= 发出 3!H17 + 材料差异!E13 + 周转材料!F7
C37	= 职工薪酬!E10 + 职工福利!E10
C38	= 制造费用!E21
D36	= I26
E36	= SUM（B36：D36）
E37	= SUM（B37：D37）
E38	= SUM（B38：D38）
F36	
F37	
F38	
G36	= D54
G37	= G36
G38	= G37
H36	= ROUND((E36)/(F36 + G36),4)
H37	= ROUND((E37)/(F37 + G37),4)
H38	= ROUND((E38)/(F38 + G38),4)
I36	= ROUND(G36 * H36,2)
I37	= ROUND(G37 * H37,2)
I38	= ROUND(G38 * H38,2)
J36	= E36 - I36
J37	= E37 - I37
J38	= E38 - I38

产品成本汇总表如表 6 - 42 所示。

表 6 - 42　产品成本汇总表

单位:元

项目	单杆挂烫机	双杆挂烫机	合计
期初在产品成本	123 203. 40	230 984. 30	354 187. 70
本期生产费用	343 536. 60	893 430. 50	1 236 967. 10
本月耗用上步骤产品	1 608 960. 00	2 433 200. 00	4 042 160. 00
生产费用合计	2 075 700. 00	3 557 614. 80	5 633 314. 80
期末完工产品成本	2 075 700. 00	3 557 614. 80	5 633 314. 80
期末在产品成本			

各单元格计算公式如表 6－43 所示。

表 6－43　计算公式

单元格	对应公式
B44	= B33
B45	= C33
B46	= D30
B47	= SUM(B44:B46)
B48	= I33
B49	= B47 － B48
C44	= B39
C45	= C39
C46	= D36
C47	= SUM(C44:C46)
C48	= I39
C49	= C47 － C48

(十一)销售成本计算

销售成本计算表如表 6－44 所示。

表 6－44　销售成本计算表　单位:元

项目	期初结存		本期完工		本期销售数量	期末结存数量	单位成本(加权)	销售产品成本	期末存货成本
	数量	金额	数量	金额					
单杆挂烫机	850	217 481	8 500	2 075 700	8 650	700	245.26	2 121 499	171 682
双杆挂烫机	1 200	416 245.2	10 680	3 557 614.8	11 000	880	334.5	3 679 500	294 360
		633 726.2		5 633 314.8				5 800 999	466 042

各单元格对应的公式如表 6－45 所示。

表 6－45　各单元格对应的公式表

单元格	对应公式
D4	= 存货期初! C41
B5	= 存货期初! C42
C4	= 存货期初! E41
C5	= 存货期初! E42
D4	= 成本! $G$30
D5	= 成本! $G$36
E4	= 成本! $I$33
E5	= 成本! $I$39
F4	= E10
F5	= E11

续表

单元格	对应公式
G4	= B4 + D4 – F4
G5	= B5 + D5 – F5
H4	= ROUND((C4 + E4)/(B4 + D4),2)
H5	= ROUND((C5 + E5)/(B5 + D5),2)
I4	= F4 * H4
I5	= F5 * H5
J4	= C4 + E4 – I4
J5	= C5 + E5 – I5

产品出库明细表如表 6 – 46 所示。

表 6 – 46　　产品出库明细表　　单位：元

产品出库	12 月 18 日	12 月 8 日	12 月 25 日	合计
单杆挂烫机	5 000	750	2 900	8 650
双杆挂烫机	6 500	1 100	3 400	11 000

第七章　主管岗位

一、主管岗位职责

（1）负责公司日常会计核算工作，编制会计凭证，确保收入、成本、费用准确及时入账。

（2）负责各类资产核实，定期盘点库存现金、固定资产、核对往来、催收欠款等，保证账实相符。

（3）负责编制财务报表及相关统计报表。

（4）负责会计资料整理及归档工作，定期备份财务软件数据，确保会计档案归档的完整。

（5）按时报税，定期进行税负变动分析、合理进行纳税筹划等。

（6）做好相关合同的管理工作，随时更新融资合同台账。

二、主管岗位能力

（1）熟悉《企业会计准则》，具备编制企业财务管理制度，制定部门工作目标的能力。

（2）了解最新财务报表结构及内容，能熟练编制资产负债表、损益表、现金流量表等财务报表。

（3）熟悉最新税务报表的填制，能准确编制税务报表。

（4）能按时报税。

（5）熟悉财税政策，具备纳税筹划能力。

（6）能准确及时盘点库存现金、固定资产、核对往来等。

（7）熟悉内部控制相关政策及流程，具备编制企业内部控制相关制度文件的能力。

（8）能编制预算。

（9）熟悉《企业所得税法》，并能准确完成企业年度所得税汇算、工商年检等。

三、主管岗位典型工作

（1）编制企业财务管理制度，制定部门工作目标。

（2）编制资产负债表、利润表、现金流量表等财务报表。
（3）编制税务报表。
（4）按时报税。
（5）进行纳税筹划。
（6）盘点库存现金、固定资产、核对往来等。
（7）编制企业内部控制相关制度文件。
（8）编制预算。
（9）进行企业年度所得税汇算、工商年检等。

四、工作任务

（1）编制资产负债表。
（2）编制利润表。
（3）编制现金流量表。

五、工作实践

（一）编制资产负债表

财政部于 2018 年 6 月 15 日发布《财政部关于修订印发 2018 年度一般企业财务报表格式的通知》（财会［2018］15 号），针对 2018 年 1 月 1 日起分阶段实施的《企业会计准则第 22 号——金融工具确认和计量》（财会［2017］7 号）、《企业会计准则第 23 号——金融资产转移》（财会［2017］8 号）、《企业会计准则第 24 号——套期会计》（财会［2017］9 号）、《企业会计准则第 37 号——金融工具列报》（财会［2017］14 号）（以上四项简称新金融准则）和《企业会计准则第 14 号——收入》（财会［2017］22 号，简称新收入准则），以及企业会计准则实施中的有关情况，对一般企业财务报表格式进行了修订，北京宇科电器有限公司采用尚未执行新金融准则和新收入准则的一般企业财务报表格式。

新修订的资产负债表格式如表 7-1 所示。

表 7-1　　资产负债表

编制单位　　年　月　日　　单位：元

资产	期末余额	年初余额	负债和所有者权益（或股东权益）	期末余额	年初余额
流动资产：			流动负债：		
货币资金			短期借款		
以公允价值计量且其变动计入当期损益的金融资产			以公允价值计量且其变动计入当期损益的金融负债		
衍生金融资产			衍生金融负债		

续表

资产	期末余额	年初余额	负债和所有者权益（或股东权益）	期末余额	年初余额
应收票据及应收账款			应付票据及应付账款		
预付款项			预收款项		
其他应收款			应付职工薪酬		
存货			应交税费		
持有待售资产			其他应付款		
一年内到期的非流动资产			持有待售负债		
其他流动资产			一年内到期的非流动负债		
流动资产合计			其他流动负债		
非流动资产：			流动负债合计		
可供出售金融资产			非流动负债：		
持有至到期投资			长期借款		
长期应收款			应付债券		
长期股权投资			其中：优先股		
投资性房地产			永续债		
固定资产			长期应付款		
在建工程			预计负债		
生产性生物资产			递延收益		
油气资产			递延所得税负债		
无形资产			其他非流动负债		
开发支出			非流动负债合计		
商誉			负债合计		
长期待摊费用			所有者权益（或股东权益）：		
递延所得税资产			实收资本（或股本）		
其他非流动资产			其他权益工具		
非流动资产合计			其中：优先股		
			永续债		
			资本公积		
			减：库存股		
			其他综合收益		
			盈余公积		
			未分配利润		
			所有者权益（或股东权益）合计		
资产总计			负债和所有者权益（或股东权益）总计		

本次修订或新增的项目有九项，即应收票据及应收账款、其他应收款、持有待售资产、固定资产、在建工程、应付票据及应付账款、其他应付款、持有待售负债、长期应付款，与

以往的项目差异说明如下：

（1）“应收票据及应收账款”项目，反映资产负债表日以摊余成本计量的、企业因销售商品、提供服务等经营活动应收取的款项，以及收到的商业汇票，包括银行承兑汇票和商业承兑汇票。该项目应根据“应收票据”和“应收账款”科目的期末余额，减去“坏账准备”科目中相关坏账准备期末余额后的金额填列。

（2）“其他应收款”项目，应根据“应收利息”、“应收股利”和“其他应收款”科目的期末余额合计数，减去“坏账准备”科目中相关坏账准备期末余额后的金额填列。

（3）“持有待售资产”项目，反映资产负债表日划分为持有待售类别的非流动资产及划分为持有待售类别的处置组中的流动资产和非流动资产的期末账面价值。该项目应根据“持有待售资产”科目的期末余额，减去“持有待售资产减值准备”科目的期末余额后的金额填列。

（4）“固定资产”项目，反映资产负债表日企业固定资产的期末账面价值和企业尚未清理完毕的固定资产清理净损益。该项目应根据“固定资产”科目的期末余额，减去“累计折旧”和“固定资产减值准备”科目的期末余额后的金额，以“固定资产清理”科目的期末余额填列。

（5）在建工程项目，反映资产负债表日企业尚未达到预定可使用状态的在建工程的期末账面价值和企业为在建工程准备的各种物资的期末账面价值。该项目应根据“在建工程”科目的期末余额，减去“在建工程减值准备”科目的期末余额后的金额，以及“工程物资”科目的期末余额，减去“工程物资减值准备”科目的期末余额后的金额填列。

（6）“应付票据及应付账款”项目，反映资产负债表日企业因购买材料、商品和接受服务等经营活动应支付的款项，以及开出、承兑的商业汇票，包括银行承兑汇票和商业承兑汇票。该项目应根据“应付票据”科目的期末余额，以及“应付账款”和“预付账款”科目所属的相关明细科目的期末贷方余额合计数填列。

（7）“其他应付款”项目，应根据“应付利息”、“应付股利”和“其他应付款”科目的期末余额合计数填列。

（8）“持有待售负债”项目，反映资产负债表日处置组中与划分为持有待售类别的资产直接相关的负债的期末账面价值。该项目应根据“持有待售负债”科目的期末余额填列。

（9）“长期应付款”项目，反映资产负债表日企业除长期借款和应付债券以外的其他各种长期应付款项的期末账面价值。该项目应根据“长期应付款”科目的期末余额，减去相关的“未确认融资费用”科目的期末余额后的金额，以及“专项应付款”科目的期末余额填列。

根据资产负债表标准格式在 Excel 2010 中编制北京宇科电器有限公司资产负债表，具体如图 7 - 1 所示。

根据北京宇科电器有限公司 2017 年 12 月的经济业务编制了记账凭证序时账，并计算出了全年的科目余额表，本例依据科目余额表计算资产负债表，具体的公式设置按《财政部关于修订印发 2018 年度一般企业财务报表格式的通知》的最新要求设置，各单元格对应的公式设置情况如表 7 - 2 所示。虽然北京宇科电器有限公司的案例资料比较全面，但还有一些详细的资料不全，如一些科目的设置没有按最新的会计科目目录设置，但本例还是按新准则会计科目进行了转换处理，确保资产负债表的准确性。

资产负债表

会企01表

编制单位：北京宇科电器有限公司　　2017年12月31日　　单位：元

资产	期末余额	年初余额	负债和所有者权益（或股东权益）	期末余额	年初余额
流动资产：			流动负债：		
货币资金			短期借款		
以公允价值计量且其变动计入当期损益的金融资产			以公允价值计量且其变动计入当期损益的金融负债		
衍生金融资产			衍生金融负债		
应收票据及应收账款			应付票据及应付账款		
预付款项			预收款项		
其他应收款			应付职工薪酬		
存货			应交税费		
持有待售资产			其他应付款		
一年内到期的非流动资产			持有待售负债		
其他流动资产			一年内到期的非流动负债		
流动资产合计			其他流动负债		

图 7-1　北京宇科电器有限公司资产负债表

表 7-2　资本负债表各单元格对应的公式表

单元格	对应公式
C6	=科目余额表！G6+科目余额表！G7+科目余额表！G8
C7	=科目余额表！G9
C9	=科目余额表！G10+科目余额表！G11-科目余额表！G13
C11	=科目余额表！G14+科目余额表！G15-科目余额表！G16
C12	=科目余额表！G18+科目余额表！G19-科目余额表！G20+科目余额表！G21+科目余额表！G60
C15	=科目余额表！G41
C16	=SUM（C6：C15）
C20	=科目余额表！G30-科目余额表！G31
C22	=科目余额表！G29
C23	=科目余额表！G32-科目余额表！G33
C27	=科目余额表！G37-科目余额表！G38
C31	=科目余额表！G40
C33	=SUM（C18：C32）
C41	=C16+C33
D6	=科目余额表！C6+科目余额表！C7+科目余额表！C8
D7	=科目余额表！C9
D9	=科目余额表！C10+科目余额表！C11-科目余额表！C13
D10	=科目余额表！C12
D11	=科目余额表！C14
D12	=科目余额表！C18+科目余额表！C19+科目余额表！C21+科目余额表！C60-科目余额表！C20
D15	=科目余额表！C41

续表

单元格	对应公式
D16	= SUM（D6：D15）
D20	= 科目余额表！C30 - 科目余额表！C31
D23	= 科目余额表！C32 - 科目余额表！C33
D27	= 科目余额表！C37 - 科目余额表！C38
D33	= SUM（D18：D32）
D41	= D33 + D16
G9	= （- 科目余额表！G12） + 科目余额表！G43 + 科目余额表！G44
G11	= 科目余额表！G46
G12	= 科目余额表！G47
G17	= SUM（G6：G16）
G26	= 科目余额表！G53
G28	= SUM（G19：G27）
G29	= G28 + G17
G31	= 科目余额表！G54
G37	= 科目余额表！G56
G38	= 科目余额表！G57
G39	= 科目余额表！G59
G40	= SUM（G31：G39）
G41	= G40 + G29
H9	= 科目余额表！C43 + 科目余额表！C44
H10	= 科目余额表！C45
H11	= 科目余额表！C46
H12	= 科目余额表！C47
H17	= SUM（H6：H16）
H28	= SUM（H19：H27）
H29	= H28 + H17
H31	= 科目余额表！C54
H38	= 科目余额表！C57
H39	= 科目余额表！C59 + 科目余额表！C58
H40	= SUM（H31：H39）
H41	= H40 + H29

（二）编制利润表

财政部于 2018 年 6 月 15 日发布的《财政部关于修订印发 2018 年度一般企业财务报表格式的通知》（财会［2018］15 号）中确定的最新利润表格式如表 7 - 3 所示。

表 7－3 **利 润 表**

编制单位： 年 月 单位：元

项目	本期金额	上期金额
一、营业收入		
减：营业成本		
税金及附加		
销售费用		
管理费用		
研发费用		
财务费用		
其中：利息费用		
利息收入		
资产减值损失		
加：其他收益		
投资收益（损失以“－”号填列）		
其中：对联营企业和合营企业的投资收益		
公允价值变动收益（损失以“－”号填列）		
资产处置收益（损失以“－”号填列）		
二、营业利润（亏损以“－”号填列）		
加：营业外收入		
减：营业外支出		
三、利润总额（亏损总额以“－”号填列）		
减：所得税费用		
四、净利润（净亏损以“－”号填列）		
（一）持续经营净利润（净亏损以“－”号填列）		
（二）终止经营净利润（净亏损以“－”号填列）		
五、其他综合收益的税后净额		
（一）不能重分类进损益的其他综合收益		
1. 重新计量设定受益计划变动额		
2. 权益法下不能转损益的其他综合收益		
（二）将重分类进损益的其他综合收益		
1. 权益法下可转损益的其他综合收益		
2. 可供出售金融资产公允价值变动损益		
3. 持有至到期投资重分类为可供出售金融资产损益		
4. 现金流量套期损益的有效部分		
5. 外币财务报表折算差额		
六、综合收益总额		
七、每股收益：		
（一）基本每股收益		
（二）稀释每股收益		

本次修订或新增的项目有九项，即研发费用、利息费用、利息收入、其他收益、资产处置收益、营业外收入、营业外支出、持续经营净利润、终止经营净利润。与以往的项目差异说明如下：

（1）“研发费用”项目，反映企业进行研究与开发过程中发生的费用化支出。该项目应根据“管理费用”科目下的“研发费用”明细科目的发生额分析填列。

(2)“利息费用”项目，反映企业为筹集生产经营所需资金等而发生的应予费用化的利息支出。该项目应根据“财务费用”科目的相关明细科目的发生额分析填列。

(3)“利息收入”项目，反映企业确认的利息收入。该项目应根据“财务费用”科目的相关明细科目的发生额分析填列。

(4)“其他收益”项目，反映计入其他收益的政府补助等。该项目应根据“其他收益”科目的发生额分析填列。

(5)“资产处置收益”项目，反映企业出售划分为持有待售的非流动资产（金融工具、长期股权投资和投资性房地产除外）或处置组（子公司和业务除外）时确认的处置利得或损失，以及处置未划分为持有待售的固定资产、在建工程、生产性生物资产及无形资产而产生的处置利得或损失。债务重组中因处置非流动资产产生的利得或损失和非货币性资产交换中换出非流动资产产生的利得或损失也包括在本项目内。该项目应根据“资产处置损益”科目的发生额分析填列；如为处置损失，以“-”号填列。

(6)“营业外收入”项目，反映企业发生的除营业利润以外的收益主要包括债务重组利得、与企业日常活动无关的政府补助、盘盈利得、捐赠利得（企业接受股东或股东的子公司直接或间接的捐赠经济实质属于股东对企业的资本性投入的除外）等。该项目应根据“营业外收入”科目的发生额分析填列。

(7)“营业外支出”项目，反映企业发生的除营业利润以外的支出主要包括债务重组损失、公益性捐赠支出、非常损失、盘亏损失、非流动资产毁损报废损失等。该项目应根据“营业外支出”科目的发生额分析填列。

(8)“（一）持续经营净利润”和“（二）终止经营净利润”项目，分别反映净利润中与持续经营相关的净利润和与终止经营相关的净利润；如为净亏损，以“-”号填列。这两个项目应按照《企业会计准则第42号——持有待售的非流动资产、处置组和终止经营》的相关规定分别列报。

根据利润表格式要求在Excel 2010中绘制如图7-2所示的利润表。

	A	B	C	D
1		利润表		
2				会企02表
3		编制单位：北京宇科电器有限公司　　2017年12月31日		单位：元
4		项目	本期金额	上期金额
5		一、营业收入		
6		减：营业成本		
7		税金及附加		
8		销售费用		
9		管理费用		
10		研发费用		
11		财务费用		
12		其中：利息费用		
13		利息收入		
14		资产减值损失		
15		加：其他收益		

图7-2　北京宇科电器有限公司利润表

利润表各单元格的对应的公式设置如表7－4所示。

表7－4　　各单元格对应的公式表

单元格	对应公式
C5	＝凭证序时！I377＋2017年1－11月损益类科目累计发生额！C2
C6	＝凭证序时！J382＋2017年1－11月损益类科目累计发生额！B6
C7	＝凭证序时！J383＋2017年1－11月损益类科目累计发生额！B7
C8	＝凭证序时！J385＋2017年1－11月损益类科目累计发生额！B8
C9	＝凭证序时！J384－C10＋2017年1－11月损益类科目累计发生额！B9
C10	＝凭证序时！I350
C11	＝－凭证序时！I386＋2017年1－11月损益类科目累计发生额！B10
C14	＝凭证序时！J387
C16	＝－凭证序时！J379＋2017年1－11月损益类科目累计发生额！C4
C18	＝－凭证序时！I378－2017年1－11月损益类科目累计发生额！B3
C20	＝C5＋C18＋C16－C6－C7－C8－C9－C10－C11－C14
C21	＝2017年1－11月损益类科目累计发生额！C5
C22	＝凭证序时！J388＋2017年1－11月损益类科目累计发生额！B11
C23	＝C20＋C21－C22
C24	＝凭证序时！J395
C25	＝C23－C24
D5	＝2017年1－11月损益类科目累计发生额！C2
D6	＝2017年1－11月损益类科目累计发生额！B6
D7	＝2017年1－11月损益类科目累计发生额！B7
D8	＝2017年1－11月损益类科目累计发生额！B8
D9	＝2017年1－11月损益类科目累计发生额！B9
D11	＝2017年1－11月损益类科目累计发生额！B10
D16	＝2017年1－11月损益类科目累计发生额！C4
D18	＝－2017年1－11月损益类科目累计发生额！B3
D20	＝D5＋D18＋D16－D6－D7－D8－D9－D10－D11－D14
D21	＝2017年1－11月损益类科目累计发生额！C5
D22	＝2017年1－11月损益类科目累计发生额！B11
D23	＝D20＋D21－D22
D25	＝D23－D24
C45	＝IF（资产负债表！G39－资产负债表！H39＝C25－ROUND（（C23－C24）＊0.1，2),"正确","错误"）

资产负债表未分配利润的期末和年初的差额应该等于利润表中的净利润（未做利润分配的情况下），北京宇科电器有限公司2017年12月计提了10%的法定盈余公积，根据实际情况设置了“＝IF（资产负债表！G39－资产负债表！H39＝C25－ROUND（（C23－C24）＊

0.1，2)，"正确"，"错误")”验证公式。

（三）编制现金流量表

现金流量表在财政部于2018年6月15日发布的《财政部关于修订印发2018年度一般企业财务报表格式的通知》（财会［2018］15号）中基本没有调整，沿用以前的报表格式。具体格式如表7-5所示。

表7-5　　**现金流量表**

编制单位：　　年　月　　单位：元

项　　目	本期金额	上期金额
一、经营活动产生的现金流量		
销售商品、提供劳务收到的现金		
收到的税费返还		
收到其他与经营活动有关的现金		
经营活动现金流入小计		
购买商品、接受劳务支付的现金		
支付给职工以及为职工支付的现金		
支付的各项税费		
支付其他与经营活动有关的现金		
经营活动现金流出小计		
经营活动产生的现金流量净额		
二、投资活动产生的现金流量		
收回投资收到的现金		
取得投资收益收到的现金		
处置固定资产、无形资产和其他长期资产收回的现金净额		
处置子公司及其他营业单位收到的现金净额		
收到其他与投资活动有关的现金		
投资活动现金流入小计		
购建固定资产、无形资产和其他长期资产支付的现金		
投资支付的现金		
取得子公司及其他营业单位支付的现金净额		
支付其他与投资活动有关的现金		
投资活动现金流出小计		
投资活动产生的现金流量净额		
三、筹资活动产生的现金流量		
吸收投资收到的现金		
取得借款收到的现金		
收到其他与筹资活动有关的现金		
筹资活动现金流入小计		
偿还债务支付的现金		
分配股利、利润或偿付利息支付的现金		
支付其他与筹资活动有关的现金		

续表

项　　目	本期金额	上期金额
筹资活动现金流出小计		
筹资活动产生的现金流量净额		
四、汇率变动对现金及现金等价物的影响		
五、现金及现金等价物净增加额		
加：期初现金及现金等价物余额		
六、期末现金及现金等价物余额		

现金流量表的计算是基于企业经济业务中的数据按现金流量项目进行分别计算，其前提是每一笔经济业务的会计处理都必须按现金流量项目详细分开，之前会计核算的会计凭证序时表中，有几笔业务存在现金流量项目混杂的现象，必须进行手工调整，具体是：

（1）12 月 4 日，申请办理银行汇票业务调整为如下分录：

借：其他货币资金——银行汇票存款　1 595 000.00
　　财务费用——手续费　28.50
　　贷：银行存款——交通银行北京马连道支行　28.50
　　　　银行存款——交通银行北京马连道支行　1 595 000.00

原贷方分录为：

　　贷：银行存款——交通银行北京马连道支行　1 595 028.50

由此可以看出，1 595 028.50 元中只有 28.50 元发生现金流量的变化，而 1 595 000.00 元是货币资金各科目间的内部变化，不计入现金流量表的各项目中。

（2）12 月 6 日，用银行汇票采购材料业务调整为如下分录：

借：材料采购——电源线　92 800.00
　　　　　　——铝合金发热器　368 000.00
　　　　　　——全铜发热器　682 000.00
　　　　　　——智能温控器　117 000.00
　　　　　　——过载熔断器　102 000.00
　　应交税费——应交增值税（进项税额）　231 506.00
　　银行存款——交通银行北京马连道支行　1 694.00
　　贷：其他货币资金——银行汇票存款　1 593 306.00
　　　　其他货币资金——银行汇票存款　1 694.00

原贷方分录为：

　　贷：其他货币资金——银行汇票存款　1 595 000.00

由此可以看出，1 595 000.00 元中有 1 593 306 元发生现金流量的变化，而 1 694.00 元是货币资金各科目间内部变化，不计入现金流量表的各项目中。

（3）12 月 12 日，缴纳上月税费业务调整为如下分录：

借：应交税费——未交增值税　905 236.50
　　　　　　——应交城市维护建设税　63 366.56
　　　　　　——应交教育费附加　27 157.10
　　　　　　——应交地方教育附加　18 104.73

——应交个人所得税　12 804.10

贷：银行存款——交通银行北京马连道支行　12 804.10

银行存款——交通银行北京马连道支行　1 013 864.89

原贷方分录为：

贷：其他货币资金——银行汇票存款　1 026 668.99

由此可以看出，1 026 668.99 元中有 12 804.10 元是支付给职工以及为职工支付的现金，而 1 013 864.89 元是支付的各项税费，分别属于不同的现金流量表项目。

（4）12 月 31 日，支付并分配水费业务调整为如下分录：

借：制造费用——第一车间——水电费　4 536.00

——第二车间——水电费　3 381.00

——第三车间——水电费　2 352.00

管理费用——水电费　546.00

销售费用——水电费　336.00

应交税费——应交增值税（进项税额）　1 226.61

贷：银行存款——交通银行北京马连道支行　979.02

银行存款——交通银行北京马连道支行　11 398.59

原贷方分录为：

贷：银行存款——交通银行北京马连道支行　12 377.61

由此可以看出，12 377.61 元中有 979.02 元是支付其他与经营活动有关的现金，而 11 398.59 元是购买商品、接受劳务支付的现金，分别属于不同的现金流量表项目。

（5）12 月 31 日，支付并分配电费业务调整为如下分录：

借：制造费用——第一车间——水电费　19 512.00

——第二车间——水电费　10 800.00

——第三车间——水电费　5 640.00

管理费用——水电费　1 084.00

销售费用——水电费　779.20

应交税费——应交增值税（进项税额）　6 428.58

贷：银行存款——交通银行北京马连道支行　2 179.94

银行存款——交通银行北京马连道支行　42 063.84

原贷方分录为：

贷：银行存款——交通银行北京马连道支行　44 243.78

由此可以看出，44 243.78 元中有 2 179.94 元是支付其他与经营活动有关的现金，而 42 063.84 元是购买商品、接受劳务支付的现金，分别属于不同的现金流量表项目。

上述业务经过如上的调整可保证现金流量表项目的正确。

根据现金流量表格式要求，在 Excel 2010 中绘制如图 7-3 所示的现金流量表。

由于本例中只有北京宇科电器有限公司 2017 年 12 月的经济业务，没有提供 2017 年 1-11 月的经济业务具体细节，所以我们只能计算出 2017 年 12 月的现金流量，各单元格对应的公式设置如表 7-6 所示。

现金流量表

会企03表

编制单位：北京宇科电器有限公司　　2017年12月31日　　单位：元

项目	本期金额	上期金额
一、经营活动产生的现金流量		
销售商品、提供劳务收到的现金		
收到的税费返还		
收到其他与经营活动有关的现金		
经营活动现金流入小计		
购买商品、接受劳务支付的现金		
支付给职工以及为职工支付的现金		
支付的各项税费		
支付其他与经营活动有关的现金		
经营活动现金流出小计		
经营活动产生的现金流量净额		
二、投资活动产生的现金流量		
收回投资收到的现金		
取得投资收益收到的现金		

图 7－3　现金流量表

表 7－6　**各单元格对应的公式表**

单元格	对应公式
C6	= SUMIF(凭证序时!$L$6:$L$401,B6,凭证序时!$I$6:$I$401)
C7	= SUMIF(凭证序时!$L$6:$L$401,B7,凭证序时!$I$6:$I$401)
C8	= SUMIF(凭证序时!$L$6:$L$401,B8,凭证序时!$I$6:$I$401)
C9	= SUM(C6:C8)
C10	= SUMIF(凭证序时!$L$6:$L$401,B10,凭证序时!$J$6:$J$401)
C11	= SUMIF(凭证序时!$L$6:$L$401,B11,凭证序时!$J$6:$J$401)
C12	= SUMIF(凭证序时!$L$6:$L$401,B12,凭证序时!$J$6:$J$401)
C13	= SUMIF(凭证序时!$L$6:$L$401,B13,凭证序时!$J$6:$J$401)
C14	= SUM(C10:C13)
C15	= C9 - C14
C17	= SUMIF(凭证序时!$L$6:$L$401,B17,凭证序时!$I$6:$I$401)
C18	= SUMIF(凭证序时!$L$6:$L$401,B18,凭证序时!$I$6:$I$401)
C19	= SUMIF(凭证序时!$L$6:$L$401,B19,凭证序时!$I$6:$I$401)
C20	= SUMIF(凭证序时!$L$6:$L$401,B20,凭证序时!$I$6:$I$401)
C21	= SUMIF(凭证序时!$L$6:$L$401,B21,凭证序时!$I$6:$I$401)
C22	= SUM(C17:C21)
C23	= SUMIF(凭证序时!$L$6:$L$401,B23,凭证序时!$J$6:$J$401)

续表

单元格	对应公式
C24	= SUMIF(凭证序时!$L$6:$L$401,B24,凭证序时!$J$6:$J$401)
C25	= SUMIF(凭证序时!$L$6:$L$401,B25,凭证序时!$J$6:$J$401)
C26	= SUMIF(凭证序时!$L$6:$L$401,B26,凭证序时!$J$6:$J$401)
C27	= SUM(C23:C26)
C28	= C22 - C27
C30	= SUMIF(凭证序时!$L$6:$L$401,B30,凭证序时!$I$6:$I$401)
C31	= SUMIF(凭证序时!$L$6:$L$401,B31,凭证序时!$I$6:$I$401)
C32	= SUMIF(凭证序时!$L$6:$L$401,B32,凭证序时!$I$6:$I$401)
C34	= SUMIF(凭证序时!$L$6:$L$401,B34,凭证序时!$J$6:$J$401)
C35	= SUMIF(凭证序时!$L$6:$L$401,B35,凭证序时!$J$6:$J$401)
C36	= SUMIF(凭证序时!$L$6:$L$401,B36,凭证序时!$J$6:$J$401)
C40	= C15 + C28
C41	= SUM(科目余额表! U6:U8)
C42	= C40 + C41
C45	= IF(资产负债表! C6 - SUM(科目余额表! U6:U8) = C40,"正确","错误!")

报表正确性检验:

由于只有北京宇科电器有限公司 2017 年 12 月的经济业务数据，没有 2017 年 1 - 11 月的现金流量资料，本表计算的是 2017 年 12 月当月的现金流量表，故现金及现金等价物净增加额应该等于资产负债表货币资金年末余额与 11 月货币资金余额的差。根据实际情况设置了“= IF(资产负债表! C6 - SUM(科目余额表! U6:U8) = C40,"正确","错误!")”验证公式。

第八章　薪资岗位

一、薪资岗位职责

(1) 各项税款的计算、申报和缴纳。
(2) 进项税发票的认证和与财务系统核对。
(3) 负责企业所得税的汇算清缴和年末个人所得税申报。
(4) 制作纳税情况分析报告。
(5) 税务资料的保管。
(6) 根据公司的未来盈利情况等多种因素制定税务筹划方案。
(7) 必要时沟通外部中介机构处理涉税事项。

二、薪资岗位能力

(1) 熟悉个人所得税和国家各项福利政策，具备薪资管理的能力。
(2) 熟练编制薪资预算。
(3) 熟知工资总额构成和统计方法，能合理设计工资及福利费表格。
(4) 能准确核算员工的工资、奖金、津贴、补贴、生活费等薪资福利。
(5) 能准确计提、汇缴职工"五险一金"。
(6) 能正确计提职工福利费、工会经费、职工教育经费。
(7) 能熟练进行薪资、福利费、"五险一金"等相关会计核算。
(8) 能准确及时计算员工个人所得税。

三、薪资岗位典型工作

(1) 编制薪资预算。
(2) 设计工资及福利费表格。
(3) 核算员工的工资、奖金、津贴、补贴、生活费等薪资福利。
(4) 计提、汇缴职工"五险一金"。

（5）计提职工福利费、工会经费、职工教育经费。
（6）进行薪资、福利费、“五险一金”等相关会计核算。
（7）计算员工个人所得税。

四、工作任务

（1）计算个人所得税。
（2）编制个税统计表。
（3）编制工资条。
（4）工资查询。

五、工作实践

（一）计算个人所得税

新修改的《中华人民共和国个人所得税法》于 2019 年 1 月 1 日起正式施行。个人所得税征收范围包括工资、薪金所得；劳务报酬所得；稿酬所得；特许权使用费所得；经营所得；利息、股息、红利所得；财产租赁所得；财产转让所得；偶然所得。新个人所得税法规定：居民个人的综合所得，以每一纳税年度的收入额减除费用 6 万元（即免征额为每月 5 000 元）以及专项扣除、专项附加扣除和依法确定的其他扣除后的余额，为应纳税所得额，税率分为 3%、10%、20%、25%、30%、35%、45% 七档。可抵税支出除包括基本减除费用标准和“三险一金”等专项扣除外，还增加了子女教育、继续教育、大病医疗、住房贷款利息或者住房租金、赡养老人等专项附加扣除项目。具体见速算扣除表（如表 8－1 所示）和个人所得税专项附加扣除政策指引一览表（如表 8－2 所示）。

表 8－1 **速算扣除表**

含税级差	临界值	税率	速算扣除数
不超过 3 000 元	0.00	3.00%	0.00
超过 3 000 元至 12 000 元	3 000.00	10.00%	210.00
超过 12 000 元至 25 000 元	12 000.00	20.00%	1 410.00
超过 25 000 元至 35 000 元	25 000.00	25.00%	2 660.00
超过 35 000 元至 55 000 元	35 000.00	30.00%	4 410.00
超过 55 000 元至 80 000 元	55 000.00	35.00%	7 160.00
超过 80 000 元	80 000.00	45.00%	15 160.00

表 8－2　　个人所得税专项附加扣除政策指引一览表

专项附加扣除名称	扣除标准		适用范围和条件	享受扣除政策对象	享受环节	纳税人留存备查资料	补充说明
	每年	每月					
子女教育	—	每个子女 1 000 元	学前教育：年满 3 岁前至小学前	对每个子女，父母可以选择由一方扣除 1 000 元，或者双方分别扣除 500 元，一经确定一个纳税年度内不能变更	纳税人选择在预扣预缴或年度汇算清缴环节享受	子女在境外接受教育、留存境外学校录取通知书、留学签证等境外教育佐证资料	入学前是指入学的前一个月
	—		学历教育：义务教育、高中阶段教育、高等教育阶段				含入学当月、寒暑假以及因病和非主观因素保留学籍的休学
继续教育	—	400 元	学历（学位）教育	接受教育的本人；符合规定条件的本科以下学历教育，可选择父母或本人扣除	纳税人选择在预扣预缴或年度汇算清缴环节享受	无须留存资料	最长不能超过 48 个月
	3 600 元	—	技能人员职业资格教育、专业技术人员职业资格继续教育	接受教育本人扣除	纳税人选择在预扣预缴或年度汇算清缴环节享受	职业资格相关证书等	取得证书月份一次性预扣 3 600 元
住房贷款利息	—	1 000 元	纳税人本人或者配偶单独或者共同使用银行或住房公积金个人住房贷款为本人或配偶购买中国境内住房	夫妻双方协商确定由一方扣除；夫妻双方婚前分别购买，婚后选择其中一套由购买方继续扣除，也可以由夫妻双方对各自购买住房分别按标准的 50% 扣除。一经确定一个纳税年度内不能变更	纳税人选择在预扣预缴或年度汇算清缴环节享受	住房贷款合同、贷款还款支出凭证等资料	首套住房贷款是指购买住房享受首套住房贷款利率的住房贷款，以银行标识为准
							扣除期限最长不超过 240 个月

续表

<table>
<tr><th rowspan="2">专项附加扣除名称</th><th colspan="2">扣除标准</th><th rowspan="2">适用范围和条件</th><th rowspan="2">享受扣除政策对象</th><th rowspan="2">享受环节</th><th rowspan="2">纳税人留存备查资料</th><th rowspan="2">补充说明</th></tr>
<tr><th>每年</th><th>每月</th></tr>
<tr><td rowspan="3">住房租金</td><td>—</td><td>1 500 元</td><td>直辖市、省会（首府）、计划单列市以及国务院确定的其他城市</td><td rowspan="3">纳税人</td><td rowspan="3">纳税人选择在预扣预缴或年度汇算清缴环节享受</td><td rowspan="3">住房租赁合同、协议等无须留存资料</td><td rowspan="3">纳税人及其配偶在一个纳税年度内不能同时分别享受住房贷款利息支出和住房租金专项附加扣除</td></tr>
<tr><td>—</td><td>1 100 元</td><td>除第一项所列城市以外，市辖区户籍人口超过 100 万的城市</td></tr>
<tr><td>—</td><td>800 元</td><td>市辖区人口低于 100 万（含）城市</td></tr>
<tr><td rowspan="2">赡养老人</td><td>—</td><td>2 000 元</td><td>独生子女</td><td>独生子女本人</td><td rowspan="2">纳税人选择在预扣预缴或年度汇算清缴环节享受</td><td>无须留存资料</td><td rowspan="2">被赡养人是指年满 60 岁的父母以及子女均已去世的祖父母、外祖父母</td></tr>
<tr><td>—</td><td>子女分配 2 000 元，每人不超过 1 000 元</td><td>非独生子女</td><td>子女按规定协商，一经确定一个纳税年度内不能变更</td><td>均摊的，无须留存资料；约定或指定分摊的书面分摊协议等资料</td></tr>
<tr><td>大病医疗</td><td>80 000 元限额内据实</td><td>—</td><td>在医疗保险目录范围内</td><td>纳税人发生的医药费用支出可以选择由本人或配偶扣除；未成年子女发生的医药费用可以选择由父母一方扣除</td><td>年度汇算清缴</td><td>大病患者医药服务收费及医保报销相关票据原件或复印件，或医疗保障部门出具的纳税年度医药费用清单等资料</td><td>个人负担累计超过 15 000 元的部分，在 80 000 元限额内据实扣除</td></tr>
</table>

附则：本表所称父母，是指生父母、继父母、养父母；子女，是指婚生子女、非婚生子女、继子女、养子女；父母之外的担任未成年人的监护人的，比照执行。

经查北京市人力资源和社会保障局和北京住房公积金管理中心有关“五险一金”缴纳基数的相关规定，2018～2019 年度北京“五险一金”缴纳基数的上限和下限如表 8－3 所示。

表 8－3　　2018－2019 年度北京“五险一金”缴纳基数

项目	最低	最高
养老	3 387.00	25 401.00
失业	3 387.00	25 401.00

续表

项目	最低	最高
医疗	5 080.00	25 401.00
生育	5 080.00	25 401.00
工伤	5 080.00	25 401.00
住房公积金	1 890.00	25 401.00

该北京宇科电器有限公司“五险一金”的缴纳比例如表 8 - 4 所示。

表 8 - 4　　“五险一金”缴纳比例

单位缴纳部分		个人缴纳部分	
养老保险	19.0%	养老保险	8.0%
失业保险	0.8%	失业保险	0.2%
医疗保险	10.0%	医疗保险（+3）	2.0%
住房公积金	12.0%	住房公积金	12.0%
工伤保险	0.4%		
生育保险	0.8%		

北京宇科电器有限公司员工的个人所得税计算如表 8 - 5 所示。

表 8 - 5　　个人所得税计算表

姓名			专项抵扣					个人缴纳部分					单位缴纳部分							2019 年 1 月新个税			
月份	应发工资	缴纳基数	继续教育	子女教育	赡养老人	房租/房贷	合计	养老保险	失业保险	医疗保险（+3）	住房公积金	合计	养老保险	失业保险	医疗保险	住房公积金	工伤保险	生育保险	合计	累计应纳税收入	全年累计个税	当月个税	当月税后收入
一月																							
二月																							
三月																							
四月																							
五月																							
六月																							
七月																							
八月																							
九月																							
十月																							
十一月																							
十二月																							

为方便计算，将该公司“五险一金”的缴纳比例和缴纳基数的上下限等数据输入表格，如图 8 - 1 所示。

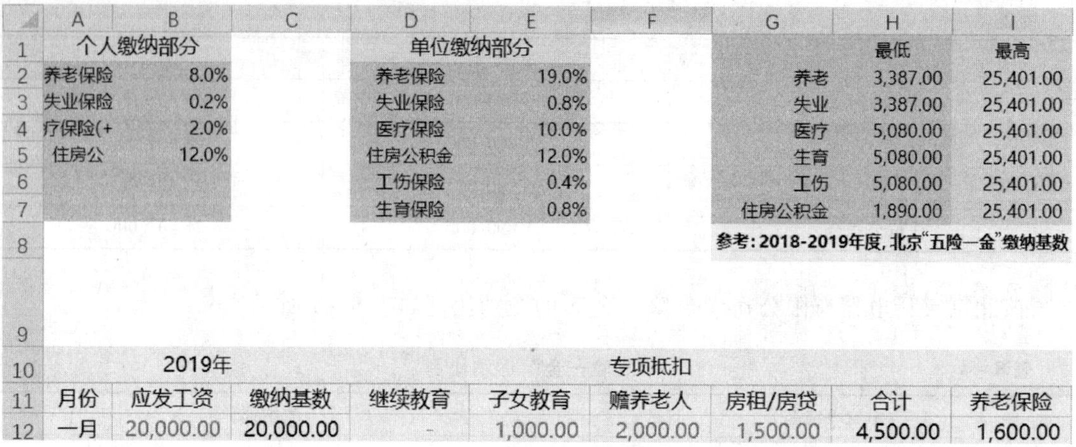

	A	B	C	D	E	F	G	H	I
1	个人缴纳部分			单位缴纳部分				最低	最高
2	养老保险	8.0%		养老保险	19.0%		养老	3,387.00	25,401.00
3	失业保险	0.2%		失业保险	0.8%		失业	3,387.00	25,401.00
4	疗保险(+	2.0%		医疗保险	10.0%		医疗	5,080.00	25,401.00
5	住房公	12.0%		住房公积金	12.0%		生育	5,080.00	25,401.00
6				工伤保险	0.4%		工伤	5,080.00	25,401.00
7				生育保险	0.8%		住房公积金	1,890.00	25,401.00
8							参考：2018-2019年度，北京"五险一金"缴纳基数		
9									
10		2019年				专项抵扣			
11	月份	应发工资	缴纳基数	继续教育	子女教育	赡养老人	房租/房贷	合计	养老保险
12	一月	20,000.00	20,000.00	-	1,000.00	2,000.00	1,500.00	4,500.00	1,600.00

图 8－1　企业"五险一金"的缴纳比例和缴纳基数的上下限

当公式设置完毕，为显示美观，可以将"五险一金"的缴纳比例和缴纳基数的上下限等数据进行分组折叠。用鼠标选中前 8 行，执行"数据"菜单下"创建组"命令，在左侧行标旁出现控制折叠的"减号"，用鼠标单击"减号"后组数据折叠，同时"减号"变为"加号"，单击"加号"后恢复显示。如图 8－2 所示。

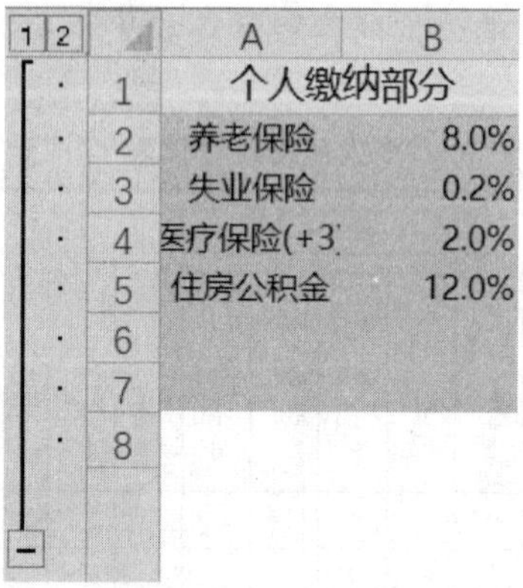

	A	B
1	个人缴纳部分	
2	养老保险	8.0%
3	失业保险	0.2%
4	医疗保险(+3)	2.0%
5	住房公积金	12.0%
6		
7		
8		

图 8－2　创建组

在 A9 单元格开始按个人所得税计算表的结构要求将表格录入到 Excel 2010 中。如图 8－3所示。

个人所得税计算表

	姓名				专项抵扣					个人缴纳部分					单位缴纳部分						2019年1月新个税		
月份	应发工资	缴纳基数	继续教育	子女教育	赡养老人	房租/房贷	合计	养老保险	失业保险	医疗保险(+3)	住房公积金	合计	养老保险	失业保险	医疗保险	住房公积金	工伤保险	生育保险	合计	累计应纳税收入	全年累计个税	[illegible]	当月税后收入
一月																							
二月																							
三月																							
四月																							
五月																							
六月																							
七月																							
八月																							
九月																							
十月																							
十一月																							
十二月																							
合计																							

图 8－3　个人所得税计算表结构

为方便计算，使表格显示更为清晰，同样将专项附加扣除、个人缴纳部分、单位缴纳部分进行分组折叠处理，如图 8－4 所示。

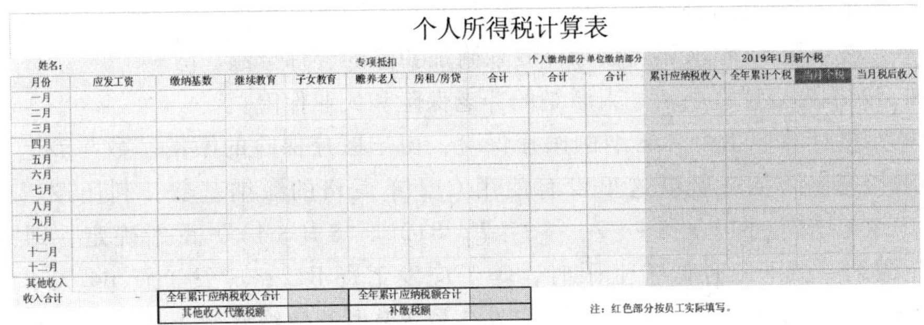

图 8－4　个人所得税计算表

各单元格对应的公式如表 8－6 所示。

表 8－6　　各单元格对应的公式表

单元格	对应公式
C12	= IF(B12 > $H$2, IF(B12 > $I$2, $I$2,B12), $H$2)
H12	= SUM(D12:G12)
I12	= C12 * $B$2
J12	= C12 * $B$3
K12	= (IF (B12 > $H$4, IF (B12 > $I$2, $I$2, B12), $H$4)) * $B$4 + 3
L12	= ROUNDDOWN((IF(B12 > $H$7, IF(B12 > $I$2, $I$2,B12), $H$7)) * $B$5,0)
M12	= SUM(I12:L12)
N12	= C12 * $E$2
O12	= C12 * $E$3
P12	= (IF (B12 > $H$4, IF (B12 > $I$2, $I$2, B12), $H$4)) * $E$4 + 3
Q12	= ROUNDDOWN((IF(B12 > $H$7, IF(B12 > $I$2, $I$2,B12), $H$7)) * $E$5,0)
R12	= (IF (B12 > $H$4, IF (B12 > $I$2, $I$2, B12), $H$4)) * $E$6
S12	= (IF (B12 > $H$4, IF (B12 > $I$2, $I$2, B12), $H$4)) * $E$7
T12	= SUM(N12:S12)
U12	= B12 - H12 - M12 - 5000
V12	= ROUND (MAX (U12 * {0.03, 0.1, 0.2, 0.25, 0.3, 0.35, 0.45} - {0, 2520, 16920, 31920, 52920, 85920, 181920}, 0), 2)
W12	= V12
X12	= B12 - M12 - W12
U13	= U12 + B13 - H13 - M13 - 5000
W13	= V13 - V12
E25	= B24 + U23
H25	= ROUND (MAX (E25 * {0.03, 0.1, 0.2, 0.25, 0.3, 0.35, 0.45} - {0, 2520, 16920, 31920, 52920, 85920, 181920}, 0), 2)
H26	= H25 - E26 - V23

公式说明：

C12 单元格计算“五险一金”的缴纳基数，用 IF 逻辑函数判断工资收入是否在上限和下限之间，如果低于或超过限额，则以限额计算。

H12 单元格运用 SUM 求和函数计算专项附加扣除的合计金额。

I12 和 J12 单元格计算职工个人缴纳的养老保险和失业保险。

K12 单元格计算职工个人缴纳的医疗保险，由于医疗保险的缴纳基数与养老保险和失业保险的缴纳基数不同，所以这里没有使用 C12 单元格的缴纳基数，利用逻辑函数“IF（B12 > $H$4，IF（B12 > $I$2，$I$2，B12），$H$4）”重新确定，即当应发工资 B4 大于缴纳基数下限且低于上限时，等于应发工资 B12；应发工资 B4 大于缴纳基数上限时，缴纳基数等于缴纳基数上限；应发工资 B4 小于缴纳基数下限时，缴纳基数等于缴纳基数下限。

L12 单元格计算职工个人缴纳的住房公积金，计算方法与 K12 的计算方法和基数均相同，只是对计算结果运用 ROUNDDOWN 函数进行了四舍五入向下取整处理。

M12 单元格运用 SUM 求和函数计算职工个人缴纳的“三险一金”合计数。

N12、O12 单元格计算企业为职工缴纳的养老保险和失业保险。

P12、Q12 单元格计算企业为职工缴纳的医疗保险和住房公积金，计算函数和方法与 K12 和 L12 的计算方法相同，只是费率上有差异而已。

R12、S12 单元格计算企业为职工缴纳的工伤保险和生育保险，计算函数和方法与 N12 和 O12 的计算方法相同。

T12 单元格运用 SUM 求和函数计算企业为职工缴纳的“五险一金”合计数。

U12 单元格计算职工的累计应纳税收入，即应发工资扣除个税免征额每月 5 000 元和专项扣除合计、缴纳保险合计。

V12 单元格运用数组进行计算职工的累计应纳税额，公式为“= ROUND(MAX(U12 * {0.03,0.1,0.2,0.25,0.3,0.35,0.45} - {0,2520,16920,31920,52920,85920,181920},0),2)”，第一个大括号里是新个税规定的七档税率，第二大括号里是七档税率对应的速算扣除数，用累计应纳税收入与各档税率相乘，再减去各档税率对应的速算扣除数，得到一组七个数值，这七个数值中最大的数就是该名职工的累计应纳税额，最后再用 ROUND 函数四舍五入去掉尾数。

W12 单元格计算职工本月应缴纳的税额，应该减去上期累计应纳税额，因 W12 计算的是一月份税额，故等于本期累计应纳税额 V12。

X12 单元格计算职工的当月税后收入，用应发工资减去职工本人缴纳的“三险一金”M12 和当月个税 W12。

U13 单元格计算二月份职工的累计应纳税收入，与一月份累计应纳税收入计算的差别是计算出二月份应纳税收入后须加上一月份的累计应纳税收入。

（二）编制个税统计表

按 2019 年 1 月工资统计表（如表 8 - 7 所示）结构在 Excel 2010 中建立报表模型，并参照各单元格对应的公式表（如表 8 - 8 所示）的内容录入单元格公式。

表 8－7

2019 年 1 月工资统计表

工资收入								专项抵扣					个人缴纳部分					单位缴纳部分							2019 年 1 月新个税				
序号	姓名	基本工资	绩效工资	资金	扣款	应发合计	缴纳基数	继续教育	子女教育	赡养老人	房租/房贷	合计	养老保险	失业保险	医疗保险（+3）	住房公积金	合计	养老保险	失业保险	医疗保险	住房公积金	工伤保险	生育保险	合计	累计应纳税收入	全年累计个税	本月扣税	本月税后收入	实发工资

表 8-8 各单元格对应的公式表

单元格	对应公式
G12	=SUM(C12:E12)
H12	=IF(G12>$G$2,IF(G12>$H$2,$H$2,G12),$G$2)
M12	=SUM(I12:L12)
N12	=H12*$B$2
O12	=H12*$B$3
P12	=(IF(G12>$G$4,IF(G12>$H$2,$H$2,G12),$G$4))*$B$4+3
Q12	=ROUNDDOWN((IF(G12>$G$7,IF(G12>$H$2,$H$2,G12),$G$7))*$B$5,0)
R12	=SUM(N12:Q12)
S12	=H12*$D$2
T12	=H12*$D$3
U12	=(IF(G12>$G$4,IF(G12>$H$2,$H$2,G12),$G$4))*$D$4+3
V12	=ROUNDDOWN((IF(G12>$G$7,IF(G12>$H$2,$H$2,G12),$G$7))*$D$5,0)
W12	=(IF(G12>$G$4,IF(G12>$H$2,$H$2,G12),$G$4))*$D$6
X12	=(IF(G12>$G$4,IF(G12>$H$2,$H$2,G12),$G$4))*$D$7
Y12	=SUM(S12:X12)
Z12	=G12-M12-R12-$E$2
AA12	=ROUND(MAX(Z12*{0.03,0.1,0.2,0.25,0.3,0.35,0.45}-{0,2520,16920,31920,52920,85920,181920},0),2)
AB12	=AA12
AC12	=G12-R12-AB12
AD12	=AC12-F12
Z12(2 月)	="1 月"!Z12+G12-M12-R12-$E$2
AB12(2 月)	=AA12-"1 月"!AA12

公式说明：

2019 年 1 月工资统计表的公式与个人所得税计算表的公式基本相同，所不同的是计算 2 月的时候，累计应纳税收入和当月个税两列的数据要将上月数据计算进来，2 月工资统计表 Z12 单元格累计应纳税收入计算的时候要将 1 月的累计应纳税收入累加进来，具体公式是“="1 月"! Z12+G12-M12-R12-$E$2”；2 月工资统计表 AB12 单元格当月个税计算的时候，要将 1 月份的当月个税扣除，具体公式是“=AA12-"1 月"! AA12”。

（三）编制工资条

2019 年 1 月北京宇科电器有限公司的奖金发放标准为管理人员 2 000 元，设计人员 1 800 元，生产人员 1 500 元，销售人员 4 000 元。

按 2019 年 1 月工资发放表（如表 8－9 所示）结构在 Excel 2010 中建立报表模型，为方便计算奖金，在姓名列后增加“员工类别”辅助计算列，计算完成后可以删除。

表 8－9　工资发放表

序号	姓名	基本工资	绩效工资	奖金	应发合计	扣款合计	实发工资

在员工信息表中选择序号、姓名两列下的有数据的单元格后，按住“Ctrl”键继续选择员工类别列下的有数据单元格后，按下“Ctrl＋C”复制快捷键，在工资发放表中选中 A3 单元格后单击鼠标右键，单击选择粘贴链接功能，如图 8－5 所示。

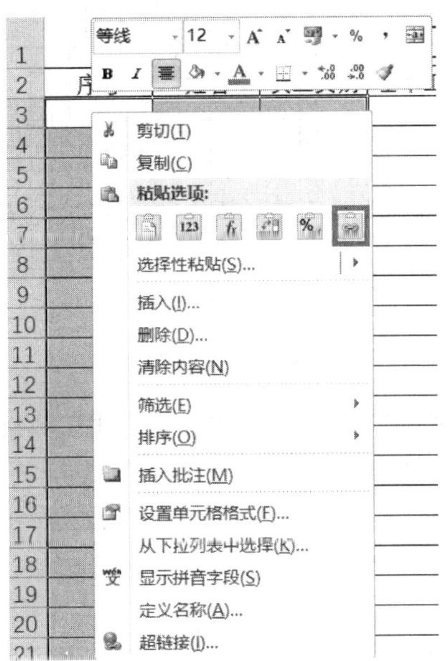

图 8－5　粘贴链接

按资料录入基本工资、绩效工资、扣款合计等列数据，并参照各单元格对应的公式表（如表 8－10 所示）输入相应的公式，然后进行下拉拖动复制即可。

表 8－10　各单元格对应的公式表

单元格	对应公式
F3	＝IF（C3＝"管理人员"，2 000，IF（C3＝"设计人员"，1800，IF（C3＝"生产人员"，1500，4000）））
G3	＝SUM（D3：F3）
I3	＝G3－H3

（1）排序法。将刚刚计算的全部工资数据复制到A30开始的区域，在J1单元格中输入数字1，将鼠标移动到该单元格的右下角，当鼠标指针变为十字形状时，按下鼠标右键向下拖动到J55单元格，松开鼠标右键，在弹出的快捷菜单中选择“填充序列”，自动填充了1－25数字。按下“Ctrl＋C”复制快捷键，选中J56单元格进行粘贴操作，选中J81单元格继续进行粘贴操作。

选中A2:I2区域，按下“Ctrl＋C”复制快捷键，选中A56:I80区域进行粘贴操作。如图8－6所示。

53	4001	赵一林	管理人员	17300	5688	2000	24988	413	24575	23
54	4002	李晓小	销售人员	17300	5689	4000	26989	417	26572	24
55	4003	孙一栋	销售人员	16400	5690	4000	26090	421	25669	25
56	序号	姓名	员工类别	基本工资	绩效工资	奖金	应发合计	扣款合计	实发工资	1
57	序号	姓名	员工类别	基本工资	绩效工资	奖金	应发合计	扣款合计	实发工资	2
58	序号	姓名	员工类别	基本工资	绩效工资	奖金	应发合计	扣款合计	实发工资	3
59	序号	姓名	员工类别	基本工资	绩效工资	奖金	应发合计	扣款合计	实发工资	4
60	序号	姓名	员工类别	基本工资	绩效工资	奖金	应发合计	扣款合计	实发工资	5
61	序号	姓名	员工类别	基本工资	绩效工资	奖金	应发合计	扣款合计	实发工资	6
62	序号	姓名	员工类别	基本工资	绩效工资	奖金	应发合计	扣款合计	实发工资	7
63	序号	姓名	员工类别	基本工资	绩效工资	奖金	应发合计	扣款合计	实发工资	8
64	序号	姓名	员工类别	基本工资	绩效工资	奖金	应发合计	扣款合计	实发工资	9
65	序号	姓名	员工类别	基本工资	绩效工资	奖金	应发合计	扣款合计	实发工资	10
66	序号	姓名	员工类别	基本工资	绩效工资	奖金	应发合计	扣款合计	实发工资	11
67	序号	姓名	员工类别	基本工资	绩效工资	奖金	应发合计	扣款合计	实发工资	12
68	序号	姓名	员工类别	基本工资	绩效工资	奖金	应发合计	扣款合计	实发工资	13
69	序号	姓名	员工类别	基本工资	绩效工资	奖金	应发合计	扣款合计	实发工资	14
70	序号	姓名	员工类别	基本工资	绩效工资	奖金	应发合计	扣款合计	实发工资	15
71	序号	姓名	员工类别	基本工资	绩效工资	奖金	应发合计	扣款合计	实发工资	16
72	序号	姓名	员工类别	基本工资	绩效工资	奖金	应发合计	扣款合计	实发工资	17
73	序号	姓名	员工类别	基本工资	绩效工资	奖金	应发合计	扣款合计	实发工资	18
74	序号	姓名	员工类别	基本工资	绩效工资	奖金	应发合计	扣款合计	实发工资	19
75	序号	姓名	员工类别	基本工资	绩效工资	奖金	应发合计	扣款合计	实发工资	20
76	序号	姓名	员工类别	基本工资	绩效工资	奖金	应发合计	扣款合计	实发工资	21
77	序号	姓名	员工类别	基本工资	绩效工资	奖金	应发合计	扣款合计	实发工资	22
78	序号	姓名	员工类别	基本工资	绩效工资	奖金	应发合计	扣款合计	实发工资	23
79	序号	姓名	员工类别	基本工资	绩效工资	奖金	应发合计	扣款合计	实发工资	24
80	序号	姓名	员工类别	基本工资	绩效工资	奖金	应发合计	扣款合计	实发工资	25
81										1
82										2

图8－6　工资条表

在任意空白单元格输入数字0.1，并复制该单元格，用鼠标选中J31:J55区域后单击鼠标右键，单击“选择性粘贴”功能，在弹出的“选择性粘贴”窗口中选中“加”单选框后单击“确定”按钮。如图8－7所示。

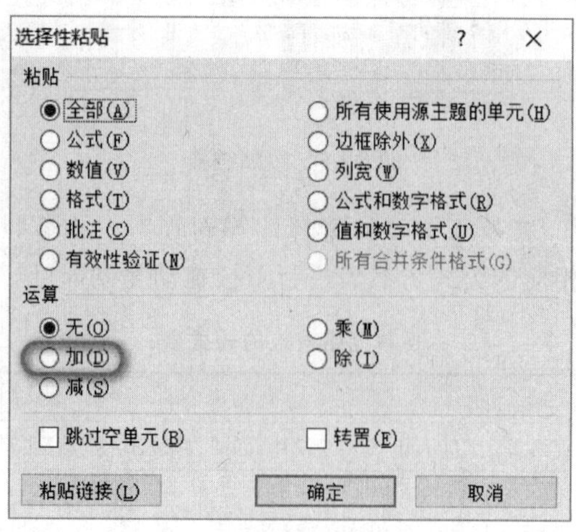

图8－7　选择性粘贴——加

鼠标选中 J81:J105 区域后单击鼠标右键，单击“选择性粘贴”功能，在弹出的“选择性粘贴”窗口中选中“加”单选框后单击“确定”按钮。再次重复刚刚的选择性粘贴操作一次。

用鼠标左键选中 A31:J105 区域，执行数据菜单下的排序功能，在主要关键字的下拉框中选中 J 列后单击“确定”按钮。如图 8－8 所示。

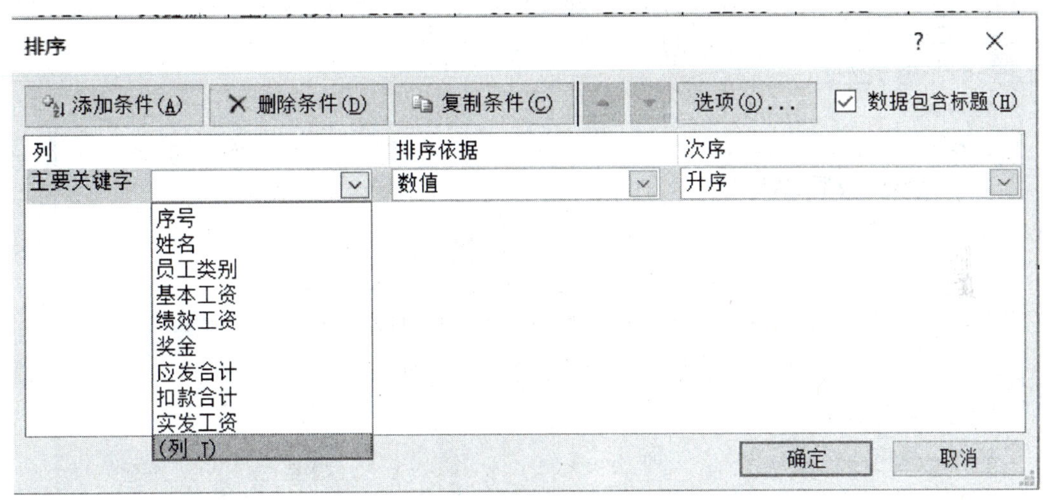

图 8－8 排序

排序后的效果如图 8－9 所示。然后删除辅助列，再进行必要的格式设置，即完成工资条的编制。

31	序号	姓名	员工类别	基本工资	绩效工资	奖金	应发合计	扣款合计	实发工资	1
32	1001	孙高林	管理人员	17300	5666	2000	24966	325	24641	1.1
33										1.2
34	序号	姓名	员工类别	基本工资	绩效工资	奖金	应发合计	扣款合计	实发工资	2
35	1002	刘英杰	管理人员	16800	5667	2000	24467	329	24138	2.1
36										2.2
37	序号	姓名	员工类别	基本工资	绩效工资	奖金	应发合计	扣款合计	实发工资	3
38	1003	王伟国	管理人员	16400	5668	2000	24068	333	23735	3.1
39										3.2
40	序号	姓名	员工类别	基本工资	绩效工资	奖金	应发合计	扣款合计	实发工资	4
41	1004	张玲颖	管理人员	16800	5669	2000	24469	337	24132	4.1
42										4.2
43	序号	姓名	员工类别	基本工资	绩效工资	奖金	应发合计	扣款合计	实发工资	5
44	2001	赵光	管理人员	16800	5670	2000	24470	341	24129	5.1
45										5.2
46	序号	姓名	员工类别	基本工资	绩效工资	奖金	应发合计	扣款合计	实发工资	6
47	2002	张海波	设计人员	16600	5671	1800	24071	345	23726	6.1
48										6.2
49	序号	姓名	员工类别	基本工资	绩效工资	奖金	应发合计	扣款合计	实发工资	7
50	2003	孔南	设计人员	16600	5672	1800	24072	349	23723	7.1
51										7.2

图 8－9 工资条排序后

（2）替换法。编制工资条还可以用以下的方法：复制标题栏的内容到一个新的工作表中，也可以只选择复制部分标题栏。在 A2 单元格中输入“=CELL”后，按两次“TAB”键再单击“插入函数”按钮，弹出“函数参数”对话框。如图 8－10 所示。

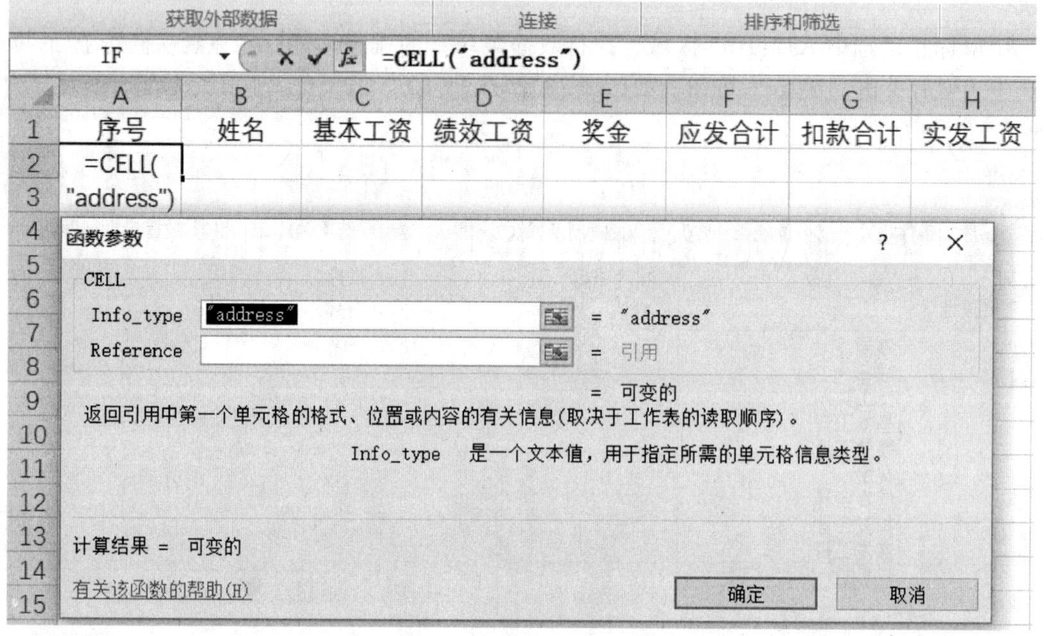

图 8－10　替换函数

将参数 Reference 的内容设置为工资表中序号列对应的单元格地址，这里为 A3，然后单击“确定”按钮，单元格的公式设置为“=CELL("address",A3)”。用同样的方法设置第二行其他单元格内容，但要注意与工资表中的数据相对应。各单元格的计算公式如表 8－11 所示。

表 8－11　　单元格公式对应表

A2	B2	C2	D2	E2	F2	G2	H2
=CELL("address",A2)	=CELL("address",B2)	=CELL("address",D2)	=CELL("address",E2)	=CELL("address",F2)	=CELL("address",G2)	=CELL("address",H2)	=CELL("address",I2)

复制第二行的单元格数据进行选择性粘贴为数值，粘贴后的效果如图 8－11 所示。

A2　　f_x　$A$3

	A	B	C	D	E	F	G	H
1	序号	姓名	基本工资	绩效工资	奖金	应发合计	扣款合计	实发工资
2	$A$3	$B$3	$D$3	$E$3	$F$3	$G$3	$H$3	$I$3

图 8－11　选择性粘贴为数值

运用“Ctrl+F”快捷键进行替换操作，将“$3”替换为“3”后，再将“$”替换为“空格”。

选中 A1:H3 区域，将鼠标移动到选中区域的右下角，当鼠标指针变为十字形状时，按住鼠标左键进行向下拖动操作。如图 8－12 所示。

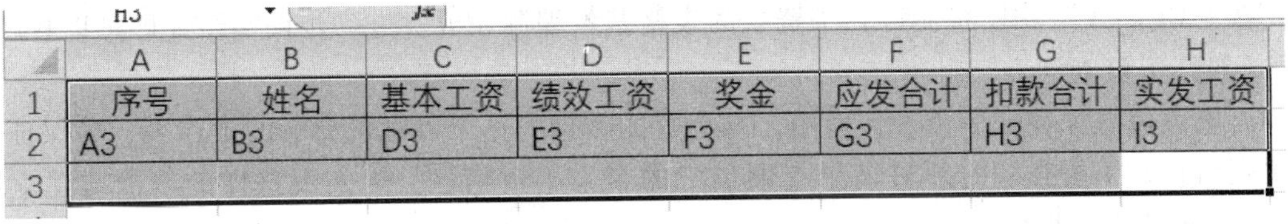

	A	B	C	D	E	F	G	H
1	序号	姓名	基本工资	绩效工资	奖金	应发合计	扣款合计	实发工资
2	A3	B3	D3	E3	F3	G3	H3	I3
3								

图 8－12　拖拽复制

再运用“Ctrl＋F”快捷键进行替换操作，将“空格”替换为“＝工资!”（即记录工资数据的工作表名），如图 8－13 所示。

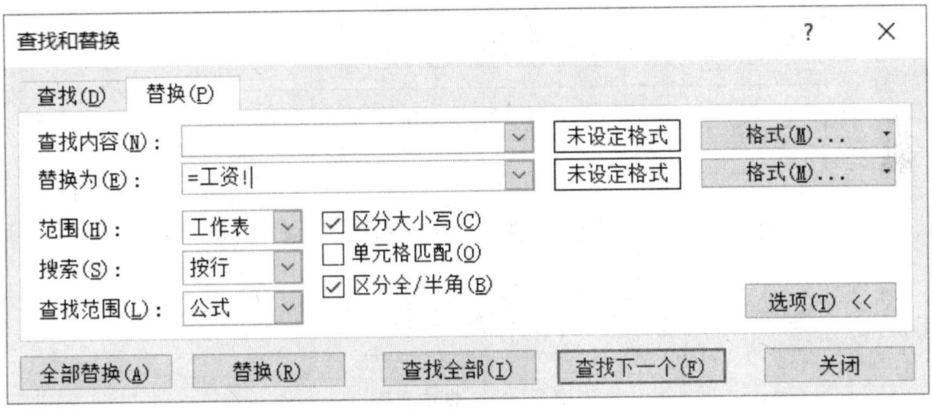

查找和替换
查找(D)　替换(P)
查找内容(N)：　未设定格式　格式(M)...
替换为(E)：=工资!　未设定格式　格式(M)...
范围(H)：工作表　☑ 区分大小写(C)
搜索(S)：按行　☐ 单元格匹配(O)
查找范围(L)：公式　☑ 区分全/半角(B)
选项(T) <<
全部替换(A)　替换(R)　查找全部(I)　查找下一个(F)　关闭

图 8－13　查找和替换

单击“全部替换”按钮后，表格中的数据全部更新为工资数据。选中第三行，将行高调窄（建议行高值为 6－8），并复制该行。选中 A6：A75 区域，按“Ctrl＋G”快捷键，在“定位”窗口中单击“定位条件”按钮，弹出“定位条件”窗口，选择“空值”后单击“确定”按钮。如图 8－14 所示。

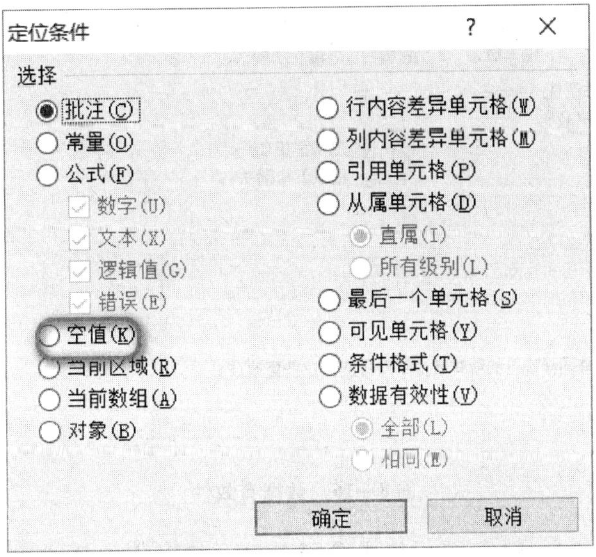

定位条件
选择
◉ 批注(C)　○ 行内容差异单元格(W)
○ 常量(O)　○ 列内容差异单元格(M)
○ 公式(F)　○ 引用单元格(P)
☑ 数字(U)　○ 从属单元格(D)
☑ 文本(X)　◉ 直属(I)
☑ 逻辑值(G)　○ 所有级别(L)
☑ 错误(E)　○ 最后一个单元格(S)
○ 空值(K)　○ 可见单元格(Y)
○ 当前区域(R)　○ 条件格式(T)
○ 当前数组(A)　○ 数据有效性(V)
○ 对象(B)　◉ 全部(L)
○ 相同(E)
确定　取消

图 8－14　定位条件

按“Ctrl + V”粘贴快捷键，工资条的表格基本编制完成，进一步调整格式即可以打印。

（四）工资查询

工资表信息保存在一个工作簿中，每个月的数据为一个以月份命名的工作表，为保证个人工资信息，工资查询时须只显示查询员工的个人工资信息，为实现这样的功能应建立图 8 - 15 所示的查询界面。

	A	B	C	D	E	F	G	H
1		请输入序号:			请选择月份:	1		
2		工资收入						
3		姓名	基本工资	绩效工资	资金	扣款	应发合计	缴纳基数
4								
5								
6		专项抵扣						
7		继续教育	子女教育	赡养老人	房租/房贷	合计		
8								
9								
10		个人缴纳部分						
11		养老保险	失业保险	医疗保险(+3)	住房公积金	合计		
12								
13								
14		单位缴纳部分						
15		养老保险	失业保险	医疗保险	住房公积金	工伤保险	生育保险	合计
16								
17								
18		2019年1月新个税						
19		累计应纳税收入	全年累计个税	当月个税	当月税后收入	实际收入		
20								

图 8 - 15　查询界面

设置 C1 单元格的格式与要查询的工资表中的单元格的格式相同，可以使用格式刷的方法快速实现。将 F1 单元格进行 1 - 12 的“数据”有效性设置。选中 F1 单元格，执行“数据”菜单下的“数据有效性”功能，将允许设置为序列，来源设置为“1，2，3，4，5，6，7，8，9，10，11，12,”，然后单击“确定”按钮。如图 8 - 16 所示。

数据有效性　？ ×

设置　输入信息　出错警告　输入法模式

有效性条件

允许(A)：

序列　☑ 忽略空值(B)

数据(D)：　☑ 提供下拉箭头(I)

介于

来源(S)：

1, 2, 3, 4, 5, 6, 7, 8, 9, 10, 11, 12,

☐ 对有同样设置的所有其他单元格应用这些更改(P)

全部清除(C)　确定　取消

图 8 - 16　数据有效性

在 B4、C4、D4、E4、F4 等单元格中参照各单元格对应的公式表（如表 8 - 12 所示）输入相应的公式，完成全部查询单元格的计算公式设置。

表 8－12　　各单元格对应的公式表

单元格	对应公式
B4	＝VLOOKUP（$C$1，INDIRECT（$F$1&"月"&"!A11：AD35"），2）
C4	＝VLOOKUP（$C$1，INDIRECT（$F$1&"月"&"!A11：AD35"），3）
D4	＝VLOOKUP（$C$1，INDIRECT（$F$1&"月"&"!A11：AD35"），4）
E4	＝VLOOKUP（$C$1，INDIRECT（$F$1&"月"&"!A11：AD35"），5）
F4	＝VLOOKUP（$C$1，INDIRECT（$F$1&"月"&"!A11：AD35"），6）
B20	……
C20	＝VLOOKUP（$C$1，INDIRECT（$F$1&"月"&"!A11：AD35"），27）
D20	＝VLOOKUP（$C$1，INDIRECT（$F$1&"月"&"!A11：AD35"），28）
E20	＝VLOOKUP（$C$1，INDIRECT（$F$1&"月"&"!A11：AD35"），29）
F20	＝VLOOKUP（$C$1，INDIRECT（$F$1&"月"&"!A11：AD35"），30）

公式说明：

本查询表的所有公式都是利用 VLOOKUP 查询函数进行数据查询的，由于每个月的工资表的结构相同，本例采用 INDIRECT 函数动态引用不同月份的查询区域，利用 INDIRECT 函数返回文本字符串所指定引用区域的功能，将引用区域 A11:A35 在不同的月份表中变换。

INDIRECT 函数可以更改公式中对单元格（区域）的引用，并不更改公式本身，直接对引用进行计算，并显示其内容。格式为“INDIRECT（ref_text，［a1］）”，ref_text 是必需的参数。

第九章　固定资产岗位

一、固定资产岗位职责

（1）参与制定固定资产采购、固定资产归口管理、折旧、转移、报废等各种管理办法。

（2）参与编制固定资产更新及大修计划。

（3）建立资产卡片，建立资产台账，负责固定资产相关科目的明细核算工作，保证账、物、卡相符。

（4）根据《固定资料折旧报表》每月按时计提固定资产折旧。

（5）会同有关部门定期对固定资产进行盘点，按规定办理盘盈、盘亏、报废审批手续。

（6）参与固定资产定期清查核资工作。

（7）负责与固定资产归口管理部门共同对固定资产、结构和使用效果等进行分析。

（8）负责固定资产管理的其他相关工作。

二、固定资产岗位能力

（1）熟悉、掌握并执行有关资产管理的法律、法规和制度。

（2）掌握资产存量及增减变动情况。

（3）准确及时建立资产卡片、台账的能力。

（4）具备正确核算资产账务的能力。

（5）熟练掌握并能准确计算折旧。

（6）具备分析资产结构和使用情况并编制分析表的能力。

三、固定资产岗位典型工作

固定资产是指企业为生产产品、提供劳务、出租或者经营管理而持有的、使用时间超过一年的价值达到一定标准的非货币性资产，包括房屋、建筑物、机器、机械、运输工具以及其他与生产经营活动有关的设备、器具、工具等。固定资产岗位职责如下：

（1）负责根据更新改造计划和合同，审核原始凭证，编制记账凭证，支付项目款项，进行在建工程核算。

（2）参与固定资产建造工程项目验收会，办理在建工程结算，进行固定资产核算。

（3）负责根据批准的固定资产报废或调出审批单进行固定资产减少核算，结转固定资产清理账户、非流动资产处置的营业外收支账户。

（4）进行固定资产管理，完成建卡、销卡及登账等事后工作。

（5）负责固定资产折旧计算，并按各项成本费用进行分摊。

（6）配合相关部门，参与资产清查，并撰写清查结果总结报告。

四、工作任务

（1）建立固定资产台账。

（2）设计固定资产卡片。

（3）固定资产结构分析。

五、工作实践

（一）建立固定资产台账

企业要求资产管理员建立固定资产台账，进行卡片管理，自动计算折旧数据，要确保固定资产的数据翔实规范，记录完整。北京宇科电器有限公司固定资产数据如图 9－1 所示。

日期：　2019年3月

资产名称	资产编号	类别编号	类别名称	规格型号	制造单位	使用部门	购买日期	启用日期	可使用年限	资产状态	资产来源	资产性质	折旧方法	资产原值	净残值率
办公楼	011023	01	房屋	10万平米			2010/1/1	2017/7/11	50	正常使用	自建	正常	平均年限法	1659620	10.00%
厂房	011016	01	房屋	100万平米				2015/7/22	30	正常使用	自建	正常	双倍余额递减法	5354020	10.00%
仓库	011019	01	房屋	60万平米			2002/5/30	2012/7/10	30	正常使用	自建	正常	平均年限法	158300	10.00%
货车－0152	041006	04	交通运输工具	20吨	东风	销售部	2002/10/9	2014/12/28	10	正常使用	购入	正常	固定余额递减法	127200	2.00%
货车－0158	041007	04	交通运输工具	15吨	东风	销售部	2003/9/30	2012/8/3	10	正常使用	购入	正常	固定余额递减法	126400	2.00%
客车－EA358	041008	04	交通运输工具	35客	东风	后勤部	2004/12/10	2013/10/30	10	正常使用	购入	正常	平均年限法	353300	2.00%
轿车2.0	041009	04	交通运输工具	尼桑	日产	销售部	2005/1/1	2014/10/7	15	正常使用	购入	正常	年限总和折旧法	587500	2.00%
轿车3.0	041010	04	交通运输工具	别克	上海通用		2005/3/1	2013/2/18	15	正常使用	购入	正常	年限总和折旧法	329800	2.00%
笔记本电脑	051055	05	办公设备	IBM		办公室	2004/10/5	2016/1/5	5	正常使用	购入	正常	平均年限法	15600	1.00%
笔记本电脑	051056	05	办公设备	IBM		办公室	2004/10/4	2016/9/18	5	正常使用	购入	正常	平均年限法	17000	1.00%
台式电脑	051057	05	办公设备	DELL		办公室	2002/9/5	2017/6/2	5	正常使用	购入	正常	平均年限法	6100	1.00%
台式电脑	051058	05	办公设备	DELL		后勤部	2002/4/1	2018/2/14	5	正常使用	购入	正常	平均年限法	6000	1.00%
台式电脑	051059	05	办公设备	DELL		后勤部	2003/9/1	2018/10/29	5	正常使用	购入	正常	平均年限法	6100	1.00%
传真机	051066	05	办公设备	松下		销售部	2002/5/30	2013/7/24	10	正常使用	购入	正常	平均年限法	6600	1.00%
机床	020001	02	生产设备	JC-GH01	沈阳	二分公司	1996/5/1	2017/8/30	8	报废	购入	正常	平均年限法	249600	4.00%
机床	021056	02	生产设备	JC-GH65	沈阳	一分公司		2015/4/29	20	正常使用	购入	正常	平均年限法	235800	4.00%
机床	021057	02	生产设备	JC-GH68	沈阳	二分公司		2013/12/14	20	正常使用	购入	正常	平均年限法	279800	4.00%
吊车	021031	02	生产设备	QH-203	沈阳	分公司		2013/5/31	20	正常使用	购入	正常	平均年限法	654800	4.00%
复印机	051077	05	办公设备	佳能		办公室		2016/6/3	5	正常使用	购入	正常	双倍余额递减法	9200	1.00%
复印机	051087	05	办公设备	佳能		销售部		2017/8/30	10	正常使用	购入	正常	平均年限法	8800	1.00%
职工宿舍一期	051087	06	福利设施					2013/10/10	70	正常使用	自建	当月新增	平均年限法	1584800	10.00%
健身器材	051088	06	福利设施	健将				2017/10/3	8	正常使用	购入	当月新增	平均年限法	80900	1.20%

图 9－1　固定资产明细表

由固定资产的历史数据看，类别编号、类别名称、使用部门、资产来源、资产去向、资产状态、资产性质、折旧方法等项目都是规范数据，不允许输入其他内容。整理资产数据如图 9－2 所示。

类别编号	类别名称	使用部门	资产来源	资产去向	资产状态	资产性质	折旧方法
01	房屋	办公室	购入	报废	未使用	正常	平均年限法
02	生产设备	后勤部	自建	出售	在用	本月新增	固定余额递减法
03	工具器具	销售部	投入	投资转出	已提足折旧	本月减少	双倍余额递减法
04	交通运输工具	信息部	盘盈	盘亏	正常使用	本月新增并减少	年限总和折旧法
05	办公设备	一车间	捐赠	捐赠	报废		
06	福利设施	二车间	内部调拨	内部调拨			
			其他	其他			

（表头：固定资产管理参数设置）

图 9-2　固定资产管理参数

选中 A3 单元格，输入 1，把鼠标放到 A3 单元格右下角，当鼠标指针变成十字形状的时候，按下鼠标右键，在下拉菜单中选择“序列”，选中“序列产生在—列”，步长值为 1，终止值为 6，完成向下填充操作。如图 9-3 所示。

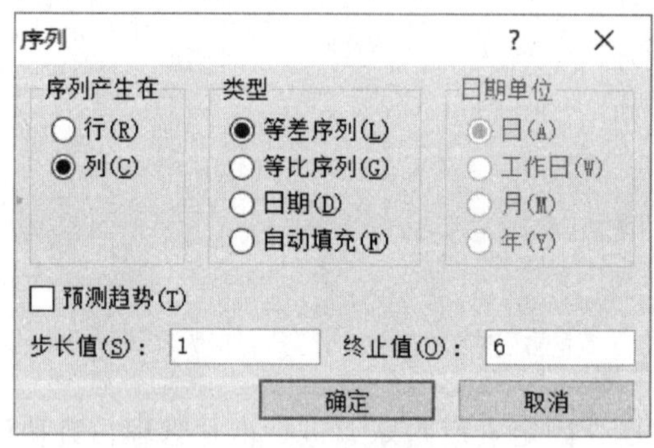

图 9-3　序列明细表

选中 A3：A8 单元格区域，按下“Ctrl + 1”快捷键，将数字格式设置为自定义“00”，如图 9-4 所示。

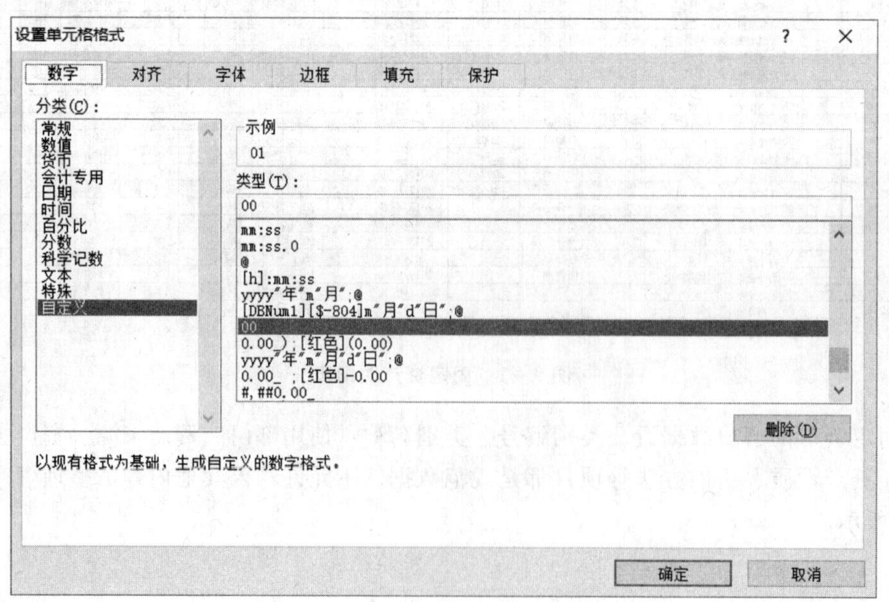

图 9-4　设置单元格格式

选中B3：H9区域，依次单击文件菜单和选项，在“选项”窗口中选择“高级”将“按Enter键后移动所选内容”方向调整为“向下”（默认为向下），然后单击“确定”按钮，如图9-5所示。在编辑栏中输入需要输入的内容后按回车键，你会发现单元格移动的范围只在你选定的范围内。内容输入完成后调整字体、颜色和单元格大小，并套用表格格式。

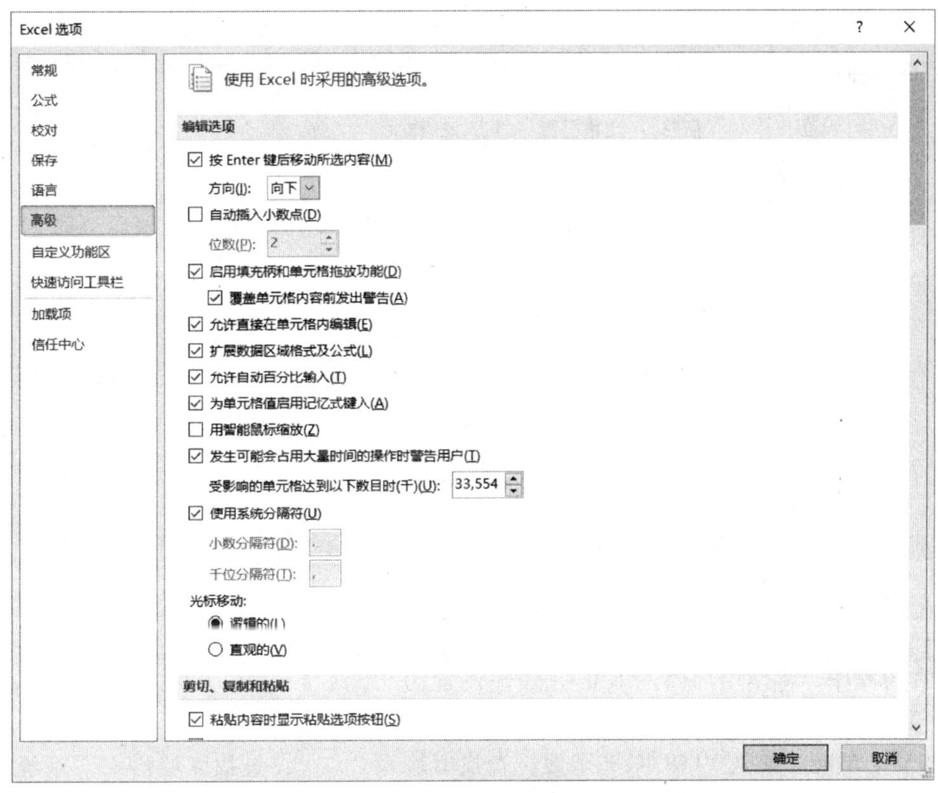

图9-5　逻辑选项

单击公式菜单下的“定义名称”按钮，修改名称为“LBBH”，引用位置修改为“=系统参数设置$A$3：$A$8”，然后单击“确定”按钮，如图9-6所示。

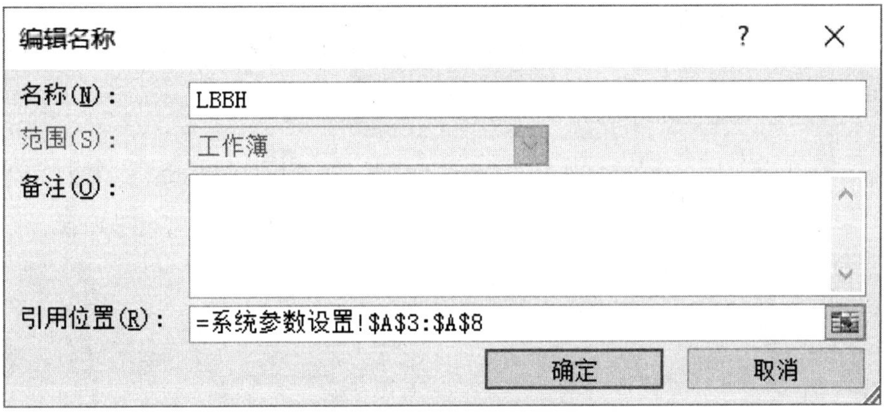

图9-6　系统参数设置

同样的方法设置使用部门（SYBM）、资产来源（ZCLY）、资产去向（ZCQX）、资产状态（ZCZT）、资产性质（ZCXZ）、折旧方法（ZJFF）等。

固定资产明细表设置：

按要求编制表格，选中类别编号标题下的 C4：C27 表格区域，单击“数据”菜单下的“数据有效性”按钮，在允许的下拉框中选择“序列”，来源等于“LBBH”，单击“确定”按钮，如图 9 – 7 所示。

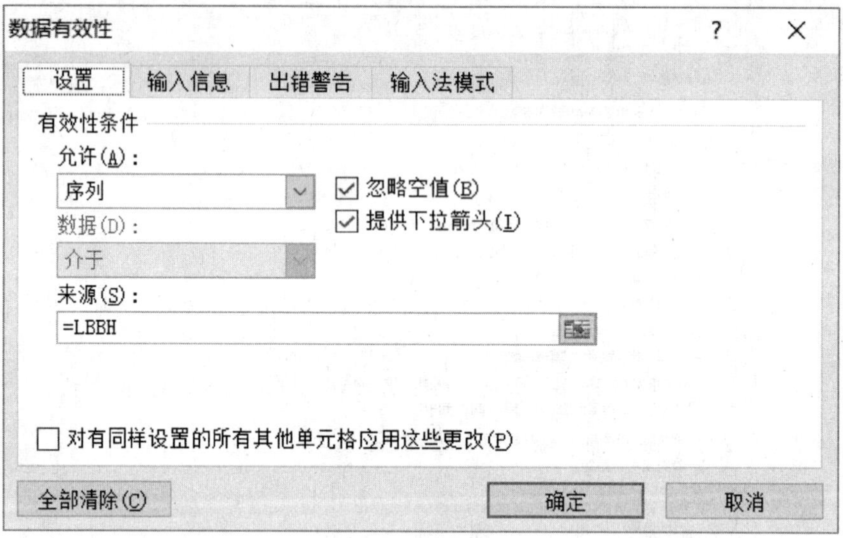

图 9 – 7　数据有效性

同样的操作，将使用部门的数据有效性设置为“SYBM”，资产状态设置为“ZCZT”，资产来源和资产性质分别设置为“ZCXZ”和“ZCLY”。

单击 D4 单元，输入 VLOOKUP 函数，查找值输入“C4”，查找区域输入“系统参数设置 $ A $ 3： $ B $ 101”，列序号输入“2”，查找类型输入“FALSE”，然后单击“确定”按钮，如图 9 – 8 所示。

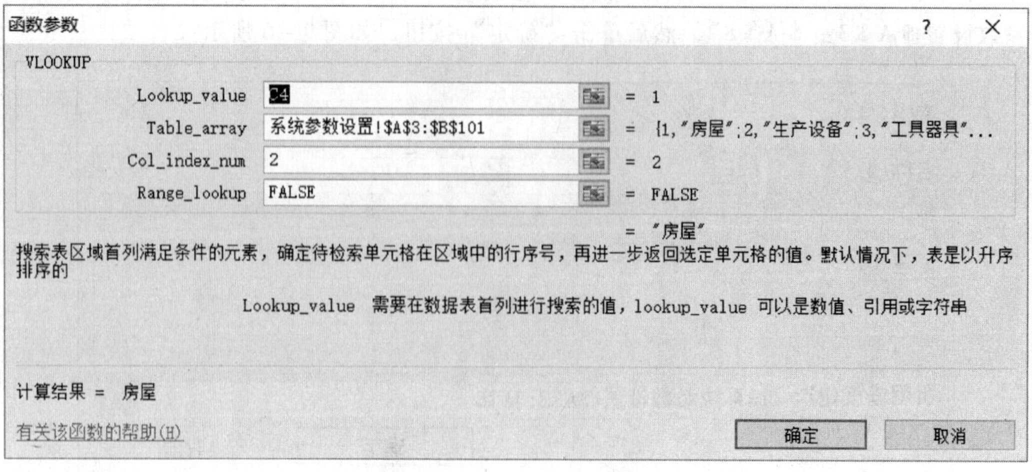

图 9 – 8　数据有效设置

选中 A4：P4 区域，进行下拉复制到符合要求的行，然后进行格式设置，再检验一下数据有效性设置是否正确。将固定资产数据录入到表格中。

固定资产折旧明细表设置：

在固定资产明细表中增加资产残值、已计提月份、月折旧额、本年折旧月数、本年应折旧金额、备注等列。这时我们发现表的结构比较大，不方便查看，我们可以采取分级显示的方法进行设置。选择 B 列到 G 列，单击数据菜单下的"创建组"按钮的向下三角，选择"创建组"功能，也可以按下"Shift + Alt + 右方向键"，这样就设置完成了分级显示，在编辑栏下出现了控制分组显示的减号，单击减号，B 列到 G 列隐藏，单击加号恢复显示。如图 9-9 所示。

图 9-9　数据样表

在 D4 单元格中输入公式"= VLOOKUP（C4，系统参数设置 $A$3：$B$101，2，FALSE)"，这是根据 C4 单元格的资产编号数据运用 VLOOKUP 函数自动查找类别编号数据。

在 P4 单元格中输入"资产的残值率"。

在 Q4 单元格中输入公式"= O4 * P4"，是原值乘以净残值率。

在 R4 单元格中输入公式"= IF（B4 = "",""DATEDIF（I4，TODAY（），"M"））"，TODAY 函数的计算结果是当前的系统日期，DATEDIF 函数是用来计算从启用日期到现在的月份差，即已经计提折旧的月份。

在 T 列单元格中录入的函数要依据 N 列折旧方法而定，如果 N 列是平均年限法则输入公式"= SLN（O4，Q4，J4）/12"，如果 N 列是双倍余额递减法则输入公式"= DB（O4，R4，J4 * 12，INT（（R4/12）+1），12 - MONTH（J4）+1）/12"，如果 N 列是年限总和折旧法则输入公式"= SYD（O4，Q4，J4，INT（R4/12 +1））/12"。

SLN（cost，salvage，life）是平均年限法函数，计算资产在一个期间中的线性折旧值，三个参数是固定资产原值、残值和折旧年限，且都是必填项。

DB（cost，salvage，life，period，[month]）是固定余额递减法函数，cost 是资产原值、salvage 是资产残值、life 是资产的折旧期数（或使用寿命）、period 是折旧值的期间（必须与 life 计量单位相同）、month 是可选项，第一年的月份数，如省略为 12。

DDB（cost，salvage，life，period，[factor]）函数是资产在给定期间内的折旧值，前四个参数与 DB 函数的用法相同，factor 是可选项，表示余额递减速率，如果 factor 被省略，则假设为 2，即双倍余额递减法。

SYD（cost，salvage，life，per）函数是按年限总和折旧法计算资产的指定期间的折旧值，cost 是资产原值、salvage 是资产残值、life 是资产的折旧期数（或使用寿命）、per 是计提折旧值的期间（必须与 life 计量单位相同）。

注：N 列所填入的折旧值是按年计算的。

在 T4 单元格中输入公式“=IF（K4="报废"，0，IF（AND（YEAR（I4）<YEAR（$B$2），YEAR（$B$2）<（YEAR（I4）+J4）），12，12-MONTH（I4）））”。

在 U4 单元格中输入公式“=T4*U4”。

在 V4 单元格中输入公式“=IF（AND（R4/12<J4，K4="正常使用"），"，""请检查状态!"）”。

（二）设计固定资产卡片

按如图 9-10 所示的结构设计固定资产卡片。D3 单元格输入固定资产卡片的编号，卡片上其他项目全部可以自动显示出来。

固定资产卡片

卡片编号				日期	
固定资产编号		固定资产名称			
类别编号		类别名称			
规格型号		部门名称			
增加方式		存放地点			
使用状况		使用年限		开始使用日期	
原值		净残值率		净残值	
折旧方法		已计提月数			

折旧额计算

年份	年折旧额	年折旧率	月折旧额	月折旧率	累计折旧额	折余价值
0					-	-

图 9-10　固定资产卡片

表格编制完成后将表 9-1 所示公式输入各单元格。

表 9-1　各单元格对应的公式

单元格	对应公式
C3	= YEAR(H8)&D4
C5	= INDEX(固定资产折旧明细表! C4:C500,MATCH($D$4,固定资产折旧明细表! $B$4:$B$500,0))
C6	= INDEX(固定资产折旧明细表! E4:E500,MATCH($D$4,固定资产折旧明细表! $B$4:$B$500,0))
C7	= INDEX(固定资产折旧明细表! L4:L500,MATCH($D$4,固定资产折旧明细表! $B$4:$B$500,0))
C8	= INDEX(固定资产折旧明细表! K4:K500,MATCH($D$4,固定资产折旧明细表! $B$4:$B$500,0))
C9	= INDEX(固定资产折旧明细表! O4:O500,MATCH($D$4,固定资产折旧明细表! $B$4:$B$500,0))
C10	= INDEX(固定资产折旧明细表! N4:N500,MATCH($D$4,固定资产折旧明细表! $B$4:$B$500,0))
H3	= 固定资产折旧明细表! B2
E4	= INDEX(固定资产折旧明细表! A4:A500,MATCH($D$4,固定资产折旧明细表! $B$4:$B$500,0))
E5	= INDEX(固定资产折旧明细表! D4:D500,MATCH($D$4,固定资产折旧明细表! $B$4:$B$500,0))
E6	= INDEX(固定资产折旧明细表! G4:G50,MATCH($D$4,固定资产折旧明细表! $B$4:$B$500,0))
E7	= INDEX(固定资产折旧明细表! G4:G50,MATCH($D$4,固定资产折旧明细表! $B$4:$B$500,0))
E8	= INDEX(固定资产折旧明细表! J4:J500,MATCH($D$4,固定资产折旧明细表! $B$4:$B$500,0))
E9	= INDEX(固定资产折旧明细表! Q4:Q500,MATCH($D$4,固定资产折旧明细表! $B$4:$B$500,0))
E10	= INDEX(固定资产折旧明细表! S4:S500,MATCH($D$4,固定资产折旧明细表! $B$4:$B$500,0))
H8	= INDEX(固定资产折旧明细表! I4:I500,MATCH($D$4,固定资产折旧明细表! $B$4:$B$500,0))
H9	= D9 * F9
C17	= IF($D$10 = "","",IF(ROW() - ROW($C$16) < = $F$8,ROW() - ROW($C$16),""))
D17	= IF(C17 = "","",IF($D$10 = "平均年限法",SLN($D$9,$H$9,$F$8),IF($D$10 = "双倍余额法",IF(C17 < = $F$8 - 2,DDB($D$9,$H$9,$F$8,C17),(INDEX($I$17:$I$155,MATCH($F$8 - 2,$C$17:$C$155)) - $H$9)/2),IF($D$10 = "固定余额递减法",DB($D$9,$H$9,$F$8,C17,(12 - MONTH($H$8))),SYD($D$9,$H$9,$F$8,C17)))))
E17	= IF(C17 = "","",D17/$D$9)
F17	= IF(C17 = "","",ROUND(D17/12,2))
G17	= IF(C17 = "","",ROUND(E17/12,4))
H17	= IF(C17 = "","",H16 + D17)
I16	= D9
I17	= IF(C17 = "","",$I$16 - H17)

C16 和 H16 单元格输入 0，D16、E16、F16 和 G16 四个单元格为空。

D3 单元格填写卡片的编号，编号的规则是固定资产的启用年份加固定资产的编号。

I3 单元格填写卡片的日期。

H9 单元格填写净残值，净残值等于原值与残值率的乘积。

D5、D6、D7、D8、D9、D10、F4、F5、F6、F7、F8、F9、F10、H8 等单元格是利用 INDEX 和 MATCH 函数组合在固定资产折旧明细表中取资产的类别编号、规格型号、增加方式、使用状况、原值、折旧方法、固定资产名称、类别名称、部门名称、存放地点、使用年限、净残值率、已计提月数、开始使用日期、净残值等信息。INDEX 函数返回表格或区域中的值或值的引用，其标准格式是（array，row_num，[column_num]），参数 Array 是必需项，是单元格区域或数组常量。另两个参数为行标或列标，两者均为可选项，但至少要有一个，本例中省略了第三个参数，取的是行号，MATCH 函数在本例中搜索的是引用列中搜索内容的相对位置。

C17 单元格填写折旧的年份，利用逻辑函数 IF 进行判断当前折旧年份为空还是在折旧期内的折旧年限。

D17 单元格填写年折旧额，利用逻辑函数 IF 判断 D10 单元格确定的折旧方法，分别使用平均年限法、双倍余额法、固定余额递减法计算年折旧值。

E17 单元格填写年折旧率。

F17、G17 单元格填写月折旧额和月折旧率，即年折旧额（率）除以 12，这里使用了 ROUND 函数进行小数位的限定。ROUND 函数可将某个数字四舍五入为指定的位数。标准格式为 ROUND（number，num_digits），两个参数均为必输入项，number 为要四舍五入的数字，num_digits 为对 number 参数进行四舍五入的位数。

H17 和 I17 为累计折旧额和折余价值。

选中 C17 到 I17 区域可以下拉复制公式。

（三）固定资产结构分析

按图 9 - 11 结构建立固定资产结构分析表。

固定资产结构分析				
固定资产类别	净值	比重	原值	比重
房屋				
生产设备				
工具器具				
交通运输工具				
办公设备				
福利设施				
小计：				

图 9 - 11　固定资产结构分析

各单元格对应的公式如表 9 - 2 所示。

表 9 - 2　　各单位格对应的公式表

单元格	对应公式
B3	= SUMIFS(固定资产折旧明细表！P4:P200,固定资产折旧明细表！D4:D200,A3)
C3	= B3/ $ B $ 9
D3	= SUMIFS(固定资产折旧明细表！O4:O200,固定资产折旧明细表！D4:D200,A3)
E3	= D3/ $ D $ 9
B9	= SUM(B3:B8)
D9	= SUM(D3:D8)

表中 B4 到 E8 区域的公式设置可以通过下拉复制的方式完成。SUMIF 函数可以按多个条件进行单元格求和，标准格式为 SUMIFS（sum_rangecriteria_range1 criteria1［criteria_range2criteria2］…），SUMIFS 和 SUMIF 函数的参数顺序有所不同，sum_range 参数在 SUMIFS 中是第一个参数，而在 SUMIF 中则是第三个参数。sum_range 是求和的区域或单元格，criteria_range1 是关联条件的第一个区域，criteria1 是关联条件。

建立图表操作如下：

选中 A3 到 C8 单元格，打开“插入”菜单下的“插入图表”对话框，选择饼图中最后一个类型后单击“确定”按钮。如图 9 - 12 所示。

图 9 - 12 饼图分析

这时出现“图表”窗口，用鼠标右键单击图表窗口的绘图区，选择下拉菜单中的“选择数据”，打开“选择数据源”窗口，如图 9 - 13 所示。

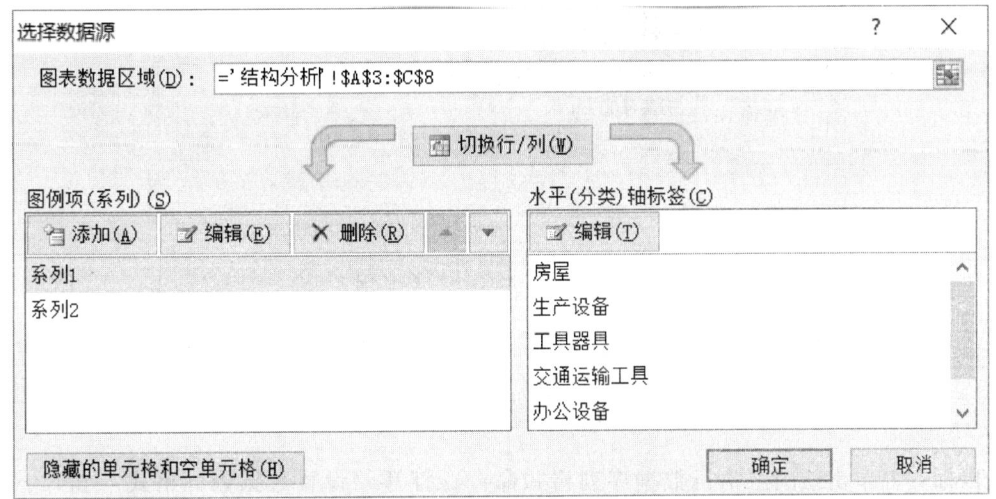

图 9 - 13 数据源

选中左侧图例项的系列 1 进行编辑，将系列名称改为净值，将系列值的引用区间确定为 B3 到 B8 单元格后单击“确定”按钮。如图 9－14 所示。

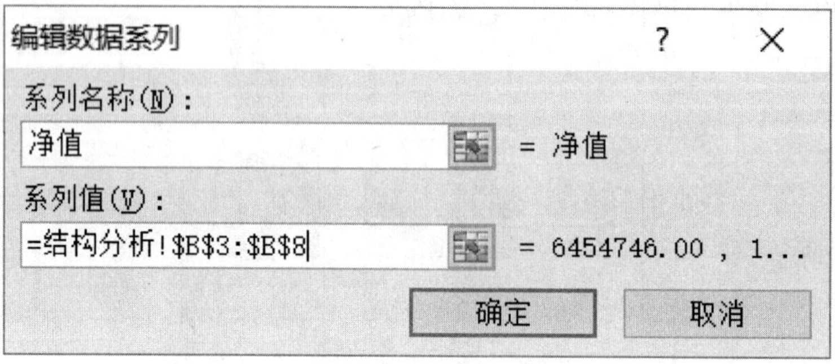

编辑数据系列　？ ×

系列名称(N)：

净值　= 净值

系列值(V)：

=结构分析!$B$3:$B$8　= 6454746.00 , 1...

确定　取消

图 9－14　数据源编辑

同样将系列 2 名称改为占比，将系列值的引用区间确定为 C3 到 C8 单元格。

鼠标右键单击绘图区执行添加数据标签命令，在图例旁边增加了数据标签，鼠标右键选中数据标签，执行设置数据标签格式命令，打开如图 9－15 所示的“设置数据标签格式”窗口，将默认选中的值修改为百分比，然后单击“关闭”按钮。

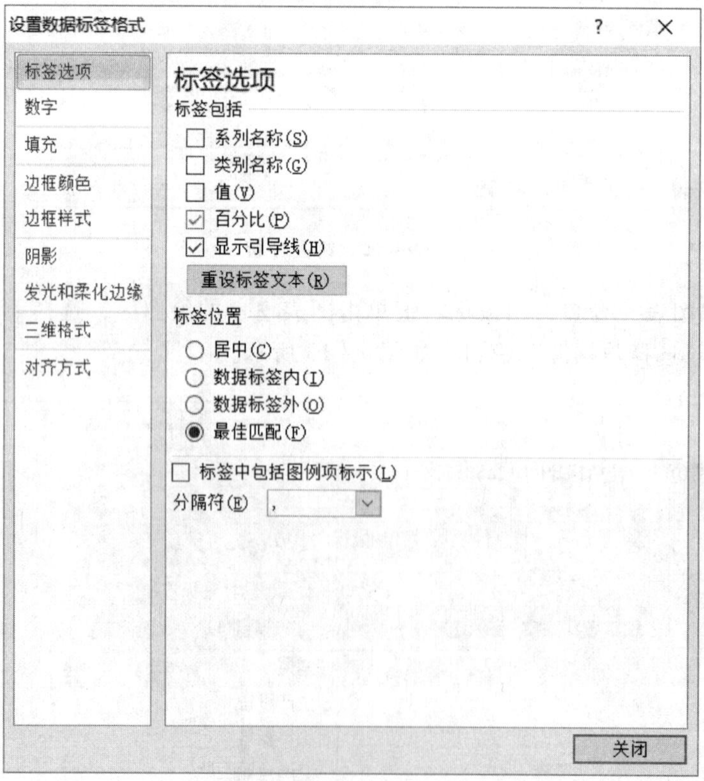

设置数据标签格式　? ×

标签选项
数字
填充
边框颜色
边框样式
阴影
发光和柔化边缘
三维格式
对齐方式

标签选项

标签包括

☐ 系列名称(S)
☐ 类别名称(G)
☐ 值(V)
☑ 百分比(P)
☑ 显示引导线(H)

重设标签文本(R)

标签位置

○ 居中(C)
○ 数据标签内(I)
○ 数据标签外(O)
◉ 最佳匹配(F)

☐ 标签中包括图例项标示(L)

分隔符(E)　,

关闭

图 9－15　数据源设置标签

鼠标右键单击绘图区执行数据序列格式命令，打开“设置数据系列格式”窗口，将第二绘图区包含最后一个值修改为 5，如图 9－16 所示，然后单击“关闭”按钮。

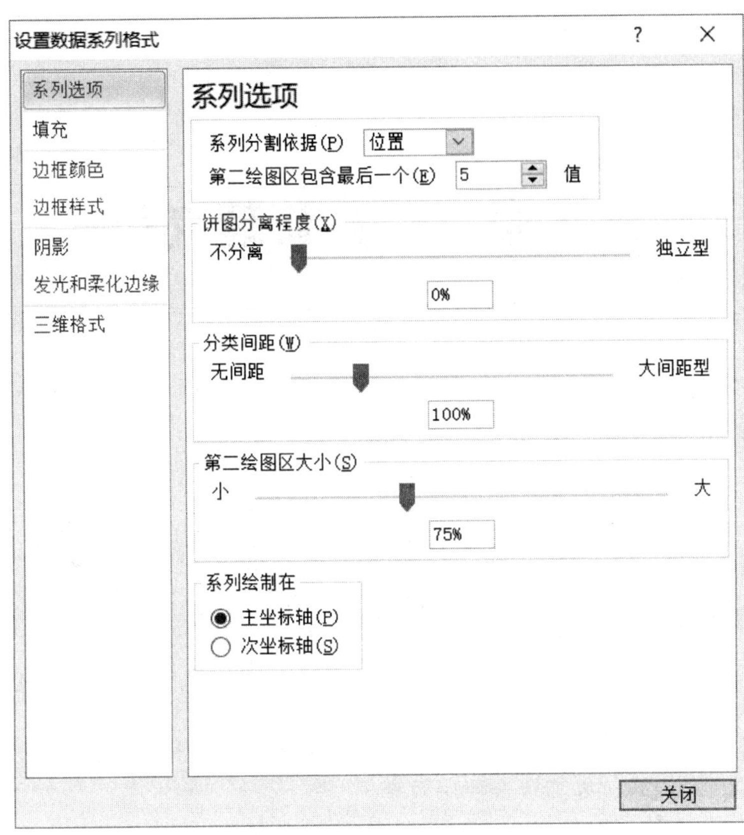

图 9－16　绘图区设置

在图表工具菜单下单击图表标题，选中图表上方，这时在“图表”窗口中出现图表标题文本框，将图表标题修改为“固定资产净值结构分析”，完成固定资产净值结构分析的图表设置。同样的方法可以设置固定资产原值结构分析（如图 9－17 所示）。

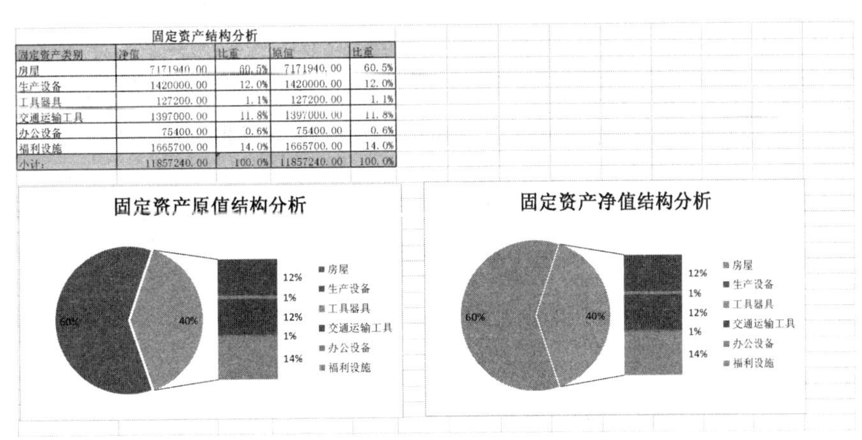

固定资产结构分析

固定资产类别	净值	比重	原值	比重
房屋	7171940.00	60.5%	7171940.00	60.5%
生产设备	1420000.00	12.0%	1420000.00	12.0%
工具器具	127200.00	1.1%	127200.00	1.1%
交通运输工具	1397000.00	11.8%	1397000.00	11.8%
办公设备	75400.00	0.6%	75400.00	0.6%
福利设施	1665700.00	14.0%	1665700.00	14.0%
小计：	11857240.00	100.0%	11857240.00	100.0%

图 9－17　固定资产结构分析表

第十章　财务管理岗位

一、财务管理岗位职责

（1）制定、维护、改进公司财务管理程序和制度，制定年度、季度财务计划。

（2）指导并协调财务稽核、审计、会计等工作并监督其执行情况。

（3）进行成本预测、控制、核算、分析和考核，确保公司利润指标的完成。

（4）密切与生产、营销、计划等部门的工作联系，加强与有关部门的协作配合工作。

（5）审查公司经营计划及各项经济合同，并认真监督其执行。

（6）编制公司财务计划、审查财务计划。拟定资金筹措和使用方案，全面平衡资金，开辟财源，加速资金周转，提高资金使用效率。

（7）负责向公司总经理提供财务分析报告，定期或不定期汇报各项财务收支和盈亏情况。

二、财务管理岗位能力

（1）具备准确计算盈利能力、偿债能力、变现能力、运营效率等企业财务状况分析指标的能力。

（2）能熟练编制收入、费用等预算表格和撰写预测性分析报告的能力。

（3）能草拟财务分析制度。

（4）能编制财务分析报告。

（5）能熟练编制投资项目财务分析报告。

（6）具备编制预算执行报告的能力。

（7）熟悉编制融资项目分析报告。

（8）能熟练撰写经营分析报告。

三、财务管理岗位典型工作

（1）计算盈利能力、偿债能力、变现能力、运营效率等企业财务状况分析指标。

（2）编制收入、费用等预算预测性分析报告。
（3）草拟财务分析制度。
（4）编制财务分析报告。
（5）编制投资项目财务分析报告。
（6）编制预算执行报告。
（7）编制融资项目分析报告。
（8）编制经营分析报告。

四、工作任务

（1）筹资决策。
（2）投资决策。
（3）财务报表分析。
（4）动态指标分析。
（5）盈亏平衡分析。

五、工作实践

（一）筹资决策

企业持续经营离不开资金，资金的筹措途径与方法直接影响企业的经营成本。企业筹资决策是满足企业对资本的需求，对筹资的途径、方法、金额、时间、风险等进行评估，最终确定一个最优资金结构的过程。在筹资过程中，企业的财务人员应该合理运用长期借款、债券筹资、股票筹资、融资租赁等筹资方式，并借助 Excel 强大的计算功能、比较分析功能、图表分析功能，建立企业的筹资分析与管理常用模型，正确评估不同筹资方式下的筹资成本和筹资风险，提出适合本企业的筹资方案，为企业的经营和发展提供有力的资金保障。

企业的生产经营活动是在一定的时间和空间下，以资金的筹集始点，经过资金的投入和使用，以资金的回笼为终点的周而复始的过程。在资金的筹集过程中，要充分考虑资金的时间价值，比较不同筹资方式下的资金成本才能确定筹资的最佳方案。Excel 提供了多种时间价值函数，包括终值计算函数、现值计算函数、年金计算函数、利率计算函数、期数计算函数。

1. 复利终值计算函数 FV（）

终值是指现在投入的一笔资金在若干期以后包括本金和利息在内的未来价值，又称本利和。在 Excel 中用函数 FV 来计算。终值的计算公式为：

$FV = PV\ (1+i)^n$

功能：FV 函数，基于固定利率及等额分期付款方式，返回某项投资的未来值。

格式：FV（rate，nper，pmt，[pv]，[type] ）。

参数说明：

rate 为必填参数，各期利率和计算期间（ 年或月）相对应。

nper 为必填参数，年金的付款总期数必须与利率计算区间相对应。

pmt 为必填参数，各期所应支付的金额，其数值在整个年金期间保持不变。通常，pmt 包括本金和利息，但不包括其他费用或税款。如果省略 pmt 则必须包括 pv 参数。

pv 为可选参数，现值或一系列未来付款的当前值的累积和。如果省略 pv，则假设其值为 0，并且必须包括 pmt 参数。支出款项为负数，收入款项为正数。

type 可选参数，数字 0 或 1，用以指定各期的付款时间是在期初还是期末。如果省略 type，则假设其值为 0。

（1）利用 FV 函数可以完成一次性收付款的复利终值计算。一次性收付款的复利终值的计算是已知收付款项的现值、利率和期限，计算复利到期的终值。

[例 10 - 1] 北京宇科电器有限公司向银行贷款 10 万元，期限 5 年，利率 6.25%，一次性还本付息，该公司到期还款额为多少？

操作步骤如下：

将已知数据和相关参数输入到工作表中建立数据模型，如图 10 - 1 所示。

北京宇科电器有限公司贷款终值计算模型	
贷款年利率（rate）	6.25%
贷款期限（年）（nper）	5
每期偿还（pmt）	-
期初贷款现值（pv）	100000
每期资金收付款时点(type)	-
到期贷款终值(FV)	

图 10 - 1　贷款终值计算模型

在 B7 单元格中，输入“=FV”后，依次按下 Tab 键和 f_x 按钮，打开“插入函数”对话框，输入相应参数，如图 10 - 2 所示。

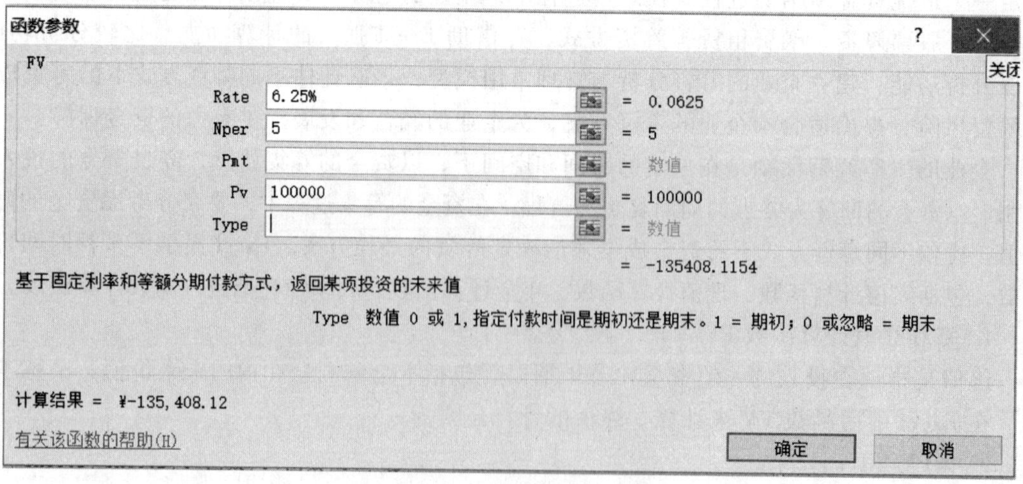

函数参数　? ×　关闭

FV

Rate	6.25%	= 0.0625
Nper	5	= 5
Pmt		= 数值
Pv	100000	= 100000
Type		= 数值

= -135408.1154

基于固定利率和等额分期付款方式，返回某项投资的未来值

Type　数值 0 或 1，指定付款时间是期初还是期末。1 = 期初；0 或忽略 = 期末

计算结果 = ¥-135,408.12

有关该函数的帮助(H)　　确定　　取消

图 10 - 2　FV 函数参数　贷款

或者在 B7 单元格中输入公式“=FV（6.25%，5，100000）”，按“Enter”键后得到结果 -135408.12。注意：因为贷款偿还导致资金流出，结果为负值。如图 10 - 3 所示。

北京宇科电器有限公司贷款终值计算模型	
贷款年利率（rate）	6.25%
贷款期限（年）（nper）	5
每期偿还（pmt）	-
期初贷款现值（pv）	100000
每期资金收付款时点(type)	-
到期贷款终值(FV)	¥-135,408.12

图 10－3　贷款终值计算结果

（2）利用 FV 函数可以完成普通年金复利终值的计算。普通年金是指每期固定支付的金额。普通年金的计算是已知收付款项每期应收付金额、利率和期限，计算到期的终值。

［例 10－2］北京宇科电器有限公司打算为 4 年后预计 80 万元投资项目进行定期存款筹集资金，为此制定如下筹资计划：把账户中闲置资金 25 万元以年利率 4.75% 按月计息存入银行的专项账户，计划每月的月末再存入 1 万元，计算 4 年后专项账户中的余额能否支持该投资项目？

操作步骤如下：

将已知数据和相关项目输入到工作表中建立数据模型，如图 10－4 所示。

北京宇科电器有限公司年金终值计算模型	
存款年利率（rate）	4.75%
存款期限（年）（nper）	4
每期存入（pmt）	-10000
期初存入现值（pv）	-250000
每期资金收付款时点(type)	0
到期账户终值(FV)	

图 10－4　年金终值计算模型

或者在 B7 单元格中输入“＝FV”后，依次按下 Tab 键和 f_x 按钮，打开“插入函数”对话框，如图 10－5 所示。

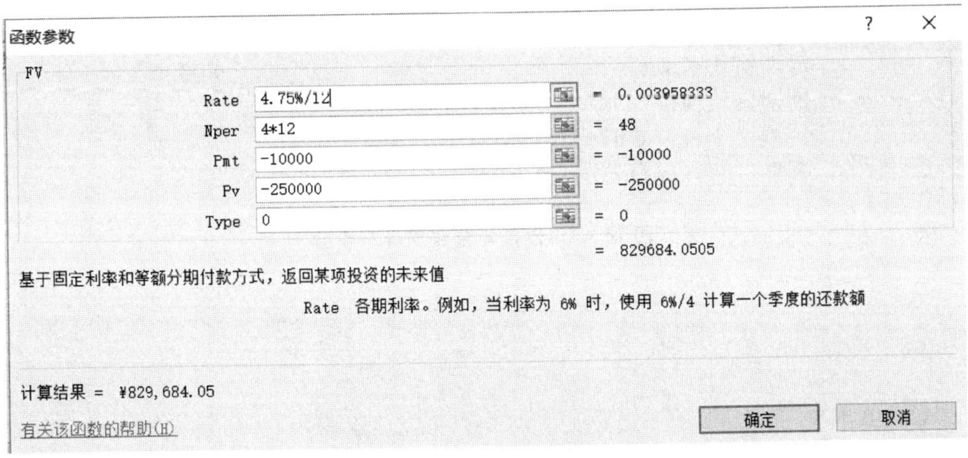

函数参数 ? ×

FV

Rate	4.75%/12	= 0.003958333
Nper	4*12	= 48
Pmt	-10000	= -10000
Pv	-250000	= -250000
Type	0	= 0
		= 829684.0505

基于固定利率和等额分期付款方式，返回某项投资的未来值

Rate　各期利率。例如，当利率为 6% 时，使用 6%/4 计算一个季度的还款额

计算结果 ＝ ¥829,684.05

有关该函数的帮助(H)　　确定　　取消

图 10－5　FV 函数参数－年金

单击“确定”按钮，结果为829 684.05。如图10－6所示。

北京宇科电器有限公司年金终值计算模型	
存款年利率（rate）	4.75%
存款期限（年）（nper）	4
每期存入（pmt）	-10000
期初存入现值（pv）	-250000
每期资金收付款时点(type)	0
到期账户终值(FV)	¥829,684.05

图10－6　年金终值计算结果

也可以直接在B7单元格中输入公式“＝FV（4.75%/12，4＊12，－10000，－250000，0)”，即可求出4年后的账户总额为829 684.05元。因为4年后投资项目的预计金额为800 000元，按照企业制定的筹资计划可筹集资金829 684.05元，所以筹资方案能够支撑该投资项目。

（3）利用FV函数可以完成递延年金复利终值的计算。递延年金是指第一次支付发生在第二期或第二期以后的年金。递延年金的计算是已知收付款项每期应收付金额、利率、年金总期数和递延期数，计算到期的终值。注意：年金支付期设置应该为总期数减去递延期数。

［**例10－3**］北京宇科电器有限公司向合作伙伴X公司借入一笔款项用于扩建办公楼，合同约定还款期限10年，年利率10%，每年复利一次，合同还约定前5年不用还本付息，从6年开始，每年初还本付息80 000元，计算该笔款项的累计还款额。

操作步骤如下：

将已知数据和相关项目输入到工作表中建立数据模型，如图10－7所示。

北京宇科电器有限公司递延年金终值计算模型	
借款年利率（rate）	10.00%
递延期数（m）	5
年金支付期数（nper）	5
借款总期限（年）	10
每期偿还（pmt）	-80000
期初借款现值（pv）	-
每期资金收付款时点(type)	1
到期贷款终值(FV)	

图10－7　递延年金终值计算模型

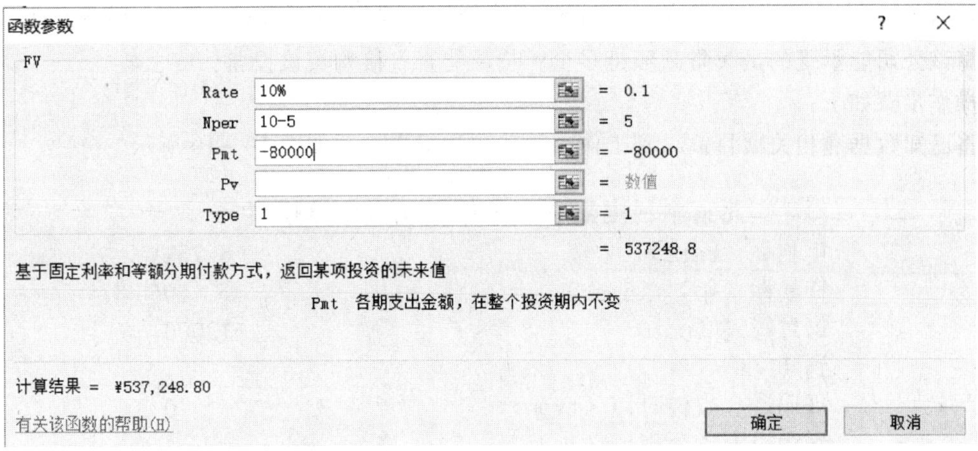

函数参数

FV

Rate　10%　= 0.1

Nper　10-5　= 5

Pmt　-80000　= -80000

Pv　　= 数值

Type　1　= 1

= 537248.8

基于固定利率和等额分期付款方式，返回某项投资的未来值

Pmt　各期支出金额，在整个投资期内不变

计算结果 = ¥537,248.80

有关该函数的帮助(H)

确定　取消

图 10－8　FV 函数参数—递延年金

也可以直接在 B9 单元格中输入公式"＝PV（10%，10－5，－80000，1）"，即可求出 10 年后的累计借款支付总额为 537 248.80 元。如图 10－9 所示。

借款年利率（rate）	10.00%
递延期数（m）	5
年金支付期数（nper）	5
借款总期限（年）	10
每期偿还（pmt）	-80000
期初借款现值（pv）	-
每期资金收付款时点(type)	1
到期累计终值(FV)	¥537,248.80

图 10－9　递延年金终值计算结果

2. 复利现值计算函数 PV（）

现值是指未来一定时间的特定资金按复利计算的现在价值，或者是为取得未来一定的本利和资金，现在需要投入的本金。现值的一般计算公式为 $PV = FV/(1+i)^n$。在 Excel 中，我们通常使用函数 PV 来计算。

功能：PV 函数，返回投资的现值。现值为一系列未来付款的当前值的累积和。

格式：PV（rate，nper，pmt，fv，type）。

说明：rate 为各期利率。

nper 为总投资（或贷款）期，即该项投资（或贷款）的付款期总数。注意：利率和计算期间相对应。

pmt 为各期应支付的金额，其数值在整个年金期间保持不变。

fv 为未来值，或在最后一次支付后希望得到的现金余额，如果省略 fv，则假设其值为零（一笔贷款的未来值即为零）。

type 为数字 0 或 1，用以指定各期的付款时间是在期初（设置 1）还是期末（设置 0）。

[**例 10－4**] 北京宇科电器有限公司想贷款购买一台设备，该设备的市场价格为 100 万

元，目前该公司能承受的偿还能力为每月支付 12 000 元，以年利率 6.75% 进行 10 年贷款，请计算该公司能承受的最大贷款额是多少？贷款能否直接购买该设备？

操作步骤如下：

将已知数据和相关项目输入到工作表中建立数据模型，如图 10－10 所示。

北京宇科电器有限公年金现值计算模型	
年利率（rate）	6.75%
贷款期（年）（nper）	10
每月偿还（pmt）	-12000
到期终值（fv）	
每期资金收付时点（type）	0
到期投资资金现值（PV）	

图 10－10　北京宇科电器有限公司年金现值计算模型

在 B7 单元格中输入公式："＝PV（6.75%/12，10*12，－12000，0）"，即可求出该公司目前最大贷款额度为 1 045 076.64。如图 10－11 所示。

年利率（rate）	6.75%
贷款期（年）（nper）	10
每月偿还（pmt）	-12000
到期终值（fv）	
每期资金收付时点（type）	0
到期投资资金现值（PV）	¥1,045,076.64

图 10－11　北京宇科电器有限公司最大贷款值计算结果

由于该设备目前的市场价格是 100 万元，按照该公司制定的贷款筹资计划，每月偿还 12 000 元的还款计划，目前能够贷款额是 1 045 076.64 元，能够直接购买该设备，所以该公司制定筹资方案是合理的。

利用 PV 函数还可计算递延年金现值。

计算方法一：先用 FV 函数计算递延年金终值 FV，再用 PV 函数折现为现值。

公式：P＝A（F/A，i，n）（P/F，i，m＋n）。注意：n 为实际年数，m 为递延期数。

计算方法二：先计算出没有递延期的每年等额收付现值，再减掉递延虚增的年金现值。

公式：P＝A［（P/A，i，m＋n）－（P/A，i，m）］。注意：n 为实际年数，m 为递延期数。

计算方法三：先计算递延期以后年金现值 PV，再向前折现为现值。

公式：P＝A（P/A，i，n）（P/F，i，m）。注意：n 为实际年数，m 为递延期数。

［例 10－5］ 北京宇科电器有限公司向合作伙伴 X 公司借入一笔款项用于扩建办公楼，合同约定还款期限 10 年，年利率 10%，每年复利一次，合同还约定前 5 年不用还本付息，但后 5 年每年初还本付息 8 万元，计算该笔款项的现值。

操作步骤如下：

将已知数据和相关项目输入到工作表中建立数据模型，如图 10－12 所示。

企业递延年金筹资项目的现值计算模型	
年利率	10.00%
递延期（年）	5
年金期数	5
总期数	
每年年初偿还	-80000
每期支付时点	
借款现值	

图 10－12　年金筹资计算模型

在单元格输入公式，得到结果 207 132.67。如图 10－13 所示。

第一种方法公式为"＝PV（10%，10，FV（10%，5，－80000，1），1）"

第二种方法公式为"＝PV（10%，10，80000，1）－PV（10%，5，80000，1）"

第三种方法公式为"＝PV（10%，10－5，PV（10%，5，－80000，1），1）"

企业递延年金筹资项目的现值计算模型	
年利率	10.00%
递延期（年）	5
年金期数	5
总期数	10
每年年初偿还	-80000
每期支付时点	1
借款现值	¥-207132.67
	¥207132.67
	¥-207132.67

图 10－13　年金筹资计算结果

3. 有价证券计息 ACCRINTM 函数

功能：ACCRINTM 函数返回到期一次性付息有价证券的应计利息。

格式：ACCRINTM（issue，settlement，rate，par，[basis]）。

说明：(1) issue 必填参数，有价证券的发行日，发行日日期要输入正确日期形式；如果日期以文本形式输入，则会出现错误。

(2) settlement 必填参数，有价证券的到期日，日期输入同上。

(3) rate 必填参数，有价证券的年息票利率。

(4) par 必填参数，证券的票面值。如果省略此参数，则默认值为￥10 000。

(5) basis 可选参数，要使用的日计数基准类型。类型 0 或省略：美国方法，30/360；类型 1：实际天数/实际天数；类型 2：实际天数/360；类型 3：实际天数/365；类型 4：欧洲方法，30/360。

ACCRINTM 函数的功能是计算到期一次性付息有价证券的应计利息，而有价证券的到期值即票据的未来值等于面值加上应计利息，而票据贴现值等于到期值减去贴现息，所以通过此函数可以求出单利的现值和终值。

[**例 10－6**] 北京宇科电器有限公司收到合作企业一张面值为 10 万元的带息票据，票面利率为 4.75%。该票据出票日为 2017 年 3 月 11 日，到期日为 2017 年 9 月 10 日，计算票据的到期值是多少？如果在 5 月 10 日到银行办理贴现，银行贴现为 6.25%，则贴现款是多少？

操作步骤如下：

将已知数据和相关项目输入到工作表中建立数据模型，如图 10－14 所示。

商业票据到期值和贴现值计算模型	
票面面值	100000
票面利率	4.75%
出票日	3月11日
到期日	9月10日
贴现日	5月10日
贴现率	6.25%
到期应计利息	
票据到期值	
贴现天数	
贴现利息	
贴现额	

图 10－14　贴现计算模型

在 B8 单元格中输入公式“＝ACCRINTM”后，依次按下 Tab 键和 f_x 按钮，打开“插入函数”对话框，如图 10－15 所示。也可直接输入公式“＝ACCRINTM（B4，B5，B3，B2，2）”，得到应计利息 2 414.58 元。

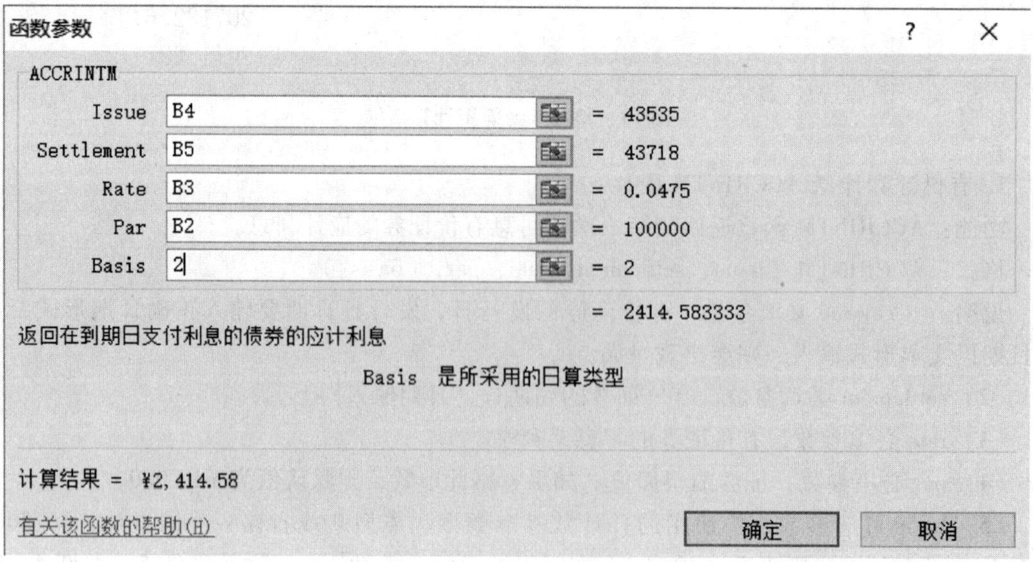

函数参数　　? ×

ACCRINTM

Issue	B4	= 43535
Settlement	B5	= 43718
Rate	B3	= 0.0475
Par	B2	= 100000
Basis	2	= 2

= 2414.583333

返回在到期日支付利息的债券的应计利息

Basis　是所采用的日算类型

计算结果 = ¥2,414.58

有关该函数的帮助(H)　　确定　　取消

图 10－15　计息计算公式

计算到期值：在 B9 单元格中输入公式“=B2+B8”，得到票据到期值为 102 414.58。

计算贴现天数：在 B10 单元格中输入公式“=B5-B6”，得到贴现天数为 123。

计算贴现息：可利用 ACCRINTM 函数来完成，在参数对话框中输入“（贴现日，到期日，贴现利率，到期值，计算类型）”或输入公式“=ACCRINTM（B6，B5，B7，102414.58，2）”，如图 10-16 所示。得到贴现息为 2 186.98。

也可以利用公式“贴现息=贴现天数×贴现息×到期值”计算，结果相同。

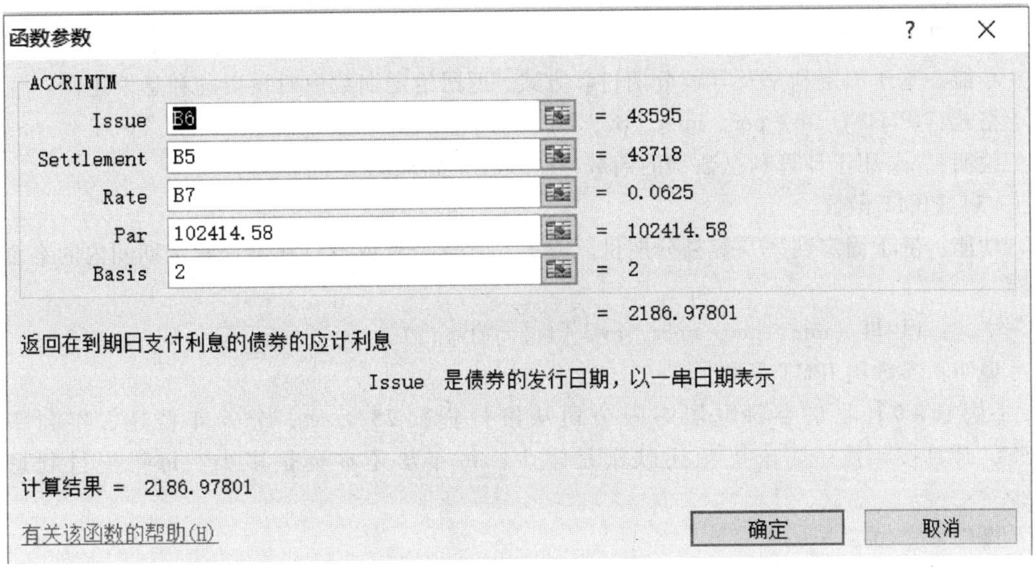

函数参数 ? ×

ACCRINTM

参数	输入	值
Issue	B6	= 43595
Settlement	B5	= 43718
Rate	B7	= 0.0625
Par	102414.58	= 102414.58
Basis	2	= 2

= 2186.97801

返回在到期日支付利息的债券的应计利息

Issue 是债券的发行日期，以一串日期表示

计算结果 = 2186.97801

有关该函数的帮助(H)　　确定　　取消

图 10-16　贴现计算公式

计算贴现额：在 B12 单元格中输入公式“=B9-B11”，得到贴现额为 100 227.61 元，如图 10-17 所示。

商业票据到期值和贴现值计算模型		
票面面值	100000	
票面利率	4.75%	
出票日	3月11日	
到期日	9月10日	
贴现日	5月10日	
贴现率	6.25%	
到期应计利息	¥2,414.58	
票据到期值	¥102,414.58	
贴现天数	123	
贴现利息	¥2,186.98	¥2,186.98
贴现额	¥100,227.61	

图 10-17　计息和贴现计算结果

4. 年金相关函数

年金是指等额或者定期收支的金额，如分期偿还贷款、等额支付养老金、分期付款等。

（1）PMT 函数。

功能：基于固定利率及等额分期付款方式，返回贷款的每期付款额。

格式：PMT（rate，nper，pv，fv，[type]）。

说明：参数 rate、nper、pv、fv、type 分别指利率、期数、现值、未来值、类型。

PMT 返回的支付款项包括本金和利息，但不包括税款、保留支付或某些与贷款有关的费用。

rate 和 nper 对应单位要保持一致性。

（2）IPMT 函数。

功能：基于固定利率及等额分期付款方式，返回给定期数内对投资的利息偿还额。

格式：IPMT（rate，per，nper，pv，fv，type）。

说明：per 用于计算利息数额的期数，必须在 1 到 nper 之间。

（3）PPMT 函数。

功能：基于固定利率及等额分期付款方式，计算贷款或投资在某一给定期间内的本金偿还额。

格式：PPMT（rate，per，nper，pv，[fv]，[type]）。

说明：参数同 IPMT 函数。

[例 10－7] 北京宇科电器有限公司从银行贷款 25 万元，分 5 年偿还，年利率为 10%，计算按年偿还期末等额还款额是多少？每年偿还本金是多少？每年支付利息是多少？

操作步骤如下：

将已知数据和相关项目参数输入到工作表中，建立数据模型，如图 10－18 所示。

北京宇科电器有限公司年金函数计算模型			
年利率（rate）	10.00%		
贷款期（年）（nper）	5		
期初现值（PV）	250000		
到期终值（FV）			
每期资金收付时点（type）	0		
公司每年还款付息汇总表			
年	**每年等额还款额**	**每年还款本金**	**每年支付利息**
1			
2			
3			
4			
5			

图 10－18　年金计算模型

在 B9 单元格中，选择“公式”，插入函数，打开“插入函数”对话框，如图 10－19 所示。

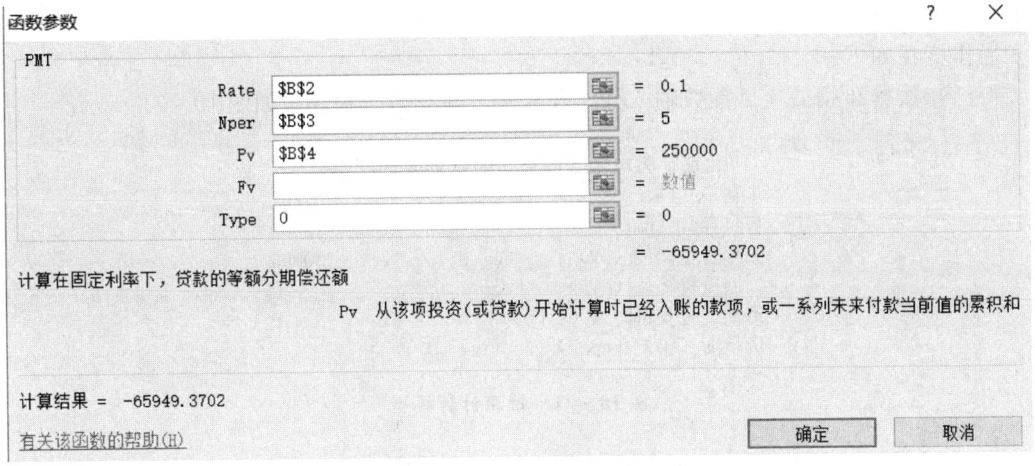

函数参数　?　×

PMT

Rate	$B$2	= 0.1
Nper	$B$3	= 5
Pv	$B$4	= 250000
Fv		= 数值
Type	0	= 0

= -65949.3702

计算在固定利率下，贷款的等额分期偿还额

Pv　从该项投资(或贷款)开始计算时已经入账的款项，或一系列未来付款当前值的累积和

计算结果 = -65949.3702

有关该函数的帮助(H)　确定　取消

图 10－19　年金计算公式参数

也可直接输入公式“＝PMT（$B$2，$B$3，$B$4，0）”，得到每年偿还金额为 65 949.37。注意：B2、B3、B4 单元格一定要绝对引用，这样通过填充的方式复制到 B1：B13 时才不会出错。

在 C9 单元格中输入公式“＝PPMT（$B$2，A9，$B$3，$B$4）”，得到第一年的偿还本金为 40 949.37，注意：per 参数在 A9 单元格要相对引用，其余参数要绝对引用，通过填充的方式复制到 C10：C13，得到其余各年的偿还本金数额。

在 D9 单元格中输入公式“＝IPMT（$B$2，A9，$B$3，$B$4）”，得到第一年的支付利息 25 000，注意：per 参数在 A9 单元格要相对引用，其余参数要绝对引用，通过填充的方式复制到 C10：C13，得到其余各年的偿还本金数额。如图 10－20 所示。

北京宇科电器有限公司年金函数计算模型			
年利率（rate）	10.00%		
贷款期（年）（nper）	5		
期初现值（PV）	250000		
到期终值（FV）			
每期资金收付时点（type）	0		
公司每年还款付息汇总表			
年	每年等额还款额	每年还款本金	每年支付利息
1	¥-65,949.37	¥-40,949.37	¥-25,000.00
2	¥-65,949.37	¥-45,044.31	¥-20,905.06
3	¥-65,949.37	¥-49,548.74	¥-16,400.63
4	¥-65,949.37	¥-54,503.61	¥-11,445.76
5	¥-65,949.37	¥-59,953.97	¥-5,995.40

图 10－20　年金计算结果

5. 计息期数函数 NRER

功能：返回一个 Double 数据类型值，指定定期定额支付且利率固定的年金总期数。

格式：NPER（rate，pmt，pv，fv，type）。

说明：参数 rate、pmt、pv、fv、type 分别指利率、年金、现值、未来值、类型。

[例 10－8] 北京宇科电器有限公司计划购买一台设备，目前市场价为 20 万元，计划每月向银行存款 12 000 元，目前的银行定存年利率为 3.75%，按照这个计划筹集资金需要多

少个月才能筹够这笔款项。

操作步骤如下：

将已知数据和相关项目参数输入到工作表中，建立数据模型，如图 10－21 所示。

北京宇科电器有限公司筹款期限计算模型	
年利率（rate）	3.75%
每月存款（pmt）	12000
预期资金现值（PV）	-200000
到期投资终值（FV）	
每期资金收付时点（type）	0
贷款期（年）（nper）	

图 10－21　计息计算模型

在 B7 单元格中，输入“＝NPER”后，依次按下 Tab 键和 fx 按钮，打开“插入函数”对话框，如图 10－22 所示。

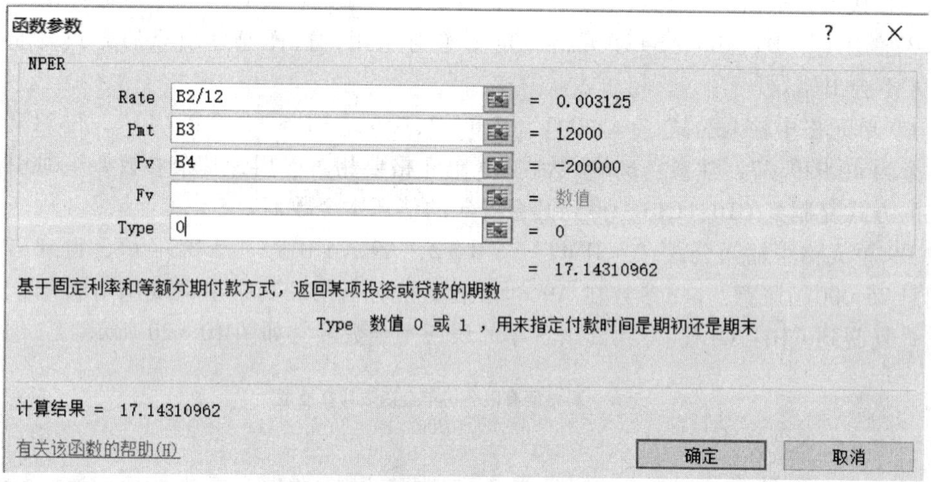

函数参数

NPER

Rate	B2/12	= 0.003125
Pmt	B3	= 12000
Pv	B4	= -200000
Fv		= 数值
Type	0	= 0

= 17.14310962

基于固定利率和等额分期付款方式，返回某项投资或贷款的期数

Type　数值 0 或 1 ，用来指定付款时间是期初还是期末

计算结果 = 17.14310962

有关该函数的帮助(H)　　确定　　取消

图 10－22　计息期数计算函数

也可直接输入公式“＝NPER（B2/12，B3，B4，0)”，得到需要偿还期数为 17.14。如图 10－23 所示。

北京宇科电器有限公司筹款期限计算模型	
年利率（rate）	3.75%
每月存款（pmt）	12000
预期资金现值（PV）	-200000
到期投资终值（FV）	
每期资金收付时点（type）	0
贷款期（年）（nper）	17.14310962

图 10－23　计息期数计算结果

6. 利率函数 RATE

功能：RATE 函数基于等额分期付款的方式，返回某项投资或贷款的实际利率。

格式：RATE（nper，pmt，pv，fv，type，guess）。

说明：guess 为预期利率（估计值），如果省略预期利率，则假设该值为 10%，如果函数 RATE 不收敛，则需要改变 guess 的值。通常情况下当 guess 位于 0 和 1 之间时，函数 RATE 是收敛的。注意：guess 和 nper 单位的一致性。

[**例 10-9**] 北京宇科电器有限公司计划购买一台设备，到期还款额为 400 000 元，期限 5 年，每月期末最大还款 5 220.78 元，计算银行年利率为多少？

操作步骤如下：

将已知数据和相关项目参数输入到工作表中，建立数据模型，如图 10-24 所示。

北京宇科电器有限公司贷款利息计算模型	
还款期数（nper）	5
每月还款额（pmt）	-5220.78
预期还款现值（pv）	
到期还款终值（fv）	400000
每期资金收付时点（type）	0
贷款利率（RATE）	

图 10-24　利率计算模型

在 B7 单元格中输入“=RATE”后，依次按下 Tab 键和 fx 按钮，打开“插入函数”对话框，计算出的贷款利率为月利率 0.007997，如图 10-25 所示。

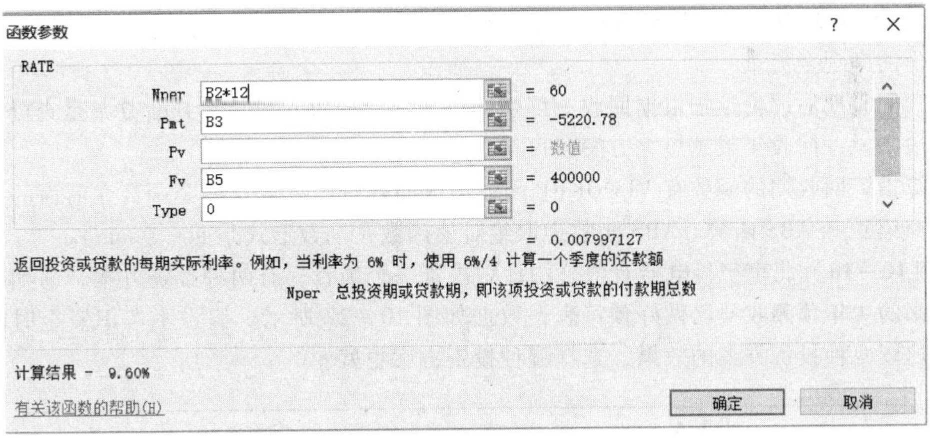

函数参数　?　×

RATE

Nper　B2*12　= 60

Pmt　B3　= -5220.78

Pv　　= 数值

Fv　B5　= 400000

Type　0　= 0

= 0.007997127

返回投资或贷款的每期实际利率。例如，当利率为 6% 时，使用 6%/4 计算一个季度的还款额

Nper　总投资期或贷款期，即该项投资或贷款的付款期总数

计算结果 = 9.60%

有关该函数的帮助(H)　确定　取消

图 10-25　利率计算函数

也可直接输入公式“=NPER（B2/12，B3，B4，0）*12”，利用函数 RATE 得出的是月利率，所以要乘以 12，得到年利率为 9.6%，如图 10-26 所示。

北京宇科电器有限公司贷款利息计算模型	
还款期数（nper）	5
每月还款额（pmt）	-5220.78
预期还款现值（PV）	
到期还款终值（FV）	400000
每期资金收付时点（type）	0
贷款利率（RATE）	9.60%

图 10-26　利率计算结果

（二）投资决策

长期项目投资一般具有投资金额大、投资回收期较长等特点，故进行投资决策分析时必须充分考虑货币时间价值因素和投资风险价值因素，Excel 2010 提供了计算净现值、内部收益率、回收期等指标的财务函数，能有效帮助企业进行投资项目效益预测和风险评估，选择最佳的投资方案，并做出最优的投资决策。

1. 投资回收期法

投资回收期法是指用投资项目经营期的净现金流量回收初始投资所用的时间。也就是计算项目投产后在正常生产经营条件下的收益额和计提的折旧额、无形资产摊销额用来收回项目总投资所需的时间与行业基准投资回收期对比来分析项目投资财务效益的一种静态分析法。投资回收期可分为静态回收期和动态回收期。

（1）静态投资回收期。静态投资回收期是在不考虑资金时间价值的条件下以项目的净收益回收其全部投资所需要的时间。

（2）动态投资回收期。在采用投资回收期指标进行项目评价时，为克服静态投资回收期未考虑资金时间价值的缺点，就要采用动态投资回收期。

各年的现金净流量相等的静态回收期的计算公式为：

投资回收期（年）＝投资总额÷年现金净流量（Pt＝K/A）

若各年的现金净流量不相等，投资回收期的计算须考虑各年末的累计现金净流量与各年末尚未回收的投资额，计算公式为：

Pt＝累计净现金流量开始出现正值的年份数－1＋上一年累计净现金流量的绝对值/出现正值年份的净现金流量

投资回收期法评价是指根据回收全部初始投资资金的时间长短来判断方案是否可行的方法。一般来说，回收年限越短，方案越可行。

计算投资回收期的函数有 VLOOKUP 函数、纵向查找函数（这两个函数在前面的常用函数中已介绍）和 ABS 函数。ABS 函数为取绝对值函数，函数形式是 abs（num）。

［**例 10－10**］北京宇科电器有限公司计划投资一个项目，有两种投资方案，前期投资金额和未来的 4 年预测收益已做好预算表，数据如图 10－27 所示。假设不考虑资金时间价值因素，比较两种投资方案的效果，选择哪种投资方案更好？

方案 A			方案 B		
年份	投资	收入	年份	投资	收入
0	60000		0	40000	
1		25000	1		13000
2		39000	2		28000
3		45000	3		41000
4		60000	4		48000

图 10－27　投资方案收支预算表

操作步骤如下：

将已知数据和相关项目参数输入到工作表中，建立数据模型，如图 10－28 所示。

企业投资方案A				
年份	投资	收入	净现金流量	累计现金流量
0	60000			
1		25000		
2		39000		
3		45000		
4		60000		
累计现金流量为正的开始年份				
投资回收期				
企业投资方案B				
年份	投资	收入	净现金流量	累计现金流量
0	40000			
1		13000		
2		28000		
3		41000		
4		48000		
累计现金流量为正的开始年份				
投资回收期				

图 10－28　投资方案模型

净现金流量计算：在 D3 单元格中输入公式“＝C3－B3”，将鼠标置于 D3 右下角利用拖动填充方法，计算出 D4：D7 的各年净现金流量。

累计净现金流量计算：在 E3 单元格中输入公式“＝D3”，在 E4 单元格中输入公式“＝E3＋D4”，将鼠标置于 E4 右下角，利用拖动填充方法，计算出 E5：E7 的各年累计净现金流量。

查找累计净现金流量为正开始年份为 2，所以在 E8 单元格，输入 2。

在 E9 单元格中输入公式“＝（E8－1）＋ABS（VLOOKUP（E8－1，A3：E7，5，FALSE））/VLOOKUP（E8，A3：E7，4，FALSE）”，“E8－1”为累计净现金流量开始出现正值的上一年，“ABS（VLOOKUP（E8－1，A3：E7，5，FALSE））/VLOOKUP（E8，A3：E7，4，FALSE）”表示上一年累计净现金流量的绝对值与出现正值年份的净现金流量的比值，计算出 A 方案回收期为 1.90。如图 10－29 所示。

企业投资方案A				
年份	投资	收入	净现金流量	累计现金流量
0	60000		-60000	-60000
1		25000	25000	-35000
2		39000	39000	4000
3		45000	45000	49000
4		60000	60000	109000
累计现金流量为正的开始年份				2
投资回收期				1.90

图 10－29　投资方案函数结果

同理，用公式“＝（E18－1）＋ABS（VLOOKUP（E18－1，A13E17，5，FALSE））/VLOOKUP（E18，A13E17，4，FALSE）”计算出 B 方案回收期为 1.96。如图 10－30 所示。

企业投资方案B				
年份	投资	收入	净现金流量	累计现金流量
0	40000		-40000	-40000
1		13000	13000	-27000
2		28000	28000	1000
3		41000	41000	42000
4		48000	48000	90000
累计现金流量为正的开始年份				2
投资回收期				1.96

图 10－30　投资方案函数结果

将 A 和 B 方案的投资回收期进行比较，A 方案回收期小于 B 方案回收期，所以最佳投资方案为 A 方案。

2. 净现值法

净现值是一项投资所产生的未来现金流的折现值与项目投资成本之间的差值。净现值法是评价投资方案的常用方法。净现值为正值时，投资方案是可以接受的，净现值是负值时，投资方案是不可以接受的。净现值越大，投资方案越好。

计算公式为：

净现值＝未来报酬总现值－投资总额的现值。

在 Excel 中用函数 NPV 来计算净现值。

功能：通过使用贴现率以及一系列未来支出（负值）和收入（正值），返回一项投资的净现值。

格式：NPV（rate，value1，value2，…）。

说明：rate 为某一期间的贴现率，是一固定值。

value1，value2，……为 1 到 29 个参数，代表支出及收入。

NPV 使用 value1，value2，……的顺序来解释现金流的顺序，所以务必保证支出和收入的数额按正确的顺序输入。

［**例 10－11**］在［**例 10－10**］中，假设投资者期望的报酬率为 8%，用净现值法比较两种的投资效果，选择哪种投资方案更好？

操作步骤如下：

将已知数据和相关项目参数输入到工作表中，建立数据模型，如图 10－31 所示。

期望报酬率为：		8%	
企业投资方案A			
年份	投资	收入	净现金流量
0	60000		-60000
1		25000	25000
2		39000	39000
3		45000	45000
4		60000	60000
净现值			
企业投资方案B			
年份	投资	收入	净现金流量
0	40000		-40000
1		13000	13000
2		28000	28000
3		41000	41000
4		48000	48000
净现值			

图 10－31　投资方案模型

在 D9 单元格中输入公式“ = NPV（8%，D5：D8）+ D4”，由于第 1 - 4 年的收入额发生在年末，而投资额 6 万元发生在年初，因此在保证各期长度一致的原则上，年初 6 万元应该单独加上，得出 A 方案净现值为 76 408.60。如图 10 - 32 所示。

期望报酬率为：		8%	
企业投资方案A			
年份	投资	收入	净现金流量
0	60000		-60000
1		25000	25000
2		39000	39000
3		45000	45000
4		60000	60000
	净现值		¥76,408.60

图 10 - 32 投资方案函数结果

同理在 D18 单元格中输入公式“ = NPV（C1D14：D17）+ D13”，得出 B 方案净现值为 63 871.08。如图 10 - 33 所示。

将 A 和 B 方案的净现值进行比较，A 方案净现值 76 408.6 大于 B 方案净现值 63 871.08，所以最佳投资方案为 A 方案。

企业投资方案B			
年份	投资	收入	净现金流量
0	40000		-40000
1		13000	13000
2		28000	28000
3		41000	41000
4		48000	48000
	净现值		63871.08

图 10 - 33 投资方案函数结果

3. 内含报酬率法

内含报酬率法是指能够使未来现金流入现值等于未来现金流出现值的贴现率，或者说是使投资方案净现值为零的贴现率。内含报酬率大于资金成本率则方案可行，且内含报酬率越高方案越优。计算方法为：

$(IRR = r1 + [(r2 - r1)/(|b| + |c|)] \times |b|)$

在 Excel 中用函数 IRR 来计算内含报酬率。

功能：返回由数值中的数字表示的一系列现金流的内部收益率。

格式：IRR（values [guess]）。

说明：values：表示数组或单元格的引用，这些单元格包含用来计算内部收益率的数字。values 必须包含至少一个正值和一个负值，以计算返回的内部收益率。

IRR 使用值的顺序说明现金流的顺序。

guess 可选：对函数 IRR 计算结果的估计值。

[例 10 - 12] 在 **[例 10 - 10]** 中，假设资金成本率为 8%，用内含报酬法比较两种的投资效果，选择哪种投资方案更好？

操作步骤如下：

将已知数据和相关项目参数输入到工作表中，建立数据模型，如图 10 - 34 所示。

资金成本率为:		8%	
企业投资方案A			
年份	投资	收入	净现金流量
0	60000		-60000
1		25000	25000
2		39000	39000
3		45000	45000
4		60000	60000
	内含报酬率		
企业投资方案B			
年份	投资	收入	净现金流量
0	40000		-40000
1		13000	13000
2		28000	28000
3		41000	41000
4		48000	48000
	内含报酬率		

图 10 - 34　投资方案模型

在 D9 单元格中输入公式“ = IRR（D4：D8）”，得出 A 方案内含报酬率为 49.13%，如图 10 - 35 所示。

资金成本率为:		8%	
企业投资方案A			
年份	投资	收入	净现金流量
0	60000		-60000
1		25000	25000
2		39000	39000
3		45000	45000
4		60000	60000
	内含报酬率		49.13%

图 10 - 35　投资方案函数结果

同理在 D18 单元格中输入公式“ = IRR（D13：D17）”，得出 B 方案内含报酬率为 54.01%，如图 10 - 36 所示。

企业投资方案B			
年份	投资	收入	净现金流量
0	40000		-40000
1		13000	13000
2		28000	28000
3		41000	41000
4		48000	48000
	内含报酬率		54.01%

图 10 - 36　投资方案函数结果

将 A 和 B 方案的内含报酬率进行比较，A 方案内含报酬率 49.13% 小于 B 方案内含报酬率 54.01%，并且都大于资金的成本率 8%，所以最佳投资方案为 B 方案。

4. 盈利指数法

盈利指数法是能够用于评价资本预算项目的一种对货币的时间价值进行调整的方法。盈利指数（profitabil ity index）是指初始投资以后所有预期未来现金流的现值与初始投资的值。

盈利能力指数（PI）=初始投资所带来的后续现金流量的现值/初始投资

如果投资项目的盈利能力指数大于 1.0，该投资项目就是可以接受的。投资项目的盈利能力指数越高，该投资项目的盈利能力也越大，其投资可行性也越大。

[例 10－13] 在 **[例 10－10]** 中，假设资金成本率为 8%，用盈利指数法比较两种的投资效果，选择哪种投资方案更好？

操作步骤如下：

将已知数据和相关项目参数输入到工作表中，建立数据模型，如图10－37 所示。

企业投资方案A		
年份	投资	收入
0	60000	
1		25000
2		39000
3		45000
4		60000
净现值	60000	136408.60
盈利指数		
企业投资方案B		
年份	投资	收入
0	40000	
1		13000
2		28000
3		41000
4		48000
净现值	40000	103871.08
盈利指数		

图 10－37　投资方案模型

在 B9 单元格中输入投资现值 60 000，在 C9 单元格输入公式“=NPV（C1，C5：C8）”，得出预期收入现值为 136 408.6，在 C10 单元格输入公式“=C9/B9”。如图 10－38 所示。

资金成本率为：		8%
企业投资方案A		
年份	投资	收入
0	60000	
1		25000
2		39000
3		45000
4		60000
净现值	60000	136408.60
盈利指数		2.27

图 10－38　投资方案函数结果

同理在B19单元格中输入投资现值60 000，在C19单元格输入公式“=NPV（C1，C15：C18）”，得出预期收入现值为103 871.08，在C20单元格输入公式“=C19/B19”，如图10－39所示。

企业投资方案B		
年份	投资	收入
0	40000	
1		13000
2		28000
3		41000
4		48000
净现值	40000	103871.08
盈利指数		2.60

图10－39　投资方案函数结果

将A和B方案的盈利指数进行比较，A方案盈利指数2.27小于B方案盈利指数2.6，所以最佳投资方案为B方案。

在运用投资回收期法、净现值法、内含报酬率法和盈利指数法这四种方法评价同一投资项目可行性时会得出相同的结论。但是，如果要从多个备选方案中选择最佳方案时，运用上述四种方法得出的结论有可能出现排序不同的情况。

运用投资回收期法评价两种以上投资方案时，投资回收期越短，方案可行性最佳，但投资回收期法的弊端是忽略了资金的时间价值，没有考虑回收资金的现值，也无法衡量盈利的大小，这种方法评价投资项目可能使投资人只考虑短期回收快的项目，而忽略长期的盈利较大的项目。

净现值法与投资回收期法相比，考虑了资金的时间价值，也考虑了盈利性，是应用广泛的一种投资决策方法。但这种方法的弊端是在两个方案都有收益时，无法衡量出哪个方案盈利更大。

盈利指数法反映投资的效率，能够解决不同投资规模的投资方案的盈利大小问题，使不同规模的投资决策能够进行合理比较。

净现值法和盈利指数法虽然考虑了资金时间价值和盈利性，但是在相对于资金成本率已知条件下进行比较的，要事先计算出资金成本率。而内含报酬率法可以计算出项目本身投资报酬率的大小。

综上分析，在对投资方案进行分析时，要全面综合考虑，不要用单一方法直接判断。方案互斥得出不一致的结论时，有两种处理方法：一是由于净现值最大符合企业利益最大化的原则，因此以净现值法的结论为准；二是可以构造差量方案，然后对差量方案进行评价。

（三）财务报表分析

财务报表分析主要根据资产负债表、利润表和现金流量表所提供的信息对企业的财务、运营、发展前景等方面进行全面系统的分析，通常运用结构百分比分析法、比率分析法、比较分析法、趋势分析法等方法进行财务状况（结构）分析、营运能力分析、偿债能力分析和盈利能力分析等。

1. 结构百分比分析法

结构百分比分析法是以某一财务报表中不同科目编制百分比报表进行分析，即将财务报表中的某个总体指标的数据作为100%，然后计算出其他组成项目指标占该总体指标的百分比，从而揭示出各项目的数据在公司财务中的比例关系。

通常，在利润表中以营业收入为基数，在资产负债表以资产总额为基数。下面以北京宇科电器有限公司利润表为例进行结构百分比分析。

[例10－14] 以2016年、2017年北京宇科电器有限公司利润表（如表10－1所示）中营业收入为基数，利用结构百分比分析法比较利润表其他各项占总额的比重。

表10－1　　**利　润　表**

编制单位：北京宇科电器有限公司　　2017年12月31日　　单位：元

项　　目	本期金额	上期金额
一、营业收入	119 225 000.00	106 650 000.00
减：营业成本	72 011 988.00	66 210 989.00
税金及附加	1 495 023.19	1 383 972.31
销售费用	2 535 794.70	2 304 503.50
管理费用	4 444 551.80	4 185 986.65
研发费用	35 000.00	
财务费用	－208 389.82	27 255.36
其中：利息费用		
利息收入		
资产减值损失	33 792.00	
加：其他收益		
投资收益（损失以“－”号填列）	－11 437.74	1 562.26
其中：对联营企业和合营企业的投资收益		
公允价值变动收益（损失以“－”号填列）	15 000.00	－80 000.00
资产处置收益（损失以“－”号填列）		
二、营业利润（亏损以“－”号填列）	38 880 802.39	32 458 855.44
加：营业外收入	108 500.00	108 500.00
减：营业外支出	138 294.00	87 212.80
三、利润总额（亏损总额以“－”号填列）	38 851 008.39	32 480 142.64
减：所得税费用	9 745 879.60	
四、净利润（净亏损以“－”号填列）	29 105 128.79	32 480 142.64

调出2017年12月31日利润表。在本期金额、上期金额后分别插入两列，分别设置B至E的列标题为“2017年金额”、“各项比例”、“2016年金额”、“各项比例”。

在C4单元格中输入公式“＝IF（B4＝"",""，B4/＄B＄4)”，注意：＄B＄4作用是将B4单元格的营业收入作为分母，固定不变。利用IF函数是为了判断单元格中是否有数值，如果没有数值，不显示比例值，计算出 2017 年营业收入指标数据作为 100%，将鼠标定位在 C4 单元格右下角，向下填充，计算出其余指标。

同理在 E4 单元格中输入公式“ = IF （D4 = "",""，D4/ $ D $ 4)”，计算出 2016 年营业收入指标数据作为 100%，将鼠标定位在 E4 单元格右下角，向下填充，计算出其余指标。

结果如表 10 - 2 所示。

表 10 - 2　　**利　润　表**

编制单位：北京宇科电器有限公司　　单位：元

项　目	2017 年金额	各项比例	2016 年金额	各项比例
一、营业收入	119 225 000. 00	100. 00%	106 650 000. 00	100. 00%
减：营业成本	72 011 988. 00	60. 40%	66 210 989. 00	62. 08%
税金及附加	1 495 023. 19	1. 25%	1 383 972. 31	1. 30%
销售费用	2 535 794. 70	2. 13%	2 304 503. 50	2. 16%
管理费用	4 444 551. 80	3. 73%	4 185 986. 65	3. 92%
研发费用	35 000. 00	0. 03%		
财务费用	- 208 389. 82	- 0. 17%	27 255. 36	0. 03%
其中：利息费用				
利息收入				
资产减值损失	33 792. 00	0. 03%		
加：其他收益				
投资收益（损失以“ - ”号填列）	- 11 437. 74	- 0. 01%	1 562. 26	0. 00%
其中：对联营企业和合营企业的投资收益				
公允价值变动收益（损失以“ - ”号填列）	15 000. 00	0. 01%	- 80 000. 00	- 0. 08%
资产处置收益（损失以“ - ”号填列）				
二、营业利润（亏损以“ - ”号填列）	38 880 802. 39	32. 61%	32 458 855. 44	30. 43%
加：营业外收入	108 500. 00	0. 09%	108 500. 00	0. 10%
减：营业外支出	138 294. 00	0. 12%	87 212. 80	0. 08%
三、利润总额（亏损总额以“ - ”号填列）	38 851 008. 39	32. 59%	32 480 142. 64	30. 45%
减：所得税费用	9 745 879. 60	8. 17%		
四、净利润（净亏损以“ - ”号填列）	29 105 128. 79	24. 41%	32 480 142. 64	30. 45%

2. 比率分析

比率分析是财务报表分析中最重要的方法，可以通过偿债能力比率、营运能力比率、盈利能力比率、发展能力比率对企业的财务报表进行分析，从而评价企业对外的偿债能力、经营发展能力和盈利能力。

（1）偿债能力比率。反映企业偿债能力的财务比率主要有两种：一是衡量企业短期偿债能力的指标，包括流动比率、速动比率和现金比率三项；二是衡量企业长期偿债能力的指标，包括资产负债率、权益乘数、产权比率和已获利息倍数等。

①流动比率。流动比率是流动资产与流动负债的比率，表明企业每一元流动负债有多少流动资产作为偿还保证，反映企业用可在短期内转变为现金的流动资产偿还到期流动负债的能力。一般情况下，流动比率越高，说明企业短期偿债能力越强。国际上通常认为，流动比率的下限为100%，而流动比率等于200%时较为适当。其计算公式为：

流动比率 = 流动资产 ÷ 流动负债

②速动比率。速动比率是企业速动资产与流动负债的比率。其中，速动资产是指流动资产减去变现能力较差且不稳定的存货、预付账款、待摊费用等后的余额。一般情况下，速动比率越高，说明企业偿还流动负债的能力越强。国际上通常认为，速动比率等于100%时较为适当。其计算公式为：

速动比率 = 速动资产 ÷ 流动负债

速动资产 = 流动资产 - 存货 - 预付账款 - 待摊费用

③现金比率。现金比率是企业一定时期的现金和短期证券的总和同流动负债的比率，现金比率越大，越能保障企业按期偿还到期债务。但是，该指标也不是越大越好，指标过大表明企业流动资金利用不充分，获利能力不强。其计算公式为：

现金比率 = （现金 + 短期证券） ÷ 流动负债

④资产负债率。资产负债率又称负债比率，是指企业负债总额对资产总额的比率，反映企业资产对债权人权益的保障程度。一般情况下，资产负债率越小，说明企业长期偿债能力越强。保守的观点认为，资产负债率不应高于50%，而国际上通常认为，资产负债率等于60%时较为适当。其计算公式为：

资产负债率 = （负债总额 ÷ 资产总额） × 100%

⑤产权比率。产权比率也称资本负债率，是指企业负债总额与所有者权益总额的比率，反映企业所有者权益对债权人权益的保障程度。一般情况下，产权比率越低，说明企业长期偿债能力越强。产权比率与资产负债率对评价偿债能力的作用基本相同，两者的主要区别是：资产负债率侧重于分析债务偿付安全性的物质保障程度；产权比率则侧重于揭示财务结构的稳健程度以及自有资金对偿债风险的承受能力。其计算公式为：

产权比率 = （负债总额 ÷ 股东权益） × 100%

⑥已获利息倍数。已获利息倍数是指企业一定时期息税前利润与利息支出的比率，反映了获利能力对债务偿付的保障程度。其中，息税前利润总额是指利润总额与利息支出的合计数，利息支出是指实际支出的借款利息、债券利息等。一般情况下，已获利息倍数越高，说明企业长期偿债能力越强。国际上通常认为，该指标为3时较为适当，从长期看，该指标至少应大于1。其计算公式为：

已获利息倍数 = 息税前利润 ÷ 利息费用息税前利润总额 = 利润总额 + 利息支出

⑦带息负债比率。带息负债比率是指企业某一时点的带息负债总额与负债总额的比率，反映企业负债中带息负债的比重，一定程度上体现了企业未来的偿债（无其是偿还利息）压力。其计算公式如下：

带息负债比率 = 带息负债总额/负债总额 × 100%

带息负债总额 = 短期借款 + 一年内到期的长期负债 + 长期借款 + 应付债券 + 应付利息

北京宇科电器有限公司2017年度资产负债表和利润表如表10-3和表10-4所示。

表 10 - 3 **资产负债表**

编制单位：北京宇科电器有限公司 2017 年 12 月 31 日 单位：元

资　　产	期末余额	年初余额	负债和所有者权益（或股东权益）	期末余额	年初余额
流动资产：			流动负债：		
货币资金	7 833 660.36	3 768 171.30	短期借款	220 000.00	180 000.00
以公允价值计量且其变动计入当期损益的金融资产	790 000.00		以公允价值计量且其变动计入当期损益的金融负债		
衍生金融资产			衍生金融负债		
应收票据及应收账款	13 244 450.00	1 127 550.00	应付票据及应付账款	4 854 224.06	4 393 338.55
预付款项		143 115.00	预收款项		3 145 300.00
其他应收款	13 103.76	12 500.00	应付职工薪酬	533 201.51	490 955.50
存货	1 552 234.44	1 137 333.48	应交税费	1 133 477.08	1 146 013.23
持有待售资产			其他应付款		
一年内到期的非流动资产			持有待售负债		
其他流动资产	68 737.50		一年内到期的非流动负债		
流动资产合计	23 502 186.06	6 008 669.78	其他流动负债		
非流动资产：			流动负债合计	6 740 902.65	9 355 607.28
可供出售金融资产			非流动负债：		
持有至到期投资			长期借款	2 000 000.00	2 700 000.00
长期应收款	2 649 692.80		应付债券		
长期股权投资			其中：优先股		
投资性房地产	8 000 000.00		永续债		
固定资产	10 519 112.80	11 200 700.00	长期应付款		
在建工程	1 973 792.48	2 880 000.00	预计负债		
生产性生物资产			递延收益		
油气资产			递延所得税负债	703 423.20	
无形资产	3 507 670.00	3 597 500.00	其他非流动负债		
开发支出			非流动负债合计	2 703 423.20	2 700 000.00
商誉			负债合计	9 444 325.85	12 055 607.28
长期待摊费用			所有者权益（或股东权益）：		
递延所得税资产	209 500.50	68 737.50	实收资本（或股本）	5 000 000.00	5 000 000.00
			资本公积		
			减：库存股		
			其他综合收益	112 500.00	
			盈余公积	3 580 512.88	670 000.00
			未分配利润	32 224 615.91	6 030 000.00
非流动资产合计	26 859 768.58	17 746 937.50	所有者权益（或股东权益）合计	40 917 628.79	11 700 000.00
资产总计	50 361 954.64	23 755 607.28	负债和所有者权益（或股东权益）总计	50 361 954.64	23 755 607.28

表 10-4　　利润表

编制单位：北京宇科电器有限公司　　2017 年 12 月 31 日　　单位：元

项　　目	本期金额	上期金额
一、营业收入	119 225 000.00	106 650 000.00
减：营业成本	72 011 988.00	66 210 989.00
税金及附加	1 495 023.19	1 383 972.31
销售费用	2 535 794.70	2 304 503.50
管理费用	4 444 551.80	4 185 986.65
研发费用	35 000.00	
财务费用	208 389.82	27 255.36
其中：利息费用		
利息收入		
资产减值损失	33 792.00	
加：其他收益		
投资收益（损失以“-”号填列）	-11 437.74	1 562.26
其中：对联营企业和合营企业的投资收益		
公允价值变动收益（损失以“-”号填列）	15 000.00	-80 000.00
资产处置收益（损失以“-”号填列）		
二、营业利润（亏损以“-”号填列）	38 880 802.39	32 458 855.44
加：营业外收入	108 500.00	108 500.00
减：营业外支出	138 294.00	87 212.80
三、利润总额（亏损总额以“-”号填列）	38 851 008.39	32 480 142.64
减：所得税费用	9 745 879.60	
四、净利润（净亏损以“-”号填列）	29 105 128.79	32 480 142.64

[**例 10-15**] 根据北京宇科电器有限公司 2017 年度资产负债表和利润表数据，对该公司的偿债能力进行相关比率分析。

2017 年北京宇科电器有限公司的偿债能力相关比率计算公式如表 10-5 所示。

表 10-5　　偿债比率计算公式表

比率名称	计算公式	单元格计算公式
流动比率	流动资产/流动负债	=资产负债表!C16/资产负债表!F17
速动比率	速动资产/流动负债	=（资产负债表!C16-资产负债表!C12-资产负债表!C10）/资产负债表!F17
现金比率	（现金+短期证券）/流动负债	=（资产负债表!C6+资产负债表!C7）/资产负债表!F17
资产负债率	（负债总额/资产总额）	=资产负债表!F29/资产负债表!C38
长期负债比率	（负债总额/股东权益）	=资产负债表!F28/资产负债表!C38
所有者权益比率	非流动负债/资产总额	=资产负债表!F29/资产负债表!F37

由于财务比率分析是利用已有的资产负债表和利润表资料进行计算分析的，所以在建立分析模型时，需要打开和使用本章前面的资产负债表和利润表所在的工作簿和工作表，然后进行相关操作。为了方便起见，我们也可以把 2016 年的资产负债表和利润表复制到一个新的工作簿中，从而进行相关的财务比率分析。如表 10－6 所示。

表 10－6　　偿债能力比率分析表

单位名称：北京宇科电器有限公司

序号	比率名称	本年实际（2017）	上年同期（2016）
1	流动比率	348.65%	64.23%
2	速动比率	325.62%	50.54%
3	现金比率	127.93%	40.28%
4	资产负债率	18.75%	50.75%
5	长期负债比率	5.37%	11.37%
6	所有者权益比率	23.08%	103.04%

（2）营运能力分析。营运能力是指企业的经营运行能力，即企业运用各项资产以赚取利润的能力。反映企业营运能力的财务分析比率有应收账款周转率、存货周转率、营业周期、流动资产周转率和总资产周转率等。这些比率揭示了企业资金运营周转的情况，反映了企业对经济资源管理、运用的效率高低。企业资产周转越快，流动性越高，企业的偿债能力越强，资产获取利润的速度就越快。

①应收账款周转率。应收账款周转率是反映应收账款周转速度的指标，它是一定时期内销售收入净额与应收账款平均余额的比率。应收账款周转率有两种表示方法：一种是应收账款在一定时期内（通常为一年）的周转次数；另一种是应收账款的周转天数，即所谓应收账款账龄。其计算公式为：

应收账款周转率＝营业收入/平均应收账款余额

平均应收账款余额＝（应收账款余额年初数＋应收账款余额年末数）/2

故公式还可以变形为：

应收账款周转率＝2×营业收入/（应收账款余额年初数＋应收账款余额年末数）

在一定时期内应收账款周转的次数越多，表明应收账款回收速度越快，企业管理工作的效率越高。这不仅有利于企业及时收回贷款，减少或避免发生坏账损失的可能性，而且有利于提高企业资产的流动性，提高企业短期债务的偿还能力。

②存货周转率。存货周转率是一定时期内企业销货成本与存货平均余额间的比率。它是反映企业销售能力和流动资产流动性的一个指标，也是衡量企业生产经营各个环节中存货运营效率的一个综合性指标。其计算公式为：

存货周转率（次数）＝主营业务成本÷存货平均余额

存货平均余额＝（存货年初数＋存货年末数）÷2

存货周转天数＝360÷存货周转率＝（平均存货×360）÷主营业务成本

存货周转速度快慢不仅反映出企业采购、储存、生产、销售各环节管理工作状况的好坏，而且对企业的偿债能力及获利能力产生决定性的影响。一般来说，存货周转率越高越好，存货周转率越高，表明其变现的速度越快，周转额越大，资金占用水平越低。

③流动资产周转率。流动资产周转率是企业一定时期内主营业务收入净额同平均流动资产总额的比率，流动资产周转率是评价企业资产利用率的一个重要指标。主营业务收入净额是指企业当期销售产品或商品、提供劳务等主要经营活动取得的收入减去折扣与折让后的数额。其计算公式为：

流动资产周转率（次）＝主营业务收入净额/平均流动资产总额

平均流动资产总额＝（流动资产年初数＋流动资产年末数）/2

一般情况下，该指标越高，表明企业流动资产周转速度越快。在较快的周转速度下，流动资产会相对节约，相当于流动资产投入的增加在一定程度上增强了企业的盈利能力，而周转速度慢，则需要补充流动资金参与周转，会形成资金浪费，降低企业盈利能力。

④总资产周转率。总资产周转率是指企业在一定时期主营业务收入净额同平均资产总额的比率。总资产周转率是综合评价企业全部资产经营质量和利用效率的重要指标。其计算公式为：

总资产周转率（次）＝主营业务收入净额/平均资产总额×100%

通过该指标的对比分析可以反映企业本年度以及以前年度总资产的运营效率和变化，发现企业与同类企业在资产利用上的差距，促进企业挖掘潜力、积极创收、提高产品市场占有率、提高资产利用效率。一般情况下，该数值越高，表明企业总资产周转速度越快，销售能力越强，资产利用效率越高。

[例10－16] 根据北京宇科电器有限公司2017年度资产负债表和利润表数据对该公司的营运能力进行相关比率分析。

2017年北京宇科电器有限公司的营运能力相关比率计算公式如表10－7所示。

表10－7　营运能力相关比率计算公式表

比率名称	计算公式	单元格公式
应收账款周转率	营业收入/平均应收账款余额	＝利润表!C5/（（资产负债表!C9＋资产负债表!D9）/2）
存货周转率	主营业务成本/存货平均余额	＝利润表!C6/（（资产负债表!C12＋资产负债表!D12）/2）
流动资产周转率	主营业务收入净额/平均流动资产总额	＝利润表!C5/（（资产负债表!C16＋资产负债表!D16）/2）
资产周转率	主营业务收入净额/平均资产总额	＝利润表!C5/（（资产负债表!C38＋资产负债表!D38）/2）

计算结果如表10－8所示。

表10－8　营运能力相关比率分析表

单位名称：北京宇科电器有限公司

序号	比率名称	本年实际（2017）
1	应收账款周转率	16.59
2	存货周转率	53.55
3	流动资产周转率	8.08
4	资产周转率	3.22

3. 盈利能力分析

盈利能力分析也称获利能力分析，是对企业赚取利润能力的分析，反映企业盈利能力的主要指标包括营业利润率、销售毛利率、销售净利率、成本费用利润率、盈余现金保障倍数、总资产报酬率、净资产收益率、资本收益率等。

（1）营业利润率。营业利润率是指企业的营业利润与营业收入的比率。它是衡量企业经营效率的指标，反映了在不考虑非营业成本的情况下，企业管理者通过经营获取利润的能力。其计算公式为：

营业利润率 = 营业利润/营业收入（商品销售额）×100%

营业利润率越高，说明企业百元商品销售额提供的营业利润越多，企业的盈利能力越强，反之，此比率越低，说明企业盈利能力越弱。

（2）销售毛利率。销售毛利率是毛利占销售净值的百分比，通常称为毛利率。其中毛利是销售净收入与产品成本的差。其计算公式为：

销售毛利率 =（销售净收入 - 产品成本）/销售净收入 ×100%

销售毛利率指标主要根据企业的利润表项目计算得出，投资者、审计人员或公司经理等报表使用者可从中分析得出自己所需要的企业信息。

（3）销售净利率。销售净利润又称销售净利润率，是净利润占销售收入的百分比。

该指标反映每一元销售收入带来的净利润的多少，表示销售收入的收益水平。它与净利润成正比关系，与销售收入成反比关系，企业在增加销售收入额的同时，必须相应地获得更多的净利润才能使销售净利率保持不变或有所提高。其计算公式为：

销售净利率 = 净利润/销售收入 ×100%

（4）成本费用利润率。成本费用利润率是企业一定时期利润总额与成本费用总额的比率。其计算公式为：

成本费用利润率 = 利润总额/成本费用总额 ×100%

成本费用总额 = 营业成本 + 营业税金及附加 + 销售费用 + 管理费用 + 财务费用

（5）盈余现金保障倍数。盈余现金保障倍数是企业一定时期经营现金净流量与净利润的比值，反映了企业当期净利润中现金收益的保障程度，真实反映了企业盈余的质量。其计算公式为：

盈余现金保障倍数 = 经营现金净流量/净利润

（6）总资产报酬率。总资产报酬率是企业一定时期内获得的报酬总额与平均资产总额的比率，反映了企业资产的综合利用效果。其计算公式为：

总资产报酬率 = 息税前利润总额/平均资产总额 ×100%

（7）净资产收益率。净资产收益率是企业一定时期净利润与平均净资产的比率，反映了企业自有资金的投资收益水平。其计算公式为：

净资产收益率 = 净利润/平均净资产 ×100%

平均净资产 =（所有者权益年初数 + 所有者权益年末数）/2

（8）资本收益率。资本收益率是企业一定时期净利润与平均资本（即资本性投入及其资本溢价）的比率，反映企业实际获得投资额的回报水平。其计算公式为：

资本收益率 = 净利润/平均资本 ×100%

平均资本 =（实收资本年初数 + 资本公积 + 实收资本年末数 + 资本公积年末数）/2

[例 10 - 17] 根据北京宇科电器有限公司 2017 年度资产负债表和利润表数据对企业的盈利能力进行分析。引用资产负债表和利润表所在的工作表，直接调用表中的相关数据，进行相关操作。如表 10 - 9 和表 10 - 10 所示。

表 10－9　　盈利能力相关比率计算公式表

比率名称	计算公式	单元格公式
营业利润率	营业利润/营业收入（商品销售额）	＝利润表!C20/利润表!C5
销售毛利率	（销售净收入－产品成本）/销售净收入	＝（利润表!C5－利润表!C6）/利润表!C5
销售净利率	净利润/销售收入	＝利润表!C25/利润表!C5
成本费用利润率	利润总额/成本费用总额	＝利润表!C23/SUM（利润表!C6：C11）
总资产报酬率	息税前利润总额/平均资产总额	＝利润表!C23/((资产负债表!C38＋资产负债表!D38)/2)
净资产收益率	净利润/平均净资产	＝利润表!C25/((资产负债表!F37＋资产负债表!G37)/2)
资本收益率	净利润/平均资本	＝利润表!C25/((资产负债表!F37＋资产负债表!F32＋资产负债表!G31＋资产负债表!F32)/2)

表 10－10　　盈利能力相关比率分析表

单位名称：北京宇科电器有限公司

序号	比率名称	本年实际（2017）
1	营业利润率	32.61%
2	销售毛利率	39.60%
3	销售净利率	24.41%
4	成本费用利润率	48.37%
5	总资产报酬率	104.84%
6	净资产收益率	110.63%
7	资本收益率	582.10%

（四）动态指标分析

对企业经营成果、运营状态进行分析时，经常要将企业不同时期的同一指标进行对比，也可对多个方面的指标进行对比，这时就需要用 Excel 动态图表在一个界面中将所有数据展示出来。建立 Excel 动态图表要求数据源表的格式相同，所有需要展示的数据表结构一样。建立如图 10－40 所示的财务指标数据源表。

	A	B	C	D	E	F	G	H
1	1				毛利率			
2	1+1	项目	第1年	第2年	第3年	第4年	第5年	第6年
3	1+2	本年数	63.64%	60.00%	58.90%	59.42%	53.33%	51.95%
4	1+3	上年数		63.64%	60.00%	58.90%	59.42%	53.33%
5	1+4	行业平均数		61.82%	59.45%	59.16%	56.38%	52.64%
6	1+5	同期增减		-3.64%	-1.10%	0.52%	-6.09%	-1.39%
7	1+6	比行业增减		-1.82%	-0.55%	0.26%	-3.04%	-0.69%
8								
9	2				销售净利润率			
10	2+1	项目	第1年	第2年	第3年	第4年	第5年	第6年
11	2+2	本年数	-54.55%	-63.33%	2.74%	15.94%	8.33%	1.30%
12	2+3	上年数		-54.55%	-63.33%	2.74%	15.94%	8.33%
13	2+4	行业平均数		-58.94%	-30.30%	9.34%	12.14%	4.82%
14	2+5	同期增减		-8.79%	66.07%	13.20%	-7.61%	-7.03%
15	2+6	比行业增减		-4.39%	33.04%	6.60%	-3.80%	0.52%

图 10－40　财务指标数据源

按财务指标数据源表，结构建立如图 10－41 所示的模型。

J	K	L	M	N	O	P	Q

图 10－41　财务指标数据源模型

按表 10－11 所示的各单元格对应的公式表录入各单元格数据。

表 10－11　　各单元格对应的公式表

单元格	对应公式
J2	＝$J$1&"　+1"
J3	＝$J$1&"　+2"
J4	＝$J$1&"　+3"
J5	＝$J$1&"　+4"
J6	＝$J$1&"　+5"
J7	＝$J$1&"　+6"
K1	＝VLOOKUP（J1，$A$1：$H$119，2，0）
K2	＝VLOOKUP（J2，$A$1：$H$119，2，0）
L2	＝VLOOKUP（J2，$A$1：$H$119，3，0）
M2	＝VLOOKUP（J2，$A$1：$H$119，4，0）
N2	＝VLOOKUP（J2，$A$1：$H$119，5，0）
O2	＝VLOOKUP（J2，$A$1：$H$119，6，0）
P2	＝VLOOKUP（J2，$A$1：$H$119，7，0）
Q2	＝VLOOKUP（J2，$A$1：$H$119，8，0）

在表格的空白处插入“选项按钮”控件，鼠标右键单击“选项按钮”，选择“设置控件格式”，如图10－42 所示。

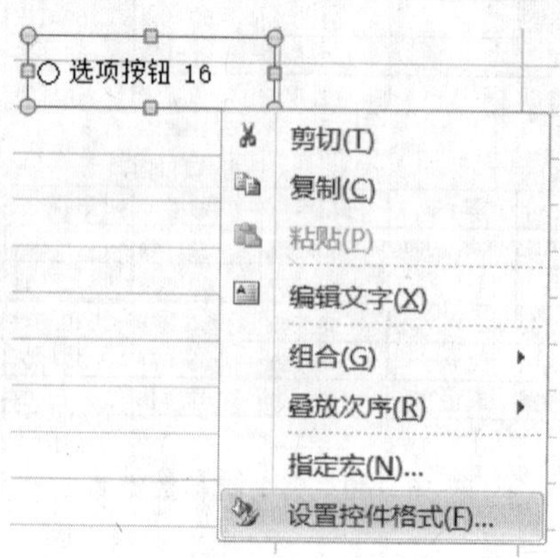

图 10－42　财务指标数据源操作按钮

在“设置控件格式”窗口的“控制”选项卡页签中将“单元格链接”设置为 J1 单元格，单击“确定”按钮。如图 10－43 所示。

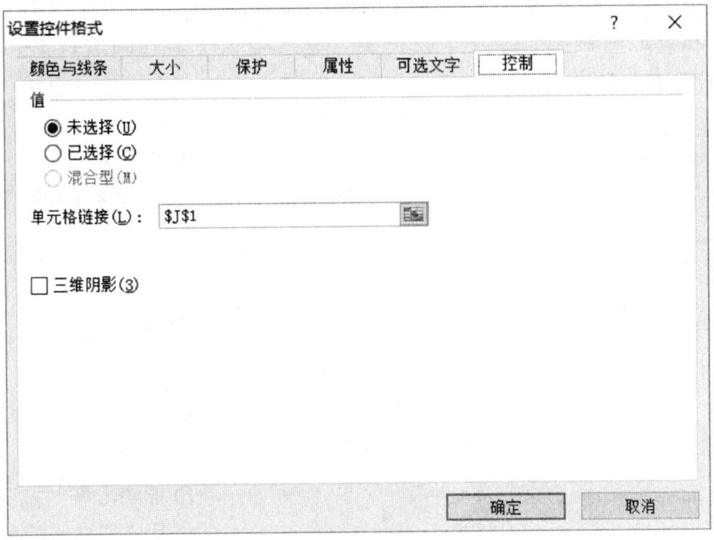

设置控件格式　?　×

颜色与线条　大小　保护　属性　可选文字　控制

值

◉ 未选择(U)

○ 已选择(C)

○ 混合型(M)

单元格链接(L)：$J$1

□ 三维阴影(3)

确定　取消

图 10－43　财务指标数据源格式

选中设置完成的控件，按“Ctrl + C”复制快捷键，再按“Ctrl + V”粘贴快捷键，复制 14 个控件。移动最后一个复制的选项按钮到适当的位置，按“Ctrl + G”定位快捷键。单击“定位条件”按钮，选择“对象”，单击“确定”按钮，将全部选项控件选中。如图 10－44 所示。

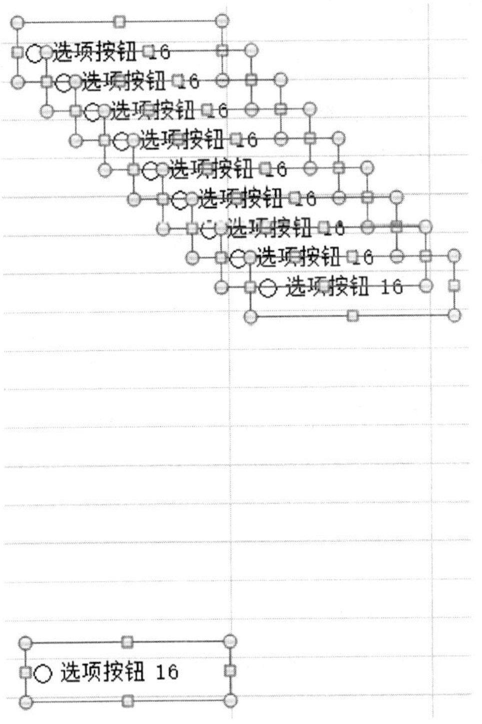

图 10－44　财务指标数据源选择控件

选择绘图工具菜单下的对齐功能，在下拉菜单中依次单击纵向分布和左对齐，将选项按钮排列整齐，如图 10－45 所示。

鼠标右键单击“选项”按钮，选择编辑文字功能，依次将选项按钮的名称改为毛利率、销售净利润率、总资产收益率、净资产收益率、收入增长率、利润增长率、净资产增长率等指标的名称，如图 10－46 所示。

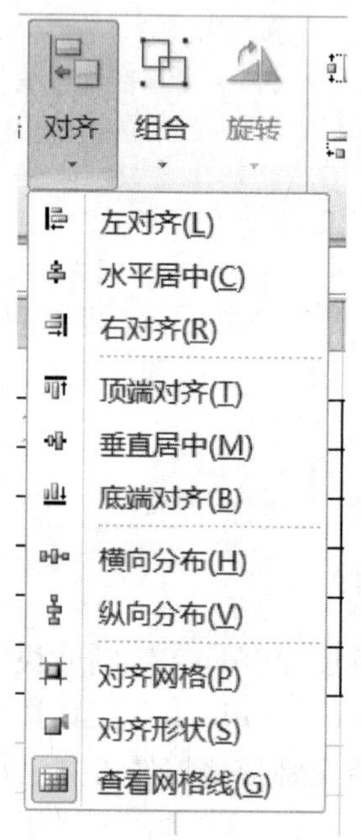

图 10－45　财务指标数据源选择纵向分布

◉ 毛利率
○ 销售净利润率
○ 总资产收益率
○ 净资产收益率
○ 收入增长率
○ 利润增长率
○ 净资产增长率
○ 流动比率
○ 速动比率
○ 固定资产长期适配率
○ 资产负债率
○ 应收账款周转率
○ 存货周转率
○ 固定资产周转率
○ 总资产周转率

图 10－46　财务指标数据源选择控件工具

选中 K3：Q5 区域，单击“插入”菜单下柱形图中的某一种类型，本例中选第一个，这时柱形图已经出现在表格中，单击“图表工具”菜单中的“布局”页签下的“图表标题”按钮，选择图表上方选项，如图 10－47 所示。

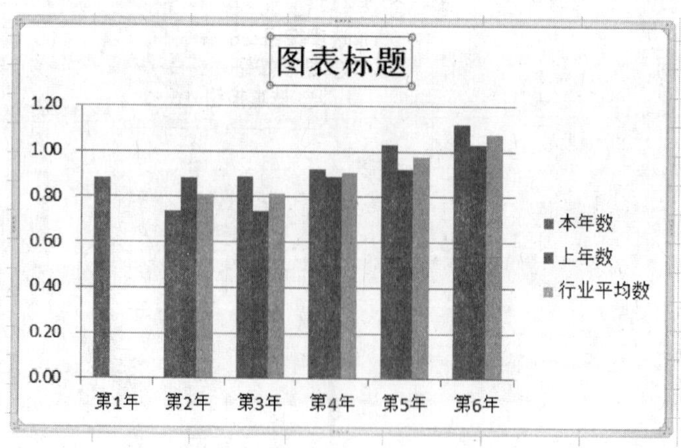

图 10－47　财务指标数据源结果图表标题

在选中图表标题状态下，在编辑栏中输入“等号”，再用鼠标选择 K1 单元格，单击回车键，图表标题已经变成 K1 单元格的内容。

这时，我们选择不同的选项按钮，图表的内容就发生相应的变化。如图 10－48 所示。

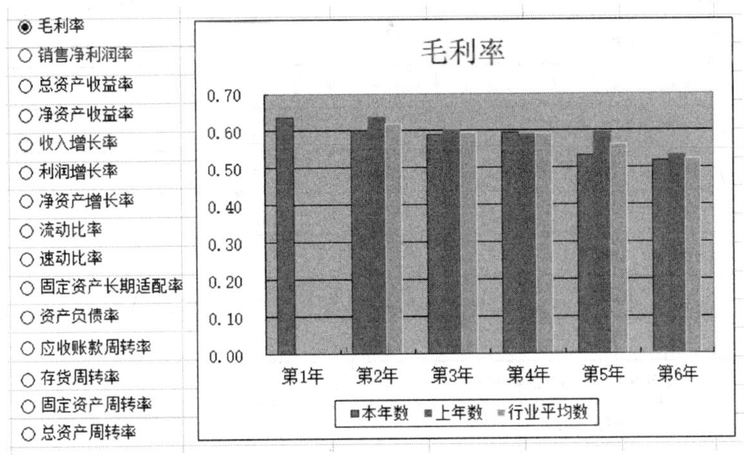

图 10－48　财务指标数据源结果图表比率分析图

（五）盈亏平衡分析

假设北京宇科电器有限公司某产品的固定成本是 2 万元，产品的单位变动成本是 0.5 元，产品的销售价格相对浮动较大，试计算它的盈亏平衡，要求用动态图表来表示。

按要求设计盈亏平衡计算表，表格的结构如图 10－49 所示。

	A	B	C
1	固定成本	20,000	
2	单位变动成本	0.50	
3	总变动成本		
4	总成本		
5	销售收入		收入指标
6	利润		
7	盈亏平衡销量		盈亏平衡点
8	盈亏平衡销售收入		
9	单价		
10	销量		
11	销售收入		
12		最小销量	最大销量
13	销量	1,000	100,000
14	销售收入		
15	总成本		
16	利润		

图 10－49　盈亏模型

按盈亏平衡的计算公式设置各单元格的公式，如表 10－12 所示。

表 10 – 12　　单元格公式

单位格	公式
B3	= B2 * B10
B4	= B3 + B1
B5	= B10 * B9
B6	= B5 – B4
B7	= B1/(B9 – B2)
B8	= B7 * B9
B9	= E5/4
B10	= E6 * 1000
B11	= B9 * B10
B14	= B13 * $B$9
B15	= $B$1 + $B$2 * B13
B16	= B14 – B15
C14	= C13 * $B$9
C15	= $B$1 + $B$2 * C13
C16	= C14 – C15

按表 10 – 12 所示的盈亏模型公式完善盈亏平衡计算表，单击快速访问工具栏，选择其他命令，在选项窗口，选择开发工具选项卡，将控件添加到快速访问工具栏当中，单击“确定”按钮。如图 10 – 50 所示。

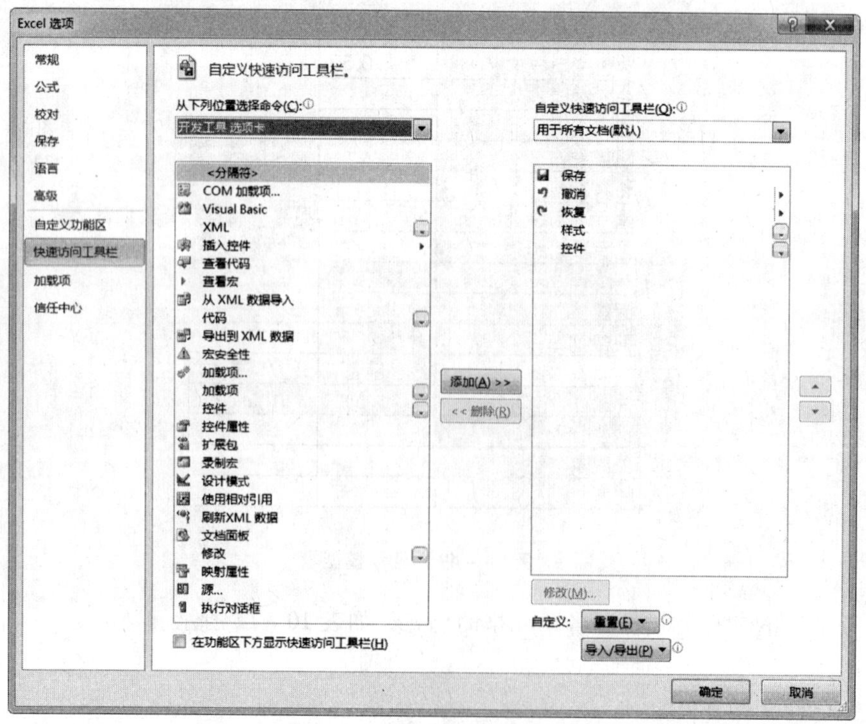

图 10 – 50　盈亏模型工具选项

单击快速访问工具栏中的控件按钮，选择插入，找到滚动条控件，这时鼠标指针变成十字形状，拖动鼠标，添加滚动条控件，连续添加两个滚动条控件。如图 10－51 所示。

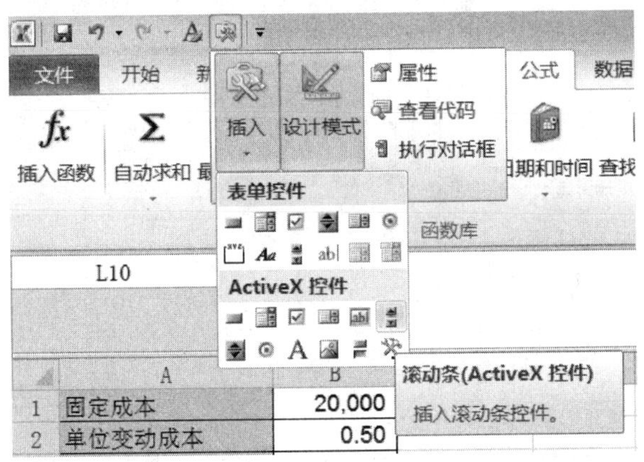

图 10－51　盈亏模型控件选项

选中第一个滚动条控件，单击鼠标右键选择“设置控件格式”，在“设置控件格式”窗口“控制”页签中输入图 10－52 所示的数据，同样设置第二个控件。如图 10－53 所示。

项目	控件 1	控件 2
最小值	3	1
最大值	20	100
步长	1	1
页步长	5	10
单元格链接	$E$5	$E$6

图 10－52　盈亏模型工具选项

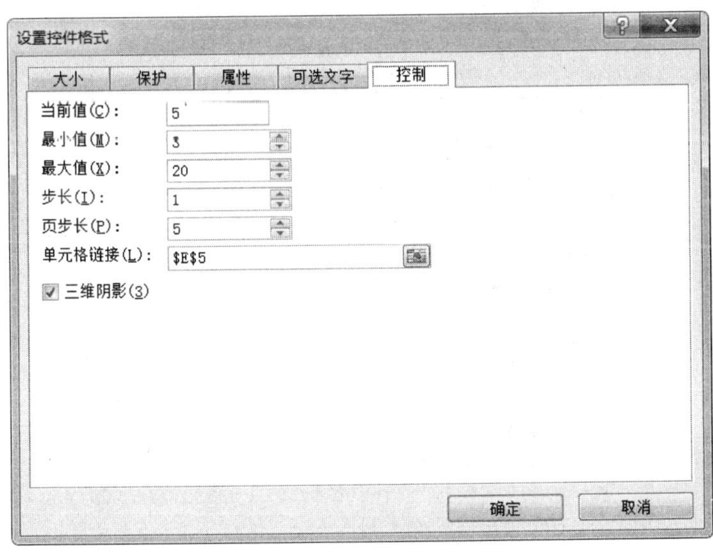

图 10－53　盈亏模型工具选项

单击“插入”菜单下的散点图，鼠标右键单击图表区域，再单击选择数据，用鼠标拖动选择 A12：C16 区域，单击“选择数据源”窗口中的“切换行/列”。如图 10－54 所示。

选择数据源
图表数据区域(D)：
=$A$13:$C$16
切换行/列(W)
图例项(系列)(S)
添加(A)
编辑(E)
删除(R)
销售收入
总成本
利润
水平(分类)轴标签(C)
编辑(T)
1,000
100,000
隐藏的单元格和空单元格(H)
确定
取消

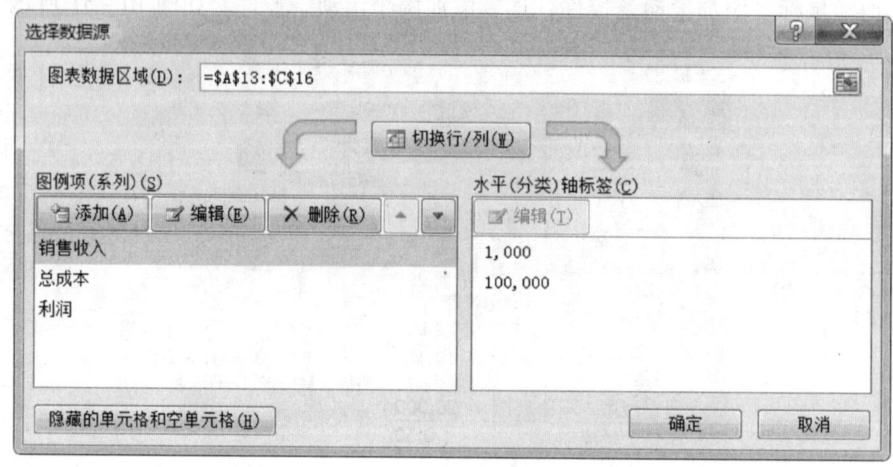

图 10－54　盈亏模型数据源选项

单击“添加”按钮，弹出“编辑数据系列”窗口，选中 C5 单元格，在 X 轴系列值选择 B10 单元格，在 Y 轴系列值选择 B11 单元格，单击“确定”按钮。同样设置 C7 单元格。如图 10－55 和 10－56 所示。

编辑数据系列
系列名称(N)：
=盈亏平衡!$C$5
= 收入指标
X 轴系列值(X)：
=盈亏平衡!$B$10
= 42,000
Y 轴系列值(Y)：
=盈亏平衡!$B$11
= 63,000
确定
取消

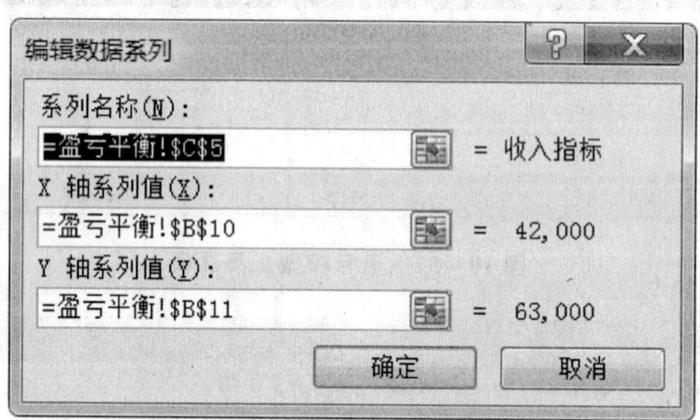

图 10－55　盈亏模型收入指标数据

编辑数据系列
系列名称(N)：
=盈亏平衡!$C$7
= 盈亏平衡点
X 轴系列值(X)：
=盈亏平衡!$B$7
= 20,000
Y 轴系列值(Y)：
=盈亏平衡!$B$8
= 30,000
确定
取消

图 10－56　盈亏模型平衡点数据

在图表区域选择“总成本”的红色标记，单击鼠标右键选择“设置数据系列格式”，单

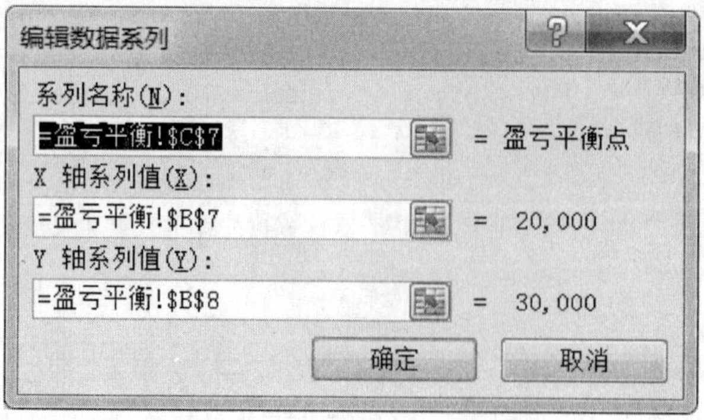

击“数据标记选项”，设置为“无”，再单击“线条颜色”，设置为“实线”，选择“红色”，单击“关闭”按钮。如图10－57所示。

图10－57　盈亏模型数据源格式选项

选择“销售收入”标识，鼠标右键选择“设置数据系列格式”，与设置销售收入的方法相同，将线条颜色调为“无”，颜色为“蓝色”，同样的方法和设置要求，将“利润”标记设置为“黄色”。

选中“盈亏平衡点”标识，鼠标右键选择“设置数据系列格式”，单击“数据标记选项”，设置为“内置”，类型设置为“圆点”，大小为“10”，标记颜色设置为“橙色”。单击“关闭”按钮。如图10－58所示。

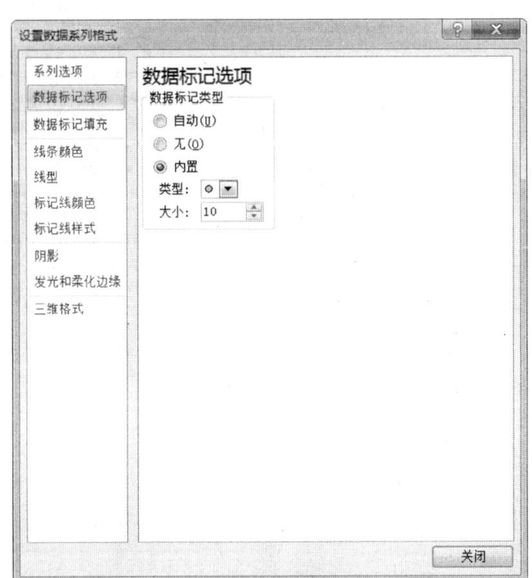

图10－58　盈亏模型数据源格式选项

选中“盈亏平衡点”标识，鼠标右键选择“设置数据标签格式”，选中“系列名称”、“X 值”、“Y 值”复选框，标签位置选择“靠上”，在“填充”页签中设置为“纯色填充”，单击“关闭”按钮。如图 10－59 所示。

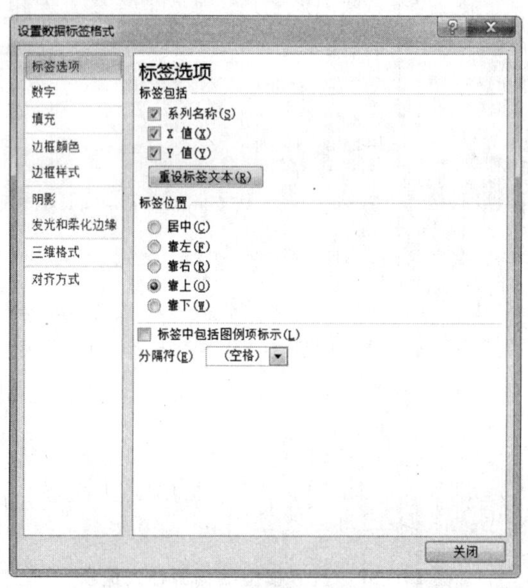

图 10－59　盈亏模型数据源格式选项

同样的方法和设置要求，将“收入指标”标记设置为红色、菱形，标签显示“Y 值”。

选中“水平（值）轴”，鼠标右键选择“设置坐标轴格式”，在“设置坐标轴格式”窗口中将“最大值”调整为“固定”“100 000”，“主要刻度单位”调整为“固定”“20 000”，单击“关闭”按钮。如图 10－60 所示。

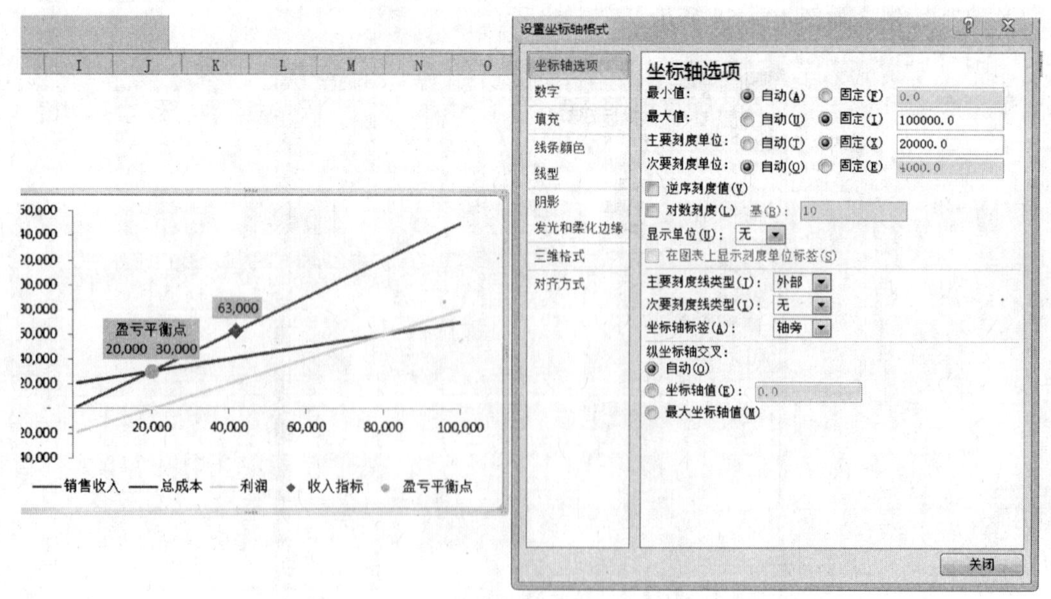

图 10－60　盈亏模型数据源格式选项和结果

鼠标右键单击图表，在图表元素的下拉菜单中选择“垂直（值）轴主要网格线”，如图10－61所示。

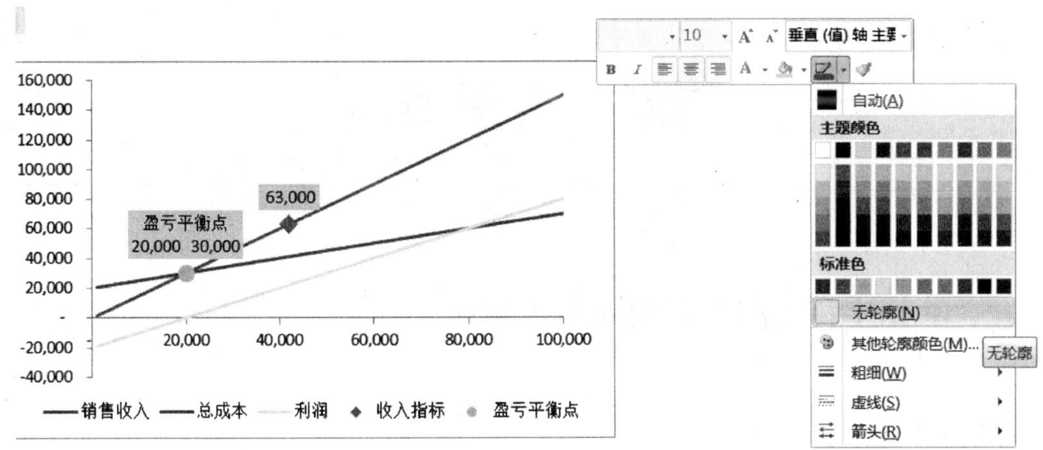

图10－61 盈亏模型结果调整

在“形状轮廓”按钮下单击“无轮廓”。依次单击“图表工具”菜单、“布局”、“图表标题”、“居中覆盖标题”，如图10－62所示。修改新增加的“图表标题”为“盈亏平衡示意图”。

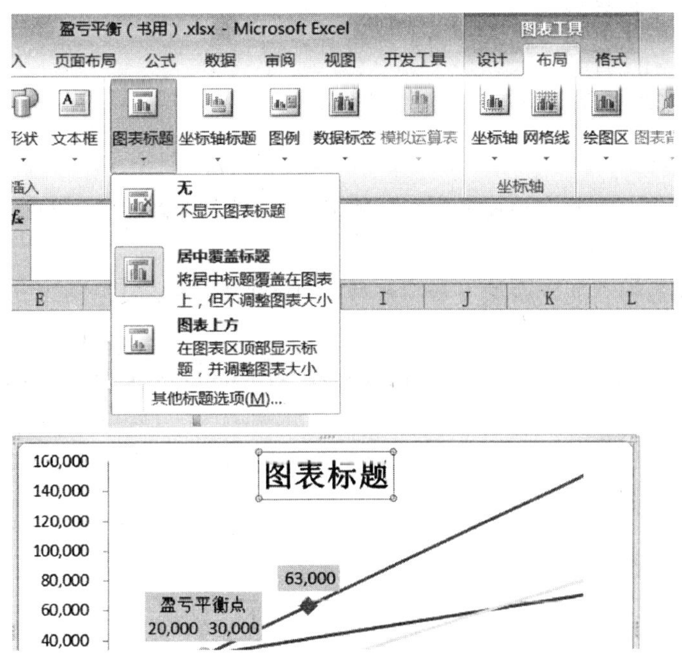

图10－62 盈亏模型数据源格式选项和结果

附录　业务资料

一、北京宇科电器有限公司基本情况

（一）公司注册资料

公司注册名称：北京宇科电器有限公司。

公司注册地址、电话：北京市西城区马连道中里6号，010－66206533。

公司注册资本：人民币500万元。

公司法定代表人：郑邵煌。

公司总经理：陈美琪。

公司经营范围：主要从事挂烫机的生产和销售。

（二）公司账户资料

1. 基本存款账户

开户银行：交通银行北京马连道支行，账号：110002045290193842486。

2. 一般存款账户

开户银行：交通银行北京西城支行，账号：110008982591961765629。

3. 工资账户

开户银行：交通银行北京马连道支行，账号：110008090620176814156。

4. 住房公积金账户

开户银行：交通银行北京马连道支行，账号：110007811646775809698。

5. 银行预留印鉴（图略）

（三）纳税登记资料

国税：北京市国家税务局马连道分局，纳税登记号：911101020653628966。

缴款账户：国家金库北京市马连道支库，账号：1103291366236255808。

地税：北京市地方税务局马连道分局，纳税登记号：911101020653628966。

缴款账户：国家金库北京市马连道支库（代理），账号：11851W9222876。

二、北京宇科电器有限公司会计工作组织及分工

公司单独设置财会部门，划分为会计主管、总账会计、成本会计、出纳四个工作岗位，具体分工如下：

会计主管——罗彦文。职责：领导和组织公司会计核算工作；负责审核会计凭证、对账和编制财务报表；负责保管财务专用章；网上报税；进行全面预算、短期经营决策、长期投资决策、成本分析；组织会计档案的整理和保管；组织财产清查等。

总账会计——黄艺欣。职责：编制除产品成本业务之外的其他业务的会计凭证；负责保管发票专用章。

成本会计——林立伟。职责：进行产品成本核算；编制成本核算原始凭证；编制产品成本业务记账凭证；编制成本报表；进行成本分析等。

出纳——黄思语。职责：负责办理库存现金；银行存款的收款、付款及银行结算其他业务；保管库存现金、有价证券及法人代表名章；登记库存现金日记账、银行存款日记账；配合清查人员进行库存现金、银行存款清查等。

三、北京宇科电器有限公司会计核算方法及财务管理制度

（1）公司以人民币为记账本位币（核算中金额计算保留至分位），记账文字为中文。会计核算采用科目汇总表账务处理程序。

（2）公司属于科技型中小企业，为增值税一般纳税人，销售商品增值税税率为17%（注：现行税率为13%，因资料业务发生时，税率还未调整），公司当期取得的增值税专用发票按照现行增值税制度规定当期准予抵扣的，均已认证且于当期一次性抵扣。

公司适用的城市维护建设税税率为7%，教育费附加征收率为3%，地方教育附加征收率为2%。

公司车船使用税、房产税和土地使用税均按税法规定计算缴纳。

公司按规定代扣代缴个人所得税。

公司企业所得税税率为25%，并假设这一税率适用于未来可预见的期间，公司不享受其他税收优惠政策。企业所得税的核算采用资产负债表债务法。企业所得税缴纳采用按季预缴，按年汇算清缴的方式，公司以前年度的企业所得税已进行汇算清缴。

不考虑除上述税费以外的其他税费。

（3）公司原材料采用计划成本计价法组织日常核算，材料成本差异率为综合差异率，材料成本差异率计算保留2位小数；周转材料、库存商品采用实际成本计价法组织日常核算，发出库存商品采用全月一次加权平均法计价，发出周转材料采用移动加权平均法计价。

原材料入库业务，于月末根据“收料单”编制“收料凭证汇总表”，并据以进行原材料入库业务的总分类核算。原材料发出业务，于月末根据“领料单”编制“发出材料汇总表”“直接材料费用分配表”，并据以进行原材料出库业务的总分类核算。

（4）坏账损失的核算。公司应收账款坏账准备采用账龄分析法估计，其他的应收及预付款项不计提坏账准备。不同账龄计提坏账准备的比例如附表 1 – 1 所示。

附表 1 – 1　不同账龄计提坏账准备的比例

账龄	逾期天数						
	未到期	1 ~ 90 天	91 ~ 270 天	271 ~ 360 天	361 ~ 540 天	541 ~ 720 天	720 天以上
计提坏账准备比例	0.00%	2%	4%	6%	10%	12%	15%

（5）公司固定资产折旧、无形资产摊销采用年限平均法，固定资产折旧方法、折旧年限和无形资产摊销方法、摊销年限与税法规定一致。固定资产预计净残值率为 4%，无形资产无净残值（如附表 1 – 2）所示。

附表 1 – 2　无形资产无净残值结果

固定资产类别	折旧年限	年折旧率	无形资产类别	摊销年限
房屋建筑物	20 年	4.8%	土地使用权	30
生产设备	10 年	9.6%	专利权	10
运输设备	4 年	24%	非专利技术	10
管理设备	5 年	19.2%		

（6）公司按有关规定计算缴纳社会保险费和住房公积金。基本社会保险及住房公积金以上一年职工月平均工资为计提基数。计提比例如下：基本养老保险为 27%，其中企业承担 19%，个人承担 8%；医疗保险为 12%，其中企业承担 10%，个人承担 2%，另每月个人需缴纳大额互助基金 3 元；失业保险为 1%，其中企业承担 0.8%，个人承担 0.2%；工伤保险为 0.2%，全部由企业承担；生育保险为 0.8%，全部由企业承担；住房公积金为 24%，其中企业承担 12%，个人承担 12%。

由个人承担的社会保险费、住房公积金在缴纳时直接从“应付职工薪酬——短期薪酬（工资）”明细账中冲销，不通过“其他应付款”账户进行核算。个人所得税由公司代扣代缴，通过“应交税费”账户进行核算。

（7）公司职工福利费和职工教育经费不预提，按实际发生金额列支；工会经费按应付工资总额的 2% 比例计提。工会经费按月划拨给工会专户。

（8）公司根据有关规定，每年按当年净利润（扣减以前年度未弥补亏损后）的 10% 计提法定盈余公积，不计提任意盈余公积。

（9）公司采用逐步综合结转分步法计算产品成本，成本项目为直接材料、直接人工和制造费用。

本月发生的直接材料费如属于多种产品共同耗用的材料，则以各种产品材料定额消耗量为标准在各种产品之间进行分配，本月发生的直接人工费和制造费用按实际生产工时在各种产品之间进行分配。

生产费用在月末在产品和完工产品之间的分配采用约当产量法，原材料在各车间第一道工序开始一次投入，直接人工费用和制造费用的完工程度分工序按定额生产工时计算，月末在产品在本工序的完工程度均为 50%。

（10）公司所在地具有活跃的房地产市场，房地产公允价值能够可靠计量，投资性房地产后续计量采用公允价值计量模式。

（11）公司专设独立销售机构。

（12）未列明的其他会计事项，公司根据现行《企业会计准则》的相关规定处理。

（13）会计分录中涉及的明细科目以系统内置的科目为准，其中，“财务费用”涉及利息收入的只能在贷方记账，不能以负数表示。

（14）记账凭证的出纳、复核、制单处需要签章的均按盖章的形式签章。

四、2016 年度账户资料

2016 年度账户资料如附表 1－3 和附表 1－4 所示。

附表 1－3　　账户余额表　　单位：元

总账科目	二级科目	三级科目	借方余额	贷方余额
一、资产类				
库存现金			10 709.00	
银行存款	交通银行北京马连道支行		2 983 405.50	
	交通银行北京西城支行		92 256.80	
其他货币资金	存出投资款		501 800.00	
交易性金融资产				
应收票据	北京宏运电器商城有限公司		198 000.00	
应收账款	江苏诚鑫电器商城有限公司		358 000.00	
	北京瑞华贸易有限公司		296 500.00	
	上海腾隆商贸有限公司		300 000.00	
	福建景泰实业有限公司			360 800.00
预付账款	北京鑫阳化工建材有限公司		73 500.00	
	北京荣华包装制品有限公司		69 615.00	
	广州富华实业有限公司			250 880.00
坏账准备				24 950.00
其他应收款	陆欣艳		6 000.00	
	潘阳		3 000.00	
	杨玉华		3 500.00	
应收股利				
应收利息				
材料采购				
原材料	ABS 树脂		25 500.00	
	聚丙烯		16 800.00	
	304 不锈钢板		23 700.00	
	增粘剂		9 800.00	

续表

总账科目	二级科目	三级科目	借方余额	贷方余额
原材料	固化剂		20 000.00	
	色漆		26 500.00	
	电源线		10 000.00	
	铝合金发热器		13 000.00	
	全铜发热器		16 070.00	
	智能温控器		12 500.00	
	过载熔断器		9 900.00	
	喷头		23 060.00	
	纤维编织软管		12 000.00	
	波纹金属软管		20 020.00	
	滚轮		8 920.00	
	二段可调支撑单杆		2 300.00	
	三段可调支撑双杆		8 850.00	
	衣架		9 390.00	
	毛刷		15 050.00	
	烫衣板		24 080.00	
周转材料	PE 保护膜		4 095.00	
	保利龙		3 000.00	
	包装箱		2 965.00	
	低值易耗品	鞋套	1 800.00	
	低值易耗品	手套	1 200.00	
	低值易耗品	防尘衣	2 800.00	
材料成本差异				17 675.08
库存商品	单杆挂烫机		117 157.50	
	双杆挂烫机		240 692.80	
	半成品	单杆挂烫机机身外壳		
	半成品	双杆挂烫机机身外壳		
	半成品	单杆挂烫机主机		
	半成品	双杆挂烫机主机		
存货跌价准备				
持有至到期投资				
持有至到期投资减值准备				
可供出售金融资产				
可供出售金融资产减值准备				
长期股权投资				
长期股权投资减值准备				

续表

总账科目	二级科目	三级科目	借方余额	贷方余额
投资性房地产				
长期应收款				
未实现融资收益				
固定资产	房屋建筑物		9 030 000.00	
	生产设备		3 514 000.00	
	运输设备		360 000.00	
	管理设备		137 500.00	
累计折旧				1 840 800.00
固定资产减值准备				
固定资产清理				
在建工程				
无形资产	土地使用权		3 690 000.00	
	专利权		180 000.00	
累计摊销	土地使用权			266 500.00
	专利权			6 000.00
无形资产减值准备				
递延所得税资产	应收账款		6 237.50	
	广告费		62 500.00	
二、负债类				
短期借款				
应付票据	北京凯翔实业有限公司			2 085 000.00
	江苏益阳化工实业有限公司			1 952 500.00
应付账款	天津亿丰电子科技有限公司			46 858.55
	上海益达辅料有限公司			58 100.00
预收账款	上海金茂实业有限公司			1 750 000.00
	北京金丰祥电器有限公司			1 034 500.00
应付职工薪酬	短期薪酬	工资		478 317.50
	短期薪酬	工会经费		12 638.00
应交税费	应交增值税	进项税额		
	应交增值税	销项税额		
	应交增值税	转出未交增值税		
	应交所得税			250 209.09
	应交个人所得税			10 683.25
	未交增值税			790 286.50
	应交城市维护建设税			55 320.06
	应交教育费附加			23 708.60
	应交地方教育附加			15 805.73

续表

总账科目	二级科目	三级科目	借方余额	贷方余额
应付股利				
其他应付款				
长期借款				
长期应付款				
预计负债				
递延所得税负债				
三、所有者权益类				
实收资本				5 000 000.00
资本公积	资本溢价			
	其他资本公积			
盈余公积	法定盈余公积			670 000.00
本年利润				
利润分配	未分配利润			6 030 000.00
四、成本类				
生产成本	单杆挂烫机机身外壳	直接材料	36 560.00	
	单杆挂烫机机身外壳	直接人工	5 092.50	
	单杆挂烫机机身外壳	制造费用	1 330.35	
	双杆挂烫机机身外壳	直接材料	44 550.00	
	双杆挂烫机机身外壳	直接人工	9 240.00	
	双杆挂烫机机身外壳	制造费用	2 492.45	
	单杆挂烫机主机	直接材料	131 992.00	
	单杆挂烫机主机	直接人工	4 274.00	
	单杆挂烫机主机	制造费用	1 180.00	
	双杆挂烫机主机	直接材料	228 500.00	
	双杆挂烫机主机	直接人工	6 770.40	
	双杆挂烫机主机	制造费用	1 876.56	
制造费用				
合计			23 031 532.36	23 031 532.36

附表1-4　2016年1-12月损益类账户发生额

单位：元

账户名称	1-12月累计发生额	
	借方	贷方
主营业务收入		64 839 106.00
营业外收入		28 080.00
主营业务成本	48 486 161.30	
税金及附加	1 191 550.56	
销售费用	3 880 593.50	

续表

账户名称	1－12月累计发生额	
	借方	贷方
管理费用	4 378 006.95	
财务费用	222 505.36	
资产减值损失	24 950.00	
营业外支出	80 690.00	
所得税费用	1 670 728.33	

五、2017年11月账户资料

2017年11月账户资料如附表1－5至附表1－10所示。

附表1－5　**账户余额表**　单位：元

总账科目	二级科目	三级科目	借方余额	贷方余额
一、资产类				
库存现金			6 800.00	
银行存款	交通银行北京马连道支行		3 986 580.96	
	交通银行北京西城支行		133 500.50	
其他货币资金	存出投资款		1 806 000.00	
交易性金融资产	科创信息	成本	1 240 000.00	
	科创信息	公允价值变动		80 000.00
应收票据	北京宏运电器商城有限公司		1 092 800.00	
	北京鑫鑫贸易有限公司		2 525 000.00	
应收账款	江苏诚鑫电器商城有限公司		358 000.00	
	北京瑞华贸易有限公司		296 500.00	
	上海腾隆商贸有限公司		257 600.00	
	福建景泰实业有限公司		2 400 000.00	
	北京福兴隆百货有限公司		1 829 000.00	
	厦门岐志达进出口贸易公司		2 652 000.00	
预付账款	北京鑫阳化工建材有限公司		1 173 500.00	
	北京荣华包装制品有限公司		69 615.00	
	广州富华实业有限公司			35 800.00
坏账准备				24 950.00
其他应收款	陆欣艳		6 000.00	
	潘阳		2 365.00	
应收股利				
应收利息				

续表

总账科目	二级科目	三级科目	借方余额	贷方余额
材料采购				
原材料	ABS树脂		52 500.00	
	聚丙烯		111 600.00	
	304不锈钢板		62 500.00	
	增粘剂		22 800.00	
	固化剂		50 000.00	
	色漆		76 700.00	
	电源线		26 100.00	
	铝合金发热器		69 000.00	
	全铜发热器		102 750.00	
	智能温控器		40 000.00	
	过载熔断器		30 000.00	
	喷头		230 000.00	
	纤维编织软管		28 000.00	
	波纹金属软管		50 000.00	
	滚轮		12 500.00	
	二段可调支撑单杆		9 900.00	
	三段可调支撑双杆		19 800.00	
	衣架		139 200.00	
	毛刷		45 750.00	
	烫衣板		240 000.00	
周转材料	PE保护膜		16 000.00	
	保利龙		9 000.00	
	包装箱		16 250.00	
	低值易耗品	鞋套	1 528.00	
	低值易耗品	手套	859.00	
	低值易耗品	防尘衣	1 748.00	
材料成本差异				8 803.68
库存商品	单杆挂烫机		217 481.00	
	双杆挂烫机		416 245.20	
	半成品	单杆挂烫机外壳		
	半成品	双杆挂烫机外壳		
	半成品	单杆挂烫机主机		
	半成品	双杆挂烫机主机		
存货跌价准备				
持有至到期投资				

续表

总账科目	二级科目	三级科目	借方余额	贷方余额
持有至到期投资减值准备				
可供出售金融资产				
可供出售金融资产减值准备				
长期股权投资				
长期股权投资减值准备				
投资性房地产				
长期应收款	北京米娅商贸有限公司		4 000 000.00	
未实现融资收益				805 840.00
固定资产	房屋建筑物		9 030 000.00	
	生产设备		3 514 000.00	
	运输设备		360 000.00	
	管理设备		137 500.00	
累计折旧				2 650 752.00
固定资产减值准备				
固定资产清理				
在建工程				
无形资产	土地使用权		3 690 000.00	
	专利权		180 000.00	
累计摊销	土地使用权			379 250.00
	专利权			22 500.00
无形资产减值准备				
递延所得税资产	应收账款		6 237.50	
	广告费		62 500.00	
二、负债类				
短期借款				
应付票据	北京凯翔实业有限公司			282 115.00
应付账款	天津亿丰电子科技有限公司			121 459.06
	上海益达辅料有限公司			58 100.00
预收账款	广州贝倚电器商行有限公司			2 212 500.00
应付职工薪酬	短期薪酬	工资		518 735.40
	短期薪酬	工会经费		13 430.37
应交税费	应交增值税	进项税额		
	应交增值税	销项税额		
	应交增值税	转出未交增值税		
	应交所得税		8 860 000.00	
	应交个人所得税			12 804.10

续表

总账科目	二级科目	三级科目	借方余额	贷方余额
应交税费	未交增值税			905 236.50
	应交城市维护建设税			63 366.56
	应交教育费附加			27 157.10
	应交地方教育附加			18 104.73
应付股利				
其他应付款				
长期借款				
长期应付款				
预计负债				
递延所得税负债				
三、所有者权益类				
实收资本				5 000 000.00
资本公积	资本溢价			
	其他资本公积			
盈余公积	法定盈余公积			670 000.00
本年利润				32 480 142.64
利润分配	未分配利润			6 030 000.00
四、成本类				
生产成本	单杆挂烫机机身外壳	直接材料	23 932.50	
	单杆挂烫机机身外壳	直接人工	8 216.55	
	单杆挂烫机机身外壳	制造费用	1 885.35	
	双杆挂烫机机身外壳	直接材料	37 421.02	
	双杆挂烫机机身外壳	直接人工	14 268.16	
	双杆挂烫机机身外壳	制造费用	3 920.64	
	单杆挂烫机主机	直接材料	18 898.84	
	单杆挂烫机主机	直接人工	1 328.40	
	单杆挂烫机主机	制造费用	363.12	
	双杆挂烫机主机	直接材料	171 278.25	
	双杆挂烫机主机	直接人工	9 262.40	
	双杆挂烫机主机	制造费用	2 374.05	
	单杆挂烫机	直接材料	117 598.90	
	单杆挂烫机	直接人工	4 242.50	
	单杆挂烫机	制造费用	1 362.00	
	双杆挂烫机	直接材料	223 535.80	
	双杆挂烫机	直接人工	5 331.90	
	双杆挂烫机	制造费用	2 116.60	

续表

总账科目	二级科目	三级科目	借方余额	贷方余额
制造费用				
合计			52 421 047.14	52 421 047.14

附表 1－6　损益类账户发生额表（结转本年利润前发生额）　单位：元

账户名称	1－11 月累计发生额	
	借方	贷方
主营业务收入		106 650 000.00
公允价值变动损益	80 000.00	
投资收益		1 562.26
营业外收入		108 500.00
主营业务成本	66 210 989.00	
税金及附加	1 383 972.31	
销售费用	2 304 503.50	
管理费用	4 185 986.65	
财务费用	27 255.36	
营业外支出	87 212.80	

附表 1－7　原材料明细账户余额表　单位：元

品名	计量单位	数量	计划单价	金额
ABS 树脂	千克	1 500	35.00	52 500.00
聚丙烯	千克	6 200	18.00	111 600.00
304 不锈钢板	千克	5 000	12.50	62 500.00
增粘剂	千克	3 800	6.00	22 800.00
固化剂	千克	2 500	20.00	50 000.00
色漆	千克	2 600	29.50	76 700.00
电源线	条	4 500	5.80	26 100.00
铝合金发热器	个	1 500	46.00	69 000.00
全铜发热器	个	1 500	68.50	102 750.00
智能温控器	个	5 000	8.00	40 000.00
过载熔断器	个	5 000	6.00	30 000.00
喷头	个	20 000	11.50	230 000.00
纤维编织软管	条	800	35.00	28 000.00
波纹金属软管	条	1 000	50.00	50 000.00
滚轮	个	5 000	2.50	12 500.00
二段可调支撑单杆	套	600	16.50	9 900.00
三段可调支撑双杆	套	600	33.00	19 800.00
衣架	个	18 560	7.50	139 200.00

续表

品名	计量单位	数量	计划单价	金额
毛刷	个	18 300	2. 50	45 750. 00
烫衣板	套	8 000	30. 00	240 000. 00
合计				1 419 100. 00

附表 1－8　**生产成本明细账户余额表**

单位：元

产品名称	数量	直接材料	直接人工	制造费用	合计
单杆挂烫机机身外壳	500	23 932. 50	8 216. 55	1 885. 35	34 034. 40
双杆挂烫机机身外壳	800	37 421. 02	14 268. 16	3 920. 64	55 609. 82
单杆挂烫机主机	100	18 898. 84	1 328. 40	363. 12	20 590. 36
双杆挂烫机主机	700	171 278. 25	9 262. 40	2 374. 05	182 914. 70
单杆挂烫机	500	117 598. 90	4 242. 50	1 362. 00	123 203. 40
双杆挂烫机	680	223 535. 80	5 331. 90	2 116. 60	230 984. 30
合计					647 336. 98

附表 1－9　**库存商品明细账户余额表**

2017 年 11 月 30 日

单位：元

品名	单位	数量	单位成本	金额
单杆挂烫机	台	850	255. 8600	217 481. 00
双杆挂烫机	台	1 200	346. 8710	416 245. 20
合计				633 726. 20

附表 1－10　**周转材料明细账户余额表**

2017 年 11 月 30 日

单位：元

品名	计量单位	数量	单位成本	金额
PE 保护膜	平方米	20 000	0. 80	16 000. 00
保利龙	套	5 000	1. 80	9 000. 00
包装箱	个	6 500	2. 50	16 250. 00
低值易耗品（鞋套）	双	100	15. 28	1 528. 00
低值易耗品（手套）	双	100	8. 59	859. 00
低值易耗品（防尘衣）	件	100	17. 48	1 748. 00
合计				45 385. 00

六、2017 年 12 月经济业务资料

业务 1：1 日，因北京瑞华贸易有限公司发生财务困难，短期内无法偿还 2016 年 3 月所欠公司货款，经协商，公司同意北京瑞华贸易有限公司以其所销售的注塑机偿还该债务，当日，双方签订债务重组协议并办理资产移交。公司将该注塑机作为车间生产设备。该应收账

款已计提坏账准备17 790.00元。（债务重组协议、增值税专用发票、固定资产验收单、电子银行转账凭证回单）

业务2：4日，通过二级市场出售20 000股科创信息股份有限公司股票，每股售价为14.80元（手续费忽略）。该股票为2017年2月6日以每股15.50元购入80 000股，购入时支付手续费1 600.00元，公司将其划分为交易性金融资产。2017年6月30日，该股票价格每股14.50元，已确认公允价值变动。（证券交易对账单）

业务3：4日，结转已售股票公允价值变动损益。

业务4：4日，支付销售运费。（报销单、增值税专用发票）

业务5：4日，申请办理银行汇票，用以购买原材料（通过基本户申请银行汇票）。（结算业务申请书、付款申请书、付款通知书）

业务6：5日，购入原材料，上月已预付一部分货款，剩余货款以银行存款支付。（转账支票、进账单、付款申请书、增值税专用发票2张）

业务7：5日，车间领用低值易耗品。（低值易耗品领用分配表）

业务8：5日，提取现金备用。（现金支票、提现申请单）

业务9：6日，用银行汇票采购材料，多余款退回。（增值税专用发票、银行汇票多余款收账通知）

业务10：7日，固定资产报废转入清理。（固定资产处置决定、固定资产折旧明细表）

业务11：7日，行政部门报销办公费。（报销单、增值税专用发票）

业务12：8日，购入非专利技术。（增值税普通发票、电子银行转账凭证回单）

业务13：8日，承业务10，结转固定资产清理损益。

业务14：8日，销售商品，款已收。（销售单、增值税专用发票、电子银行转账凭证回单、购销合同）

业务15：11日，发放上月工资。（转账支票存根、进账单、工资结算汇总表、批量成功代付清单）

业务16：12日，缴纳本月住房公积金。（转账支票存根，住房公积金汇（补）缴书、住房公积金计算表）

业务17：12日，缴纳本月社会保险费。（电子缴税付款凭证、社会保险费计算表）

业务18：12日，拨缴上月工会经费。（转账支票存根、工会专用结算凭证、电子缴税付款凭证）

业务19：12日，通过银企税系统缴纳税费。（电子缴税付款凭证3张）

业务20：13日，购入周转材料（款已预付）。（收料单、增值税专用发票）

业务21：14日，总经办报销招待费。（报销单、增值税普通发票、电子银行转账凭证回单）

业务22：15日，支付员工餐费。（增值税普通发票、电子银行转账凭证回单）

业务23：18日，销售商品，款已预收30%。（销售单、增值税专用发票、电子银行转账凭证回单、购销合同）

业务24：19日，购入办公楼一幢（当月付款50%，余款下月支付）。（增值税专用发票、电子银行转账凭证回单、固定资产验收单）

业务25：19日，销售部门报销差旅费。（差旅费报销单、航空运输电子客票行程单2张、增值税普通发票、增值税专用发票）

业务 26：20 日，捐赠支出。（接受社会捐赠专用收据、电子银行转账凭证回单）

业务 27：21 日，收到存款利息。（存款利息清单 2 张）

业务 28：21 日，支付账户维护费。（付款通知书 2 张）

业务 29：22 日，办理银行承兑汇票贴现，月贴现率为 6‰，该票据不附追索权。（贴现凭证、银行承兑汇票复印件）

业务 30：25 日，销售商品，收到银行承兑汇票。（销售单、增值税专用发票、购销合同、银行承兑汇票复印件）

业务 31：26 日，支付职工培训费。（增值税专用发票、电子银行转账凭证回单）

业务 32：27 日，支付本月广告费。（付款申请书、增值税专用发票、电子银行转账凭证回单）

业务 33：28 日，通过二级市场出售 10 000 股科创信息股份有限公司股票，每股售价为 15. 60 元（手续费忽略）。该股票为 2017 年 2 月 6 日以每股 15. 50 元购入 80 000 股，购入时支付手续费 1 600. 00 元，公司将其划分为交易性金融资产。2017 年 6 月 30 日，该股票价格每股 14. 50 元，已确认公允价值变动。（证券交易对账单）

业务 34：28 日，结转已售股票公允价值变动损益。

业务 35：31 日，支付电话费及网络服务费。（增值税专用发票 2 张、同城特约委托收款凭证）

业务 36：31 日，收到 2017 年初销售商品的分期收款额 800 000. 00 元。该商品的成本为 1 340 000. 00 元，现销方式下的销售价格为 3 194 160. 00 元。折现率 8%，相关增值税已在年初确认，不考虑相关增值税。（购销合同、电子银行转账凭证回单）

业务 37：31 日，承业务 36，摊销未实现融资收益。（未实现融资收益摊销表）

业务 38：31 日，无形资产摊销。（无形资产摊销表）

业务 39：31 日，支付顾问费。（顾问费清单、财务顾问合同、法律顾问合同、增值税普通发票 8 张、电子银行转账凭证回单 8 张）

业务 40：31 日，计算并计提本月应代扣个人所得税。（个人所得税计算表）

业务 41：31 日，分配本月职工薪酬。（职工薪酬分配表、职工薪酬汇总表）

业务 42：31 日，分配本月发生的职工福利费。（职工福利费分配表、职工福利费汇总表）

业务 43：31 日，分配本月发生的职工教育经费。（职工教育经费分配表、职工教育经费汇总表）

业务 44：31 日，计提本月固定资产折旧。（固定资产折旧计算表）

业务 45：31 日，支付并分配本月水费。（外购水费分配表、增值税专用发票、同城特约委托收款凭证）

业务 46：31 日，支付并分配本月电费。（外购电费分配表、增值税专用发票、同城特约委托收款凭证）

业务 47：31 日，根据“收料单”编制“收料凭证汇总表”，结转本月入库材料计划成本。（收料凭证汇总表、收料单 5 张）

业务 48：31 日，计算并结转本月入库材料的材料成本差异（不以负数记账）。（入库材料成本差异计算表）

业务 49：31 日，编制发出材料汇总表及材料费用分配表，分配并结转本月发出材料计

划成本。（发出材料汇总表 3 张、直接材料费用分配表 3 张、领料单 10 张）

业务 50：31 日，计算并结转本月发出材料应负担的成本差异。（材料成本差异率计算表、发出材料成本差异计算表）

业务 51：31 日，结转本月发出周转材料成本。（发出周转材料分配表、领料单 2 张）

业务 52：31 日，分配并结转本月制造费用。（制造费用需按明细结转）（制造费用分配表）

业务 53：31 日，计算第一步骤各工序半成品完工程度及月末在产品约当产量。计算并结转本月第一步骤完工半成品成本。完工程度以百分号表示，且保留百分号前 2 位小数；“单位成本”保留 4 位小数，“单位成本合计”保留 2 位小数。（第一步骤半成品期末在产品约当产量计算表、第一步骤半成品成本计算单 2 张、入库单 3 张）

业务 54：31 日，领用第一步骤半成品。不存在期初半成品，直接领用业务 53 入库的半成品作为下一步的材料。（出库单 2 张）

业务 55：31 日，计算第二步骤各工序半成品完工程度及月末在产品约当产量。计算并结转本月第二步骤完工半成品成本。完工程度以百分号表示，且保留百分号前 2 位小数；“单位成本”保留 4 位小数，“单位成本合计”保留 2 位小数。（第二步骤半成品期末在产品约当产量计算表、第二步骤半成品成本计算单 2 张、入库单 3 张）

业务 56：31 日，领用第二步骤半成品。不存在期初半成品，直接领用业务 55 入库的半成品作为下一步的材料。（出库单 2 张）

业务 57：31 日，计算并结转本月完工产品成本。“单位成本”保留 4 位小数，“单位成本合计”保留 2 位小数。（产品成本计算单 2 张、产品成本汇总表、入库单 2 张）

业务 58：31 日，结转本月销售商品成本。（销售成本计算表、出库单 3 张）

业务 59：31 日，结转新产品研发支出费用。

业务 60：31 日，原材料盘点损失。（存货盘点报告表）

业务 61：31 日，原材料盘亏批准处理，并结转材料成本差异。（存货盘亏处理报告）

业务 62：31 日，计提坏账准备。（坏账损失计算表）

业务 63：31 日，将本月购进的办公楼出租。（租赁合同、董事会决议）

业务 64：31 日，核算交易性金融资产的公允价值变动。（公允价值变动计算表）

业务 65：31 日，计提转让金融商品应交增值税。

业务 66：31 日，计算并结转本月未交增值税。（未交增值税计算表）

业务 67：31 日，年末结转转让金融商品应交增值税。

业务 68：31 日，计提城市维护建设税、教育费附加及地方教育附加。（应交城市维护建设税与教育费附加计算表）

业务 69：31 日，结转损益类（收入利得）账户。（注：只填写总账科目，投资收益按净额结转，不以负数记账）

业务 70：31 日，结转损益类（费用损失）账户。（注：只填写总账科目，财务费用按净额结转，不以负数记账）

业务 71：31 日，计提本年度所得税费用。（应交所得税计算表）

除下列说明及 12 月份业务外，本年无其他所得税纳税调整事项：

（1）本年度 1－11 月业务招待费支出：306 000.00 元；

（2）本年度 1－11 月广告费支出：1 352 000.00 元；上年度未抵扣广告费支出：

250 000.00元；

（3）本年度 1－11 月营业收入总额为 106 650 000.00 元；本年度 1－11 月的利润总额为 32 480 142.64 元；

（4）本年度 1－11 月所发生的营业外支出均可税前扣除；

（5）本年度截至 2017 年 11 月 30 日，资产负债表上应收账款余额为7 768 150.00元。（资产负债表上的往来重分类 11 月和 12 月保持一致）

业务 72：31 日，结转本年度所得税费用。

业务 73：31 日，结转本年利润。

业务 74：31 日，计提法定盈余公积。（盈余公积计提表）

业务 75：31 日，结转利润分配明细账户余额。

由于原始凭证占用篇幅较大，这里略去了所有业务的原始凭证。为保证业务数据的完整性，将经济业务发生过程中的数据整理如附表1－11 至附表 1－42 所示。

附表 1－11　　**低值易耗品领用分配表**

低值易耗品	单位	单价（元）	数量	金额	领用部门
鞋套	双	15.28	25.00		第一车间
手套	双	8.59	30.00		第二车间
防尘衣	件	17.48	20.00		第三车间
合计					

附表 1－12　　**职工薪酬分配表**

单位：元

部门	产品	分配标准	分配率	金额
第一车间	单杆挂烫机机身外壳	6 000.00		
	双杆挂烫机机身外壳	8 000.00		
	小计	14 000.00		308 175.00
第二车间	单杆挂烫机主机	4 000.00		
	双杆挂烫机主机	5 500.00		
	小计	9 500.00		202 882.00
第三车间	单杆挂烫机	3 000.00		
	双杆挂烫机	3 500.00		
	小计	6 500.00		136 727.50
车间管理	第一车间			28 038.40
	第二车间			28 038.40
	第三车间			28 038.40
	小计			84 115.20
	管理费用			154 332.65
	销售费用			69 127.00
	合计			955 359.35

附表 1－13　**职工福利分配表**　单位：元

部门	产品	分配标准	分配率	金额
第一车间	单杆挂烫机机身外壳	18.00		
	双杆挂烫机机身外壳	24.00		
	小计	42.00		8 400.00
第二车间	单杆挂烫机主机	12.00		
	双杆挂烫机主机	16.00		
	小计	28.00		5 600.00
第三车间	单杆挂烫机	9.00		
	双杆挂烫机	10.00		
	小计	19.00		3 800.00
车间管理	第一车间			400.00
	第二车间			400.00
	第三车间			400.00
	小计			1 200.00
	管理费用			2 000.00
	销售费用			1 000.00
	合计			

附表 1－14　**职工教育经费分配表**　单位：元

部门	分配标准	分配率	金额
第一车间	2		
第二车间	2		
第三车间	2		
小计	6		1 440
管理费用			3 000
销售费用			1 500
合计			5 940

附表 1－15　**固定资产折旧**　单位：元

部门	项目	原值	折旧率	折旧额
第一车间	厂房	2 980 000.00	0.004	
	生产设备	2 150 000.00	0.008	
	小计	5 130 000.00		
第二车间	厂房	1 505 000.00	0.004	
	生产设备	955 000.00	0.008	
	小计	2 460 000.00		

续表

部门	项目	原值	折旧率	折旧额
第三车间	厂房	1 008 000.00	0.004	
	生产设备	409 000.00	0.008	
	小计	1 417 000.00		
管理	房屋	3 537 000.00	0.004	
	运输设备	360 000.00	0.02	
	管理设备	89 000.00	0.016	
	小计	3 986 000.00		
销售	管理设备	48 500.00	0.016	
	小计	48 500.00		
合计		13 041 500.00		

附表 1-16　　**水费**　　单位：元

部门	分配标准	分配率	金额
第一车间	1 080.00		
第二车间	805.00		
第三车间	560.00		
管理费用	130.00		
销售费用	80.00		
合计	2 655.00		11 151.00

附表 1-17　　**电费**　　单位：元

部门	分配标准	分配率	金额
第一车间	24 390		
第二车间	13 500		
第三车间	7 050		
管理费用	1 355		
销售费用	974		
合计	47 269		37 815.2

附表 1-18　　**收料凭证汇总表**　　单位：元

材料名称	入库数量	计划单价	计划总成本
ABS 树脂	11 500	35	
聚丙烯	7 500	18	
色漆	7 500	29.5	
电源线	16 000	5.8	
铝合金发热器	8 000	46	
全铜发热器	10 000	68.5	
智能温控器	15 000	8	

续表

材料名称	入库数量	计划单价	计划总成本
过载熔断器	15 000	6	
纤维编织软管	8 500	35	
波纹金属软管	10 000	50	
滚轮	74 500	2.5	
二段可调支撑单杆	8 000	16.5	
三段可调支撑双杆	10 000	33	
烫衣板	2 500	30	
合计	204 000		

附表 1-19　　本月入库材料成本差异　　单位：元

材料名称	入库数量	计划单价	计划总成本	实际总成本	材料成本差异
ABS 树脂		35		414 000	
聚丙烯		18		135 000	
色漆		29.5		240 000	
电源线		5.8		92 800	
铝合金发热器		46		368 000	
全铜发热器		68.5		682 000	
智能温控器		8		117 000	
过载熔断器		6		102 000	
纤维编织软管		35		289 000	
波纹金属软管		50		508 000	
滚轮		2.5		208 600	
二段可调支撑单杆		16.5		134 400	
三段可调支撑双杆		33		338 000	
烫衣板		30		80 000	
合计				3 708 800	

附表 1-20　　一车间本月发出材料计划成本　　单位：元

材料	计划单价	单杆挂烫机机身外壳		双杆挂烫机机身外壳		共同耗用	
		数量	金额	数量	金额	数量	金额
ABS 树脂	35.00	9 500.00					
聚丙烯	18.00			12 720.00			
304 不锈钢板	12.50			4 560.00			
增粘剂	6.00					3 660.00	
固化剂	20.00					2 440.00	
色漆	29.50					9 600.00	
合计							

附表 1－21

一车间直接材料费用分配表

单位：元

材料	分配率	单杆挂烫机机身外壳			双杆挂烫机机身外壳			合计
		本月投产量	10 000		本月投产量	12 000		
		单位定额	分配标准	金额	单位定额	分配标准	金额	
增粘剂		0.15			0.18			
固化剂		0.10			0.12			
色漆		0.30			0.55			
直接计入								
合计								

附表 1－22

二车间本月发出材料计划成本

单位：元

材料	计划单价	单杆挂烫机主机		双杆挂烫机主机		共同耗用	
		数量	金额	数量	金额	数量	金额
电源线	5.80					19 800.00	
铝合金发热器	46.00	9 000.00					
全铜发热器	68.50			10 800.00			
智能温控器	8.00					19 800.00	
过载熔断器	6.00					19 800.00	
喷头	11.50					19 800.00	
纤维编织软管	35.00	9 000.00					
波纹金属软管	50.00			10 800.00			
滚轮	2.50					79 200.00	
合计							

附表 1－23

二车间直接材料费用分配表

单位：元

材料	分配率	单杆挂烫机主机			双杆挂烫机主机			合计
		本月投产量	9 000		本月投产量	10 800		
		单位定额	分配标准	金额	单位定额	分配标准	金额	
电源线	5.80	1.00			1.00			
智能温控器	8.00	1.00			1.00			
过载熔断器	6.00	1.00			1.00			
喷头	11.50	1.00			1.00			
滚轮	2.50	4.00			4.00			
直接计入								
合计								

附表 1－24 三车间本月发出材料计划成本 单位：元

材料	计划单价	数量	金额	数量	金额	数量	金额
二段可调支撑单杆	16.5	8 000					
三段可调支撑双杆	33			10 000			
衣架	7.5					18 000	
毛刷	2.5					18 000	
烫衣板	30			10 000			
合计							

附表 1－25 材料成本差异率 单位：元

材料成本差异		原材料计划成本		差异率
期初	本期	期初	本期	
－8 803.68	73 500	1 419 100	3 635 300	

附表 1－26 发出材料成本差异计算表 单位：元

部门	产品	计划成本	差异率	差异额
第一车间	单杆挂烫机机身外壳			
	双杆挂烫机机身外壳			
第二车间	单杆挂烫机主机			
	双杆挂烫机主机			
第三车间	单杆挂烫机			
	双杆挂烫机			
合计				

附表 1－27 发出周转材料 单位：元

材料	单位成本	单杆挂烫机		双杆挂烫机		合计
		数量	金额	数量	金额	
PE 保护膜	0.8	8 500		10 680		
保利龙	1.8	8 500		10 680		
包装箱	2.5	8 500		10 680		
合计						

附表 1－28 制造费用 单位：元

项目	第一车间	第二车间	第三车间
低值易耗品			
职工薪酬分配表			
职工福利分配表			
职工教育经费分配表			
固定资产折旧			
水费			
电费			
合计			

附表 1－29　　**制造费用结转**　　单位：元

部门	产品	标准	分配率	金额
第一车间	单杆挂烫机机身外壳	6 000		
	双杆挂烫机机身外壳	8 000		
	合计	14 000		
第二车间	单杆挂烫机主机	4 000		
	双杆挂烫机主机	5 500		
	合计	9 500		
第三车间	单杆挂烫机	3 000		
	双杆挂烫机	3 500		
	合计	6 500		

附表 1－30　　**第一步骤半成品期末在产品约当产量计算表**

工序	定额工时	辅助	完工程度	单杆挂烫机机身外壳		双杆挂烫机机身外壳	
				期末在产品数量	在产品约当产量	期末在产品数量	在产品约当产量
配料	30						
塑化	60			500		800	
注塑成型	30			200		400	
冷却	30			200		400	
打磨	20			300		200	
喷涂	20			300		200	
检验	10						
合计	200			1 500		2 000	

附表 1－31　　**第二步骤半成品期末在产品约当产量计算表**

工序	定额工时	辅助	完工程度	单杆挂烫机主机		双杆挂烫机主机	
				期末在产品数量	在产品约当产量	期末在产品数量	在产品约当产量
布线	20			300		500	
组装	50			400		400	
测试	20			200		300	
检验包装	10			200		300	
合计	100			1 100		1 500	

附表 1－32　　**单杆挂烫机机身外壳**　　单位：元

项目	月初	本月发生费用	合计	期末约当产量	完工产量	单位成本	完工总成本	期末在产品成本
直接材料								
直接人工								
制造费用								
合计								

附表 1－33　　**双杆挂烫机机身外壳**　　单位：元

项目	月初	本月发生费用	合计	期末约当产量	完工产量	单位成本	完工总成本	期末在产品成本
直接材料								
直接人工								
制造费用								
合计								

附表 1 - 34　　单杆挂烫机主机　　单位：元

项目	月初	本月发生费用	上步骤	合计	期末约当产量	完工产量	单位成本	完工总成本	期末在产品成本
直接材料									
直接人工									
制造费用									
合计									

附表 1 - 35　　双杆挂烫机主机　　单位：元

项目	月初	本月发生费用	上步骤	合计	期末约当产量	完工产量	单位成本	完工总成本	期末在产品成本
直接材料									
直接人工									
制造费用									
合计									

附表 1 - 36　　单杆挂烫机　　单位：元

项目	月初	本月发生费用	上步骤	合计	期末约当产量	完工产量	单位成本	完工总成本	期末在产品成本
直接材料									
直接人工									
制造费用									
合计									

附表 1 - 37　　双杆挂烫机　　单位：元

项目	月初	本月发生费用	上步骤	合计	期末约当产量	完工产量	单位成本	完工总成本	期末在产品成本
直接材料									
直接人工									
制造费用									
合计									

附表 1 - 38　　产品成本汇总表　　单位：元

项目	单杆挂烫机	双杆挂烫机	合计
期初在产品成本			
本期生产费用			
本月耗用上步骤产品			
生产费用合计			
期末完工产品成本			
期末在产品成本			

附表 1 - 39　　期末完工产量

产品	12 月 15 日	12 月 18 日	数量
单杆挂烫机	2 000.00	6 500.00	
双杆挂烫机	2 000.00	8 680.00	

附表 1-40　　销售成本计算

单位：元

产品	期初		本期		本期销售数量	期末结存数量	单位成本	销售成本	期末存货成本
	数量	金额	数量	金额					
单杆挂烫机	850								
双杆挂烫机	1 200								

附表 1-41　　产品出库明细

产品	12 月 18 日	12 月 8 日	12 月 25 日	合计
单杆挂烫机	5 000	750	2 900	
双杆挂烫机	6 500	1 100	3 400	

附表 1-42　　记账凭证序时表

单位：元

凭证号	日期		摘要	会计科目		借方金额	贷方金额
				总账科目	明细科目		
1	12	1	债务重组	固定资产	生产设备——注塑机	209 600.00	
	12	1	债务重组	应交税费	应交增值税——进项税额	35 632.00	
	12	1	债务重组	银行存款	交通银行北京马连道支行	20 000.00	
	12	1	债务重组	坏账准备		17 790.00	
	12	1	债务重组	营业外支出		13 478.00	
	12	1	债务重组	应收账款	北京瑞华贸易有限公司		296 500.00
2	12	4	出售部分股票	其他货币资金	存出投资款	296 000.00	
	12	4	出售部分股票	交易性金融资产	科创信息——公允价值变动	20 000.00	
	12	4	出售部分股票	交易性金融资产	科创信息——成本		310 000.00
	12	4	出售部分股票	投资收益			6 000.00
3	12	4	结转公允价值变动损益	投资收益		20 000.00	
	12	4	结转公允价值变动损益	公允价值变动损益			20 000.00
4	12	4	支付销售运费	销售费用	运输费	800.00	
	12	4	支付销售运费	应交税费	应交增值税——进项税额	88.00	
	12	4	支付销售运费	库存现金			888.00
5	12	4	申请办理银行汇票	其他货币资金	银行汇票存款	1 595 000.00	
	12	4	申请办理银行汇票	财务费用	手续费	28.50	
	12	4	申请办理银行汇票	银行存款	交通银行北京马连道支行		1 595 028.50
6	12	5	购入原材料	材料采购	ABS 树脂	414 000.00	
	12	5	购入原材料	材料采购	聚丙烯	135 000.00	
	12	5	购入原材料	材料采购	色漆	240 000.00	
	12	5	购入原材料	材料采购	纤维编织软管	289 000.00	
	12	5	购入原材料	材料采购	波纹金属软管	508 000.00	
	12	5	购入原材料	材料采购	滚轮	208 600.00	

续表

凭证号	日期		摘要	会计科目		借方金额	贷方金额
				总账科目	明细科目		
6	12	5	购入原材料	材料采购	二段可调支撑单杆	134 400. 00	
	12	5	购入原材料	材料采购	三段可调支撑双杆	338 000. 00	
	12	5	购入原材料	材料采购	烫衣板	80 000. 00	
	12	5	购入原材料	应交税费	应交增值税——进项税额	398 990. 00	
	12	5	购入原材料	预付账款	北京鑫阳化工建材有限公司		1 173 500. 00
	12	5	购入原材料	银行存款	交通银行北京马连道支行		1 572 490. 00
7	12	5	车间领用低值易耗品	制造费用	第一车间——低值易耗品	382. 00	
	12	5	车间领用低值易耗品	制造费用	第二车间——低值易耗品	257. 70	
	12	5	车间领用低值易耗品	制造费用	第三车间——低值易耗品	349. 60	
	12	5	车间领用低值易耗品	周转材料	低值易耗品——鞋套		382. 00
	12	5	车间领用低值易耗品	周转材料	低值易耗品——手套		257. 70
	12	5	车间领用低值易耗品	周转材料	低值易耗品——防尘衣		349. 60
8	12	5	提取备用金	库存现金		3 650. 00	
	12	5	提取备用金	银行存款	交通银行北京马连道支行		3 650. 00
9	12	6	用银行汇票采购材料、多余款退回	材料采购	电源线	92 800. 00	
	12	6	用银行汇票采购材料、多余款退回	材料采购	铝合金发热器	368 000. 00	
	12	6	用银行汇票采购材料、多余款退回	材料采购	全铜发热器	682 000. 00	
	12	6	用银行汇票采购材料、多余款退回	材料采购	智能温控器	117 000. 00	
	12	6	用银行汇票采购材料、多余款退回	材料采购	过载熔断器	102 000. 00	
	12	6	用银行汇票采购材料、多余款退回	应交税费	应交增值税——进项税额	231 506. 00	
	12	6	用银行汇票采购材料、多余款退回	银行存款	交通银行北京马连道支行	1 694. 00	
	12	6	用银行汇票采购材料、多余款退回	其他货币资金	银行汇票存款		1 595 000. 00
10	12	7	固定资产报废转入清理	固定资产清理		7 603. 20	
	12	7	固定资产报废转入清理	累计折旧		3 196. 80	
	12	7	固定资产报废转入清理	固定资产	生产设备——塑化机		10 800. 00
11	12	7	报销办公费	管理费用	办公费	1 170. 00	
	12	7	报销办公费	应交税费	应交增值税——进项税额	198. 90	
	12	7	报销办公费	库存现金			1 368. 90

续表

凭证号	日期		摘要	会计科目		借方金额	贷方金额
				总账科目	明细科目		
12	12	8	购入非专利技术	无形资产	非专利技术	51 600.00	
	12	8	购入非专利技术	银行存款	交通银行北京马连道支行		51 600.00
13	12	8	结转固定资产清理损益	营业外支出		7 603.20	
	12	8	结转固定资产清理损益	固定资产清理			7 603.20
14	12	8	销售商品	银行存款	交通银行北京马连道支行	1 404 000.00	
	12	8	销售商品	主营业务收入	单杆挂烫机		375 000.00
	12	8	销售商品	主营业务收入	双杆挂烫机		825 000.00
	12	8	销售商品	应交税费	应交增值税——销项税额		204 000.00
15	12	11	发放上月工资	应付职工薪酬	短期薪酬——工资	518 735.40	
	12	11	发放上月工资	银行存款	交通银行北京马连道支行		518 735.40
16	12	12	缴纳本月住房公积金	应付职工薪酬	短期薪酬——住房公积金	75 486.00	
	12	12	缴纳本月住房公积金	应付职工薪酬	短期薪酬——工资	75 486.00	
	12	12	缴纳本月住房公积金	银行存款	交通银行北京马连道支行		150 972.00
17	12	12	缴纳本月社会保险费	应付职工薪酬	短期薪酬——医疗保险	62 905.00	
	12	12	缴纳本月社会保险费	应付职工薪酬	短期薪酬——工伤保险	1 258.10	
	12	12	缴纳本月社会保险费	应付职工薪酬	短期薪酬——生育保险	5 032.40	
	12	12	缴纳本月社会保险费	应付职工薪酬	离职后福利——养老保险	119 519.50	
	12	12	缴纳本月社会保险费	应付职工薪酬	离职后福利——失业保险	5 032.40	
	12	12	缴纳本月社会保险费	应付职工薪酬	短期薪酬——工资	64 493.10	
	12	12	缴纳本月社会保险费	银行存款	交通银行北京马连道支行		258 240.50
18	12	12	拨交上月工会经费	应付职工薪酬	短期薪酬——工会经费	13 430.37	
	12	12	拨交上月工会经费	银行存款	交通银行北京马连道支行		13 430.37
19	12	12	缴纳上月税费	应交税费	未交增值税	905 236.50	
	12	12	缴纳上月税费	应交税费	应交城市维护建设税	63 366.56	
	12	12	缴纳上月税费	应交税费	应交教育费附加	27 157.10	
	12	12	缴纳上月税费	应交税费	应交地方教育附加	18 104.73	
	12	12	缴纳上月税费	应交税费	应交个人所得税	12 804.10	
	12	12	缴纳上月税费	银行存款	交通银行北京马连道支行		1 026 668.99
20	12	13	购入周转材料	周转材料	保利龙	27 000.00	
	12	13	购入周转材料	周转材料	包装箱	32 500.00	
	12	13	购入周转材料	应交税费	应交增值税——进项税额	10 115.00	
	12	13	购入周转材料	预付账款	北京荣华包装制品有限公司		69 615.00
21	12	14	总经办报销招待费	管理费用	招待费	15 900.00	
	12	14	总经办报销招待费	银行存款	交通银行北京马连道支行		15 900.00
22	12	15	支付员工餐费	应付职工薪酬	短期薪酬——职工福利费	22 000.00	
	12	15	支付员工餐费	银行存款	交通银行北京马连道支行		22 000.00

续表

凭证号	日期		摘要	会计科目		借方金额	贷方金额
				总账科目	明细科目		
23	12	18	销售商品	银行存款	交通银行北京马连道支行	6 416 250.00	
	12	18	销售商品	预收账款	广州贝倚电器商行有限公司	2 212 500.00	
	12	18	销售商品	主营业务收入	单杆挂烫机		2 500 000.00
	12	18	销售商品	主营业务收入	双杆挂烫机		4 875 000.00
	12	18	销售商品	应交税费	应交增值税——销项税额		1 253 750.00
24	12	19	购买办公楼	固定资产	房屋建筑物——3#办公楼	7 850 000.00	
	12	19	购买办公楼	应交税费	应交增值税——进项税额	518 100.00	
	12	19	购买办公楼	应交税费	待抵扣进项税额	345 400.00	
	12	19	购买办公楼	银行存款	交通银行北京马连道支行		4 356 750.00
	12	19	购买办公楼	应付账款	北京金科房地产开发有限公司		4 356 750.00
25	12	19	销售部门报销差旅费	销售费用	差旅费	6 973.00	
	12	19	销售部门报销差旅费	应交税费	应交增值税——进项税额	105.00	
	12	19	销售部门报销差旅费	库存现金			1 078.00
	12	19	销售部门报销差旅费	其他应收款	陆欣艳		6 000.00
26	12	20	捐赠支出	营业外支出		30 000.00	
	12	20	捐赠支出	银行存款	交通银行北京马连道支行		30 000.00
27	12	21	收到存款利息收入	银行存款	交通银行北京马连道支行	2 915.08	
	12	21	收到存款利息收入	银行存款	交通银行北京西城支行	150.80	
	12	21	收到存款利息收入	财务费用	利息收入		3 065.88
28	12	21	支付账户维护费	财务费用	手续费	200.00	
	12	21	支付账户维护费	银行存款	交通银行北京马连道支行		100.00
	12	21	支付账户维护费	银行存款	交通银行北京西城支行		100.00
29	12	22	汇票贴现	银行存款	交通银行北京马连道支行	2 502 275.00	
	12	22	汇票贴现	财务费用	利息支出	22 725.00	
	12	22	汇票贴现	应收票据	北京鑫鑫贸易有限公司		2 525 000.00
30	12	25	支付研发支出	研发支出	费用化支出	35 000.00	
	12	25	支付研发支出	银行存款	交通银行北京马连道支行		35 000.00
31	12	25	销售商品，收到银行承兑汇票	应收票据	上海艾思玛商贸有限公司	4 680 000.00	
	12	25	销售商品，收到银行承兑汇票	主营业务收入	单杆挂烫机		1 450 000.00
	12	25	销售商品，收到银行承兑汇票	主营业务收入	双杆挂烫机		2 550 000.00
	12	25	销售商品，收到银行承兑汇票	应交税费	应交增值税——销项税额		680 000.00

续表

凭证号	日期		摘要	会计科目		借方金额	贷方金额
				总账科目	明细科目		
32	12	26	支付职工培训费	应付职工薪酬	短期薪酬——职工教育经费	5 940.00	
	12	26	支付职工培训费	应交税费	应交增值税——进项税额	356.40	
	12	26	支付职工培训费	银行存款	交通银行北京马连道支行		6 296.40
33	12	27	支付广告费	销售费用	广告费	150 000.00	
	12	27	支付广告费	应交税费	应交增值税——进项税额	9 000.00	
	12	27	支付广告费	银行存款	交通银行北京马连道支行		159 000.00
34	12	28	出售部分股票	其他货币资金	存出投资款	156 000.00	
	12	28	出售部分股票	交易性金融资产	科创信息——公允价值变动	10 000.00	
	12	28	出售部分股票	交易性金融资产	科创信息——成本		155 000.00
	12	28	出售部分股票	投资收益			11 000.00
35	12	28	结转公允价值变动损益	投资收益		10 000.00	
	12	28	结转公允价值变动损益	公允价值变动损益			10 000.00
36	12	31	支付电话费和网络使用费	管理费用	通信费	7 130.50	
	12	31	支付电话费和网络使用费	应交税费	应交增值税——进项税额	657.03	
	12	31	支付电话费和网络使用费	银行存款	交通银行北京马连道支行		7 787.53
37	12	31	收到分期收款额	银行存款	交通银行北京马连道支行	800 000.00	
	12	31	收到分期收款额	长期应收款	北京米娅商贸有限公司		800 000.00
38	12	31	摊销未实现融资收益	未实现融资收益		255 532.80	
	12	31	摊销未实现融资收益	财务费用	利息收入		255 532.80
39	12	31	无形资产摊销	管理费用	无形资产摊销	12 180.00	
	12	31	无形资产摊销	累计摊销			12 180.00
40	12	31	支付顾问费	管理费用	顾问费	38 450.00	
	12	31	支付顾问费	银行存款	交通银行北京西城支行		38 450.00
41	12	31	计提个人所得税	应付职工薪酬	短期薪酬——工资	12 945.34	
	12	31	计提个人所得税	应交税费	应交个人所得税		12 945.34
42	12	31	分配职工薪酬	生产成本	单杆挂烫机机身外壳——直接人工	132 075.00	
	12	31	分配职工薪酬	生产成本	双杆挂烫机机身外壳——直接人工	176 100.00	
	12	31	分配职工薪酬	生产成本	单杆挂烫机主机——直接人工	85 424.00	
	12	31	分配职工薪酬	生产成本	双杆挂烫机主机——直接人工	117 458.00	
	12	31	分配职工薪酬	生产成本	单杆挂烫机——直接人工	63 105.00	
	12	31	分配职工薪酬	生产成本	双杆挂烫机——直接人工	73 622.50	
	12	31	分配职工薪酬	制造费用	第一车间——职工薪酬	28 038.40	

续表

凭证号	日期		摘要	会计科目		借方金额	贷方金额
				总账科目	明细科目		
42	12	31	分配职工薪酬	制造费用	第二车间——职工薪酬	28 038.40	
	12	31	分配职工薪酬	制造费用	第三车间——职工薪酬	28 038.40	
	12	31	分配职工薪酬	管理费用	职工薪酬	154 332.65	
	12	31	分配职工薪酬	销售费用	职工薪酬	69 127.00	
	12	31	分配职工薪酬	应付职工薪酬	短期薪酬——工资		672 672.50
	12	31	分配职工薪酬	应付职工薪酬	短期薪酬——医疗保险		62 905.00
	12	31	分配职工薪酬	应付职工薪酬	短期薪酬——工伤保险		1 258.10
	12	31	分配职工薪酬	应付职工薪酬	短期薪酬——生育保险		5 032.40
	12	31	分配职工薪酬	应付职工薪酬	离职后福利——养老保险		119 519.50
	12	31	分配职工薪酬	应付职工薪酬	离职后福利——失业保险		5 032.40
	12	31	分配职工薪酬	应付职工薪酬	短期薪酬——住房公积金		75 486.00
	12	31	分配职工薪酬	应付职工薪酬	短期薪酬——工会经费		13 453.45
43	12	31	分配职工福利费	生产成本	单杆挂烫机机身外壳——直接人工	3 600.00	
	12	31	分配职工福利费	生产成本	双杆挂烫机机身外壳——直接人工	4 800.00	
	12	31	分配职工福利费	生产成本	单杆挂烫机主机——直接人工	2 400.00	
	12	31	分配职工福利费	生产成本	双杆挂烫机主机——直接人工	3 200.00	
	12	31	分配职工福利费	生产成本	单杆挂烫机——直接人工	1 800.00	
	12	31	分配职工福利费	生产成本	双杆挂烫机——直接人工	2 000.00	
	12	31	分配职工福利费	制造费用	第一车间——职工福利费	400.00	
	12	31	分配职工福利费	制造费用	第二车间——职工福利费	400.00	
	12	31	分配职工福利费	制造费用	第三车间——职工福利费	400.00	
	12	31	分配职工福利费	管理费用	职工福利费	2 000.00	
	12	31	分配职工福利费	销售费用	职工福利费	1 000.00	
	12	31	分配职工福利费	应付职工薪酬	短期薪酬——职工福利费		22 000.00
44	12	31	分配本月发生的职工教育经费	制造费用	第一车间——职工教育经费	480.00	
	12	31	分配本月发生的职工教育经费	制造费用	第二车间——职工教育经费	480.00	
	12	31	分配本月发生的职工教育经费	制造费用	第三车间——职工教育经费	480.00	
	12	31	分配本月发生的职工教育经费	管理费用	职工教育经费	3 000.00	
	12	31	分配本月发生的职工教育经费	销售费用	职工教育经费	1 500.00	
	12	31	分配本月发生的职工教育经费	应付职工薪酬	短期薪酬——职工教育经费		5 940.00

续表

凭证号	日期		摘要	会计科目		借方金额	贷方金额
				总账科目	明细科目		
45	12	31	计提折旧	制造费用	第一车间——折旧	29 120.00	
	12	31	计提折旧	制造费用	第二车间——折旧	13 660.00	
	12	31	计提折旧	制造费用	第三车间——折旧	7 304.00	
	12	31	计提折旧	管理费用	折旧费	22 772.00	
	12	31	计提折旧	销售费用	折旧费	776.00	
	12	31	计提折旧	累计折旧			73 632.00
46	12	31	支付并分配水费	制造费用	第一车间——水电费	4 536.00	
	12	31	支付并分配水费	制造费用	第二车间——水电费	3 381.00	
	12	31	支付并分配水费	制造费用	第三车间——水电费	2 352.00	
	12	31	支付并分配水费	管理费用	水电费	546.00	
	12	31	支付并分配水费	销售费用	水电费	336.00	
	12	31	支付并分配水费	应交税费	应交增值税——进项税额	1 226.61	
	12	31	支付并分配水费	银行存款	交通银行北京马连道支行		12 377.61
47	12	31	支付并分配电费	制造费用	第一车间——水电费	19 512.00	
	12	31	支付并分配电费	制造费用	第二车间——水电费	10 800.00	
	12	31	支付并分配电费	制造费用	第三车间——水电费	5 640.00	
	12	31	支付并分配电费	管理费用	水电费	1 084.00	
	12	31	支付并分配电费	销售费用	水电费	779.20	
	12	31	支付并分配电费	应交税费	应交增值税——进项税额	6 428.58	
	12	31	支付并分配电费	银行存款	交通银行北京马连道支行		44 243.78
48	12	31	结转入库材料计划成本	原材料	ABS 树脂	402 500.00	
	12	31	结转入库材料计划成本	原材料	聚丙烯	135 000.00	
	12	31	结转入库材料计划成本	原材料	色漆	221 250.00	
	12	31	结转入库材料计划成本	原材料	电源线	92 800.00	
	12	31	结转入库材料计划成本	原材料	铝合金发热器	368 000.00	
	12	31	结转入库材料计划成本	原材料	全铜发热器	685 000.00	
	12	31	结转入库材料计划成本	原材料	智能温控器	120 000.00	
	12	31	结转入库材料计划成本	原材料	过载熔断器	90 000.00	
	12	31	结转入库材料计划成本	原材料	纤维编织软管	297 500.00	
	12	31	结转入库材料计划成本	原材料	波纹金属软管	500 000.00	
	12	31	结转入库材料计划成本	原材料	滚轮	186 250.00	
	12	31	结转入库材料计划成本	原材料	二段可调支撑单杆	132 000.00	
	12	31	结转入库材料计划成本	原材料	三段可调支撑双杆	330 000.00	
	12	31	结转入库材料计划成本	原材料	烫衣板	75 000.00	
	12	31	结转入库材料计划成本	材料采购	ABS 树脂		402 500.00

续表

凭证号	日期		摘要	会计科目		借方金额	贷方金额
				总账科目	明细科目		
48	12	31	结转入库材料计划成本	材料采购	聚丙烯		135 000.00
	12	31	结转入库材料计划成本	材料采购	色漆		221 250.00
	12	31	结转入库材料计划成本	材料采购	电源线		92 800.00
	12	31	结转入库材料计划成本	材料采购	铝合金发热器		368 000.00
	12	31	结转入库材料计划成本	材料采购	全铜发热器		685 000.00
	12	31	结转入库材料计划成本	材料采购	智能温控器		120 000.00
	12	31	结转入库材料计划成本	材料采购	过载熔断器		90 000.00
	12	31	结转入库材料计划成本	材料采购	纤维编织软管		297 500.00
	12	31	结转入库材料计划成本	材料采购	波纹金属软管		500 000.00
	12	31	结转入库材料计划成本	材料采购	滚轮		186 250.00
	12	31	结转入库材料计划成本	材料采购	二段可调支撑单杆		132 000.00
	12	31	结转入库材料计划成本	材料采购	三段可调支撑双杆		330 000.00
	12	31	结转入库材料计划成本	材料采购	烫衣板		75 000.00
49	12	31	结转入库材料的材料成本差异	材料成本差异		73 500.00	
	12	31	结转入库材料的材料成本差异	材料采购	ABS 树脂		11 500.00
	12	31	结转入库材料的材料成本差异	材料采购	色漆		18 750.00
	12	31	结转入库材料的材料成本差异	材料采购	全铜发热器	3 000.00	
	12	31	结转入库材料的材料成本差异	材料采购	智能温控器	3 000.00	
	12	31	结转入库材料的材料成本差异	材料采购	过载熔断器		12 000.00
	12	31	结转入库材料的材料成本差异	材料采购	纤维编织软管	8 500.00	
	12	31	结转入库材料的材料成本差异	材料采购	波纹金属软管		8 000.00
	12	31	结转入库材料的材料成本差异	材料采购	滚轮		22 350.00
	12	31	结转入库材料的材料成本差异	材料采购	二段可调支撑单杆		2 400.00
	12	31	结转入库材料的材料成本差异	材料采购	三段可调支撑双杆		8 000.00
	12	31	结转入库材料的材料成本差异	材料采购	烫衣板		5 000.00
50	12	31	分配结转发出材料计划成本	生产成本	单杆挂烫机机身外壳——直接材料	450 000.00	
	12	31	分配结转发出材料计划成本	生产成本	双杆挂烫机机身外壳——直接材料	522 420.00	

续表

凭证号	日期		摘要	会计科目		借方金额	贷方金额
				总账科目	明细科目		
50	12	31	分配结转发出材料计划成本	生产成本	单杆挂烫机主机——直接材料	1 100 700.00	
	12	31	分配结转发出材料计划成本	生产成本	双杆挂烫机主机——直接材料	1 725 840.00	
	12	31	分配结转发出材料计划成本	生产成本	单杆挂烫机——直接材料	212 000.00	
	12	31	分配结转发出材料计划成本	生产成本	双杆挂烫机——直接材料	730 000.00	
	12	31	分配结转发出材料计划成本	原材料	ABS 树脂		332 500.00
	12	31	分配结转发出材料计划成本	原材料	聚丙烯		228 960.00
	12	31	分配结转发出材料计划成本	原材料	304 不锈钢板		57 000.00
	12	31	分配结转发出材料计划成本	原材料	增粘剂		21 960.00
	12	31	分配结转发出材料计划成本	原材料	固化剂		48 800.00
	12	31	分配结转发出材料计划成本	原材料	色漆		283 200.00
	12	31	分配结转发出材料计划成本	原材料	电源线		114 840.00
	12	31	分配结转发出材料计划成本	原材料	铝合金发热器		414 000.00
	12	31	分配结转发出材料计划成本	原材料	全铜发热器		739 800.00
	12	31	分配结转发出材料计划成本	原材料	智能温控器		158 400.00
	12	31	分配结转发出材料计划成本	原材料	过载熔断器		118 800.00
	12	31	分配结转发出材料计划成本	原材料	喷头		227 700.00
	12	31	分配结转发出材料计划成本	原材料	纤维编织软管		315 000.00
	12	31	分配结转发出材料计划成本	原材料	波纹金属软管		540 000.00

续表

凭证号	日期		摘要	会计科目		借方金额	贷方金额
				总账科目	明细科目		
50	12	31	分配结转发出材料计划成本	原材料	滚轮		198 000. 00
	12	31	分配结转发出材料计划成本	原材料	二段可调支撑单杆		132 000. 00
	12	31	分配结转发出材料计划成本	原材料	三段可调支撑双杆		330 000. 00
	12	31	分配结转发出材料计划成本	原材料	衣架		135 000. 00
	12	31	分配结转发出材料计划成本	原材料	毛刷		45 000. 00
	12	31	分配结转发出材料计划成本	原材料	烫衣板		300 000. 00
51	12	31	结转发出材料成本差异	生产成本	单杆挂烫机机身外壳——直接材料	5 760. 00	
	12	31	结转发出材料成本差异	生产成本	双杆挂烫机机身外壳——直接材料	6 686. 98	
	12	31	结转发出材料成本差异	生产成本	单杆挂烫机主机——直接材料	14 088. 96	
	12	31	结转发出材料成本差异	生产成本	双杆挂烫机主机——直接材料	22 090. 75	
	12	31	结转发出材料成本差异	生产成本	单杆挂烫机——直接材料	2 713. 60	
	12	31	结转发出材料成本差异	生产成本	双杆挂烫机——直接材料	9 344. 00	
	12	31	结转发出材料成本差异	材料成本差异			60 684. 29
52	12	31	结转发出周转材料成本	生产成本	单杆挂烫机——直接材料	43 350. 00	
	12	31	结转发出周转材料成本	生产成本	双杆挂烫机——直接材料	54 468. 00	
	12	31	结转发出周转材料成本	周转材料	PE 保护膜		15 344. 00
	12	31	结转发出周转材料成本	周转材料	保利龙		34 524. 00
	12	31	结转发出周转材料成本	周转材料	包装箱		47 950. 00
53	12	31	分配本月制造费用	生产成本	单杆挂烫机机身外壳——制造费用	35 343. 60	
	12	31	分配本月制造费用	生产成本	双杆挂烫机机身外壳——制造费用	47 124. 80	
	12	31	分配本月制造费用	生产成本	单杆挂烫机主机——制造费用	24 007. 20	
	12	31	分配本月制造费用	生产成本	双杆挂烫机主机——制造费用	33 009. 90	

续表

凭证号	日期		摘要	会计科目		借方金额	贷方金额
				总账科目	明细科目		
53	12	31	分配本月制造费用	生产成本	单杆挂烫机——制造费用	20 568.00	
	12	31	分配本月制造费用	生产成本	双杆挂烫机——制造费用	23 996.00	
	12	31	分配本月制造费用	制造费用	第一车间——低值易耗品		382.00
	12	31	分配本月制造费用	制造费用	第一车间——水电费		24 048.00
	12	31	分配本月制造费用	制造费用	第一车间——职工薪酬		28 038.40
	12	31	分配本月制造费用	制造费用	第一车间——职工福利费		400.00
	12	31	分配本月制造费用	制造费用	第一车间——职工教育经费		480.00
	12	31	分配本月制造费用	制造费用	第一车间——折旧		29 120.00
	12	31	分配本月制造费用	制造费用	第二车间——低值易耗品		257.70
	12	31	分配本月制造费用	制造费用	第二车间——水电费		14 181.00
	12	31	分配本月制造费用	制造费用	第二车间——职工薪酬		28 038.40
	12	31	分配本月制造费用	制造费用	第二车间——职工福利费		400.00
	12	31	分配本月制造费用	制造费用	第二车间——职工教育经费		480.00
	12	31	分配本月制造费用	制造费用	第二车间——折旧		13 660.00
	12	31	分配本月制造费用	制造费用	第三车间——低值易耗品		349.60
	12	31	分配本月制造费用	制造费用	第三车间——水电费		7 992.00
	12	31	分配本月制造费用	制造费用	第三车间——职工薪酬		28 038.40
	12	31	分配本月制造费用	制造费用	第三车间——职工福利费		400.00
	12	31	分配本月制造费用	制造费用	第三车间——职工教育经费		480.00
	12	31	分配本月制造费用	制造费用	第三车间——折旧		7 304.00
54	12	31	结转本月第一步骤完工半成品成本	库存商品	半成品——单杆挂烫机机身外壳	575 820.00	
	12	31	结转本月第一步骤完工半成品成本	库存商品	半成品——双杆挂烫机机身外壳	702 216.00	
	12	31	结转本月第一步骤完工半成品成本	生产成本	单杆挂烫机机身外壳——直接材料		411 165.00
	12	31	结转本月第一步骤完工半成品成本	生产成本	单杆挂烫机机身外壳——直接人工		130 810.50
	12	31	结转本月第一步骤完工半成品成本	生产成本	单杆挂烫机机身外壳——制造费用		33 844.50
	12	31	结转本月第一步骤完工半成品成本	生产成本	双杆挂烫机机身外壳——直接材料		478 008.00
	12	31	结转本月第一步骤完工半成品成本	生产成本	双杆挂烫机机身外壳——直接人工		177 724.80
	12	31	结转本月第一步骤完工半成品成本	生产成本	双杆挂烫机机身外壳——制造费用		46 483.20

续表

凭证号	日期		摘要	会计科目		借方金额	贷方金额
				总账科目	明细科目		
55	12	31	领用第一步骤半成品	生产成本	单杆挂烫机主机——直接材料	575 820.00	
	12	31	领用第一步骤半成品	生产成本	双杆挂烫机主机——直接材料	702 216.00	
	12	31	领用第一步骤半成品	库存商品	半成品——单杆挂烫机机身外壳		575 820.00
	12	31	领用第一步骤半成品	库存商品	半成品——双杆挂烫机机身外壳		702 216.00
56	12	31	结转本月第二步骤完工半成品成本	库存商品	半成品——单杆挂烫机主机	1 608 960.00	
	12	31	结转本月第二步骤完工半成品成本	库存商品	半成品——双杆挂烫机主机	2 433 200.00	
	12	31	结转本月第二步骤完工半成品成本	生产成本	单杆挂烫机主机——直接材料		1 502 864.00
	12	31	结转本月第二步骤完工半成品成本	生产成本	单杆挂烫机主机——直接人工		83 320.00
	12	31	结转本月第二步骤完工半成品成本	生产成本	单杆挂烫机主机——制造费用		22 776.00
	12	31	结转本月第二步骤完工半成品成本	生产成本	双杆挂烫机主机——直接材料		2 279 500.00
	12	31	结转本月第二步骤完工半成品成本	生产成本	双杆挂烫机主机——直接人工		120 800.00
	12	31	结转本月第二步骤完工半成品成本	生产成本	双杆挂烫机主机——制造费用		32 900.00
57	12	31	领用第二步骤半成品	生产成本	单杆挂烫机——直接材料	1 608 960.00	
	12	31	领用第二步骤半成品	生产成本	双杆挂烫机——直接材料	2 433 200.00	
	12	31	领用第二步骤半成品	库存商品	半成品——单杆挂烫机主机		1 608 960.00
	12	31	领用第二步骤半成品	库存商品	半成品——双杆挂烫机主机		2 433 200.00
58	12	31	结转本月完工产品成本	库存商品	单杆挂烫机	2 075 700.00	
	12	31	结转本月完工产品成本	库存商品	双杆挂烫机	3 557 614.80	
	12	31	结转本月完工产品成本	生产成本	单杆挂烫机——直接材料		1 984 622.50
	12	31	结转本月完工产品成本	生产成本	单杆挂烫机——直接人工		69 147.50
	12	31	结转本月完工产品成本	生产成本	单杆挂烫机——制造费用		21 930.00
	12	31	结转本月完工产品成本	生产成本	双杆挂烫机——直接材料		3 450 547.80
	12	31	结转本月完工产品成本	生产成本	双杆挂烫机——直接人工		80 954.40
	12	31	结转本月完工产品成本	生产成本	双杆挂烫机——制造费用		26 112.60

续表

凭证号	日期		摘要	会计科目		借方金额	贷方金额
				总账科目	明细科目		
59	12	31	结转本月销售成本	主营业务成本	单杆挂烫机	2 121 499.00	
	12	31	结转本月销售成本	主营业务成本	双杆挂烫机	3 679 500.00	
	12	31	结转本月销售成本	库存商品	单杆挂烫机		2 121 499.00
	12	31	结转本月销售成本	库存商品	双杆挂烫机		3 679 500.00
60	12	31	结转新产品研发支出费用	管理费用	研发费用	35 000.00	
	12	31	结转新产品研发支出费用	研发支出	费用化支出		35 000.00
61	12	31	原材料盘亏	待处理财产损溢	待处理流动资产损溢	450.00	
	12	31	原材料盘亏	原材料	过载熔断器		450.00
62	12	31	盘亏批准处理	其他应收款	李立炫	533.24	
	12	31	盘亏批准处理	材料成本差异			5.76
	12	31	盘亏批准处理	待处理财产损溢	待处理流动资产损溢		450.00
	12	31	盘亏批准处理	应交税费	应交增值税——进项税额转出		77.48
63	12	31	计提坏账准备	资产减值损失		33 792.00	
	12	31	计提坏账准备	坏账准备			33 792.00
64	12	31	将购买的办公楼出租	投资性房地产	3#办公楼——成本	8 000 000.00	
	12	31	将购买的办公楼出租	固定资产	房屋建筑物——3#办公楼		7 850 000.00
	12	31	将购买的办公楼出租	其他综合收益			150 000.00
65	12	31	公允价值变动	交易性金融资产	科创信息——公允价值变动	65 000.00	
	12	31	公允价值变动	公允价值变动损益			65 000.00
66	12	31	计提转让金融商品应交增值税	应交税费	转让金融商品应交增值税	735.85	
	12	31	计提转让金融商品应交增值税	投资收益			735.85
67	12	31	转出未交增值税	应交税费	应交增值税——转出未交增值税	925 423.96	
	12	31	转出未交增值税	应交税费	未交增值税		925 423.96
68	12	31	年末结转转让金融商品应交增值税	投资收益		735.85	
	12	31	年末结转转让金融商品应交增值税	应交税费	转让金融商品应交增值税		735.85
69	12	31	计提城市维护建设税及教育费附加等	税金及附加	城市维护建设税	64 779.68	
	12	31	计提城市维护建设税及教育费附加等	税金及附加	教育费附加	27 762.72	

续表

凭证号	日期		摘要	会计科目		借方金额	贷方金额
				总账科目	明细科目		
69	12	31	计提城市维护建设税及教育费附加等	税金及附加	地方教育附加	18 508.48	
	12	31	计提城市维护建设税及教育费附加等	应交税费	应交城市维护建设税		64 779.68
	12	31	计提城市维护建设税及教育费附加等	应交税费	应交教育费附加		27 762.72
	12	31	计提城市维护建设税及教育费附加等	应交税费	应交地方教育附加		18 508.48
70	12	31	结转损益类（收入利得）账户	主营业务收入		12 575 000.00	
	12	31	结转损益类（收入利得）账户	公允价值变动损益		95 000.00	
	12	31	结转损益类（收入利得）账户	投资收益			13 000.00
	12	31	结转损益类（收入利得）账户	本年利润			12 657 000.00
71	12	31	结转损益类（费用损失）账户	本年利润		6 286 134.25	
	12	31	结转损益类（费用损失）账户	主营业务成本			5 800 999.00
	12	31	结转损益类（费用损失）账户	税金及附加			111 050.88
	12	31	结转损益类（费用损失）账户	管理费用			293 565.15
	12	31	结转损益类（费用损失）账户	销售费用			231 291.20
	12	31	结转损益类（费用损失）账户	财务费用		235 645.18	
71	12	31	结转损益类（费用损失）账户	资产减值损失			33 792.00
	12	31	结转损益类（费用损失）账户	营业外支出			51 081.20
72	12	31	计提所得税费用	所得税费用		9 745 879.60	
	12	31	计提所得税费用	递延所得税资产		209 500.50	
	12	31	计提所得税费用	其他综合收益		37 500.00	
	12	31	计提所得税费用	应交税费	应交所得税		9 289 456.90
	12	31	计提所得税费用	递延所得税负债			703 423.20

续表

凭证号	日期		摘要	会计科目		借方金额	贷方金额
				总账科目	明细科目		
73	12	31	结转所得税费用	本年利润		9 745 879.60	
	12	31	结转所得税费用	所得税费用			9 745 879.60
74	12	31	结转本年利润	本年利润		29 105 128.79	
	12	31	结转本年利润	利润分配	未分配利润		29 105 128.79
75	12	31	计提法定盈余公积	利润分配	提取法定盈余公积	2 910 512.88	
	12	31	计提法定盈余公积	盈余公积	法定盈余公积		2 910 512.88
76	12	31	结转利润分配明细账户余额	利润分配	未分配利润	2 910 512.88	
	12	31	结转利润分配明细账户余额	利润分配	提取法定盈余公积		2 910 512.88

参考文献

[1]（日）羽山博等．Excel 2003/2002/2000 函数大全［M］．甘能清，殷晓贤译．北京：人民邮电出版社，2007.

[2] 神龙工作室．Excel 2003 公式·函数与图表应用大全［M］．北京：人民邮电出版社，2007.

[3]（美）John Walkenbach. Excel 2003 公式与函数应用宝典［M］．邱燕明，赵迎等译．北京：电子工业出版社，2004.

[4] Excel 2003 基础与提高编委会．Excel 2003 基础与提高［M］．北京：电子工业出版社，2007.

[5] 荣钦科技著，杨志波改编．Excel 2003 在财会中的应用实务［M］．北京：电子工业出版社，2006.

[6] 秦晓宏，章小盛，张强．Excel 2007 财务管理与分析典型实例［M］．北京：电子工业出版社，2009.

[7] 卓越科技．Excel 2007 财务应用融会贯通［M］．北京：电子工业出版社，2009.

[8] 鲍睿．Excel 2007 财务应用范例精选［M］．北京：中国铁道出版社，2009.

[9] 周贺来，张建等．Excel 2007 会计与财务管理职场应用实例［M］．北京：机械工业出版社，2009.

[10] 张宏等．Excel 5.0 数据处理与分析［M］．北京：电子工业出版社，2005.

[11] 孙惠民．Excel 在财务会计中的应用［M］．北京：清华大学出版社，2006.

[12] 吴辉，任晨煜．Excel 在财务会计与管理会计中的应用［M］．北京：清华大学出版社，2006.

[13] 中国注册会计师协会．财务成本管理［M］．北京：中国财政经济出版社，2019.

[14] 中国注册会计师协会［M］．会计．北京：中国财政经济出版社，2019.

[15] 财政部．企业会计准则（2019 年版）［M］．北京：立信会计出版社，2019.

[16] 荆新，王化成，刘俊彦．财务管理（第 8 版）［M］．北京：中国人民大学出版社，2018

[17]（美）克莱德·P. 斯蒂克尼（Clyde P. Stickney）．财务报告与报表分析［M］．北京：中信出版社，2004.

[18] 张新民，钱爱民．财务报表分析［M］．北京：中国人民大学出版社，2019.